"ICH SCHWIMME GEGEN DEN STROM"

„*Man muss hellwach
sein, um dem Traum,
als Kompass unseres
Lebens, zu folgen,
und man muss notfalls
den Traum erfinden,
in dem wir uns
wiederfinden können.*"

Dieter Forte

Foto: Jürgen Bauer

VORWORT

„Ich wusste genau, ich schwimme gegen den Strom", hat Dieter Forte in einem Gespräch gesagt, das um seine Romane und die darin verarbeiteten frühen Erinnerungen an den Bombenkrieg kreiste. Derartiges sei „eigentlich gar nicht gefragt", fügte er hinzu. Auch wir schwimmen mit dem vorliegenden Buch gegen den Strom. Wir erheben Einspruch dagegen, dass der große Erzähler Dieter Forte nun, da er seit einem Jahr aufgehört hat zu schreiben, womöglich zu den Akten gelegt wird. Unser Buch will einen Beitrag dazu leisten, dass dieser Meister des kunstvollen Erinnerns selbst „in der Erinnerung" bleibt, ja sogar neue Freunde findet.

Forte ist viel zu wenig bekannt. Es kommt vor, dass belesene Menschen fragen: Wer ist Dieter Forte? Dabei sind seine Bücher neben die *Blechtrommel* und die *Ästhetik des Widerstands* gestellt worden. Auf den folgenden Seiten fallen ähnlich große Vergleiche. Wie erklärt sich dieser Widerspruch: Forte, von den einen hochgeschätzt, von anderen kaum wahrgenommen? Sind seine Bücher schwer zu lesen? Eigentlich nicht; ein Strom eindringlicher Geschichten erwartet uns. Was Forte sprachmächtig zu berichten hat, reicht freilich auch bis ins Ungeheuerliche. Schlichter Lesespaß ist hier nicht zu haben.

Dieter Forte war – darauf weist Elke Heidenreich in ihrem Beitrag zu diesem Buch hin – kaum präsent im Literaturbetrieb. Nur vor fast 50 Jahren, ausgelöst durch die allgemeine Aufregung um seinen Bühnenerstling *Martin Luther & Thomas Münzer oder Die Einführung der Buchhaltung*, geriet er zeitweise ins Rampenlicht (siehe Eva Pfisters Beitrag). Ansonsten machte er keine Lesereisen, ließ sich nicht herumreichen, gab keine Interviews im Dutzend, nahm nicht zu allem und jedem Stellung. Er schrieb im Wesentlichen einfach „nur" seine Bücher – es waren keineswegs viele, aber sie hatten und haben es alle in sich. Hierauf konzentrierte er seine Kraft, die ihm blieb. Denn Forte plagte lebenslang ein Lungenleiden, Fluch des Krieges, den er als Kind mit durchlitten und knapp überlebt hatte. Die Frage, welche natürliche Gabe er besitzen möchte, beantwortete er im berühmten Fragebogen mit: „Leicht zu atmen." Vera Forester weiß hier im Buch mehr zu diesem stillen Kampf zu berichten.

Im Übrigen ging er, der Düsseldorfer, bereits mit 35 Jahren nach Basel, wo er am Theater gebraucht wurde, blieb für immer, ein Wahlschweizer, der sich in der traditionsreichen Kulturstadt wohlfühlte, ihr dann auch mit *Das Labyrinth der Welt* ein literarisches Denkmal setzte – Martina Kuoni, selbst Baslerin und Fortes Mitarbeiterin während einiger Jahre, würdigt es gebührend.

Fortes Verhältnis zur Heimatstadt blieb zwiespältig. Ausgerechnet hier war *Martin Luther & Thomas Münzer* nie auf die Bühne gekommen. Es hatte Verhandlungen und Ankündigungen des Schauspielhauses gegeben, doch nichts geschah. Statt- dessen ein Verriss der Basler Uraufführung durch den tonangebenden Düsseldorfer Feuilletonchef. Gab es auch eine diskrete Intervention aus dem Rathaus? Forte selbst war davon überzeugt. Die Beweislage aber bleibt schwierig. Jens Prüss hat für dieses Buch auf dem unübersichtlichen Terrain recherchiert und manche Überraschung zu Tage gefördert.

Düsseldorf verdient in Sachen Forte durch- aus nicht nur Tadel. Hier fand der Autor besonders dankbare Leser. Eine Theater- initiative ließ mit städtischer Unterstützung sein Volksstück *Das endlose Leben* zum Erfolg werden. Es gab ihm gewidmete Lesungen, eine Ausstellung, die Heinrich- Heine-Gesellschaft verlieh ihm ihre Ehrengabe – nicht zu verwechseln mit dem Heine-Preis der Stadt, bei dem Forte leer ausging –, eine Schule trägt seinen Namen, das Heine-Institut nimmt sich des Nachlasses an (wovon auch diese Publikation profitieren konnte).

Im April 2019 ist der Schriftsteller 83-jährig in Basel gestorben. Im dortigen Theater fand eine bewegende Gedenkfeier statt. Das Gedenken in Fortes Geburtsstadt fiel bescheidener aus. Immerhin waren aus offiziellem Munde erstmals Worte des Bedauerns über alte Versäumnisse zu hören. Man schien zu begreifen, dass die Stadt soeben ihren auf literarischem Feld seit langem bedeutendsten Sohn verloren hatte.

Unser Buch enthält sowohl eine Reihe exklusiver, eigens dafür verfasster Beiträge als auch Texte, die bisher nur an verstreuten Stellen zu finden waren. Letzteres gilt auch für manche der Forteschen Originaltexte, die wir mitaufgenommen haben, um nicht nur einen Band über ihn vorzulegen, sondern einen, in dem er auch selbst spricht. Dazu zählen auch kleinere, kaum bekannte Arbeiten, die ein Licht auf seine Anfänge werfen, sowie einige Briefe. Sein literarisch makelloser *Brief über das Leben, die Bücher, die Bilder, die Musik und den Traum, der das Leben ist*, ein wahres Juwel, der Verlegerin Monika Schoeller zugeeignet, gehört zu den Texten, die hier erstmals die lesende Öffentlichkeit erreichen.

Gedankt sei allen, die dieses Buch möglich gemacht haben, allen, die nun neugierig danach greifen und darin lesen – und allen, die zu seiner Verbreitung beitragen werden.

Olaf Cless

INHALT

Erzählen, um zu überleben

Von Ingrid Bachér

Meine erste Begegnung mit einer Arbeit von Dieter Forte liegt lange zurück. Es war eine Aufführung in Berlin von *Martin Luther & Thomas Münzer oder Die Einführung der Buchhaltung*. Sie blieb mir lange im Gedächtnis, weil Dieter Forte – so logisch genau in der Abfolge – den Triumph derer vorführte, die alles der Gewinnorientierung ihrer eigenen Buchhaltung unterwerfen und vollkommen unempfindlich sind Menschen und Schicksalen gegenüber, ja in ihnen nichts anderes sehen als Zahlenmaterial für ihre Kalkulation.

Jahrzehnte vergingen, bis ich die Romane von Dieter Forte las, und wieder fand ich bei ihm dieses Thema: der Aufstand der Welt gegen die Welt der mörderischen Fakten, gegen Ohnmacht und Vernichtung. Wieder war es ein Schreiben gegen den Tod, gegen die Auslöschung der Zeit.

Dabei steht als Gegenkraft in seinen Romanen die Figur der Mutter (immer muss es ja die Kraft des Lebens geben, sonst hätten wir nichts zu erzählen und würden verstummen, verlöschen). Sie erst ermöglicht das Leben, ist die Glut in dieser vereisenden Landschaft des Krieges, die nicht verlöschende Flamme, an der sich andere Feuer wieder entzünden können.

In dieser Figur ist alles bewahrt, was den Menschen ermöglicht zu überleben, sich nicht den vorgegebenen Zwängen zu unterwerfen, nicht willenlos zu verkommen. Sie hält dem Tod stand und bestätigt die Kontinuität außerhalb des Todes. Die Zeit bleibt so aufgehoben in der Wiederkehr. Beharrlich ist diese Mutter in jedem Moment anwesend in dem, was sie tut. „Sie wartete mit einer nie endenden Geduld, mit einem nie zu übertreffenden Stolz auf alles was da kam", schreibt Dieter Forte. Und später heißt es bei ihm: „weil die Tag und Nacht ablaufende Zeit auch immer eine andere Zeit enthielt, eine unbewegte Ewigkeit". Eine Ewigkeit, in der sich alle Geschichten finden.

Seine Romane sind mir nah. Dieter Forte beschreibt das, was mir vertraut ist aus meiner Jugendzeit: den Krieg, die Bombardierungen, die Ruinenstraßen, die Plünderungen, die Flüchtlingszüge, die endlosen Trecks, die Schreie, die Verschütteten, die Stille des Friedens. Die Unnormalität war in dieser Zeit das Normale geworden – und so würde das, was sich später normal nannte, für uns, die wir dies erlebt hatten, immer nur die Normalität eines Vorhanges haben, der jederzeit weggerissen werden konnte. (Noch heute sehe ich plötzlich in den luxuriösen schönen Häusern, hinter den glänzenden Glasfassaden, die Ruinen, in die sie morgen verwandelt sein können.)

Seit Grimmelshausen wurden die Schrecken des Krieges beschworen, immer wieder grausam nah und eindringlich, so dass auch jene, die ihn nicht erlebten, lesend plötzlich mitten im Krieg sich befinden können durch die Kraft der Worte und ihrer eigenen Phantasie oder weil sie auf anderen Schlachtfeldern Erfahrungen machten von der nie ganz zu erfassenden Grausamkeit der Menschen untereinander.

Er hat das Verschüttete aufgedeckt, das uns
Notwendige erzählt, dafür danken wir ihm.

„Der Schreck war so groß, dass die Erinnerung versagt. Vielleicht gehörte zum Plan der Erziehung auch das, Menschen ohne Erinnerung aufzuziehen. Menschen, die keine persönliche Erinnerung mehr haben, die nie mehr etwas erzählen können", schreibt Dieter Forte und spricht so von der Gefahr einer Abstumpfung, die auch wir differenzierter jetzt erfahren. Die Fülle des allgemein Übermittelten drängt das Erzählen des persönlich Erfahrenen zurück. Wir werden wortarmer und so ungenauer in der Empfindung, harthöriger.

Dabei kann das Erzählen und Schreiben zur Überlebensmöglichkeit werden. Indem der Autor erzählt, was ihm geschah, nimmt er es als etwas ihm Zugehöriges an. Nur das Nicht-Erzählte wird zum blinden Fleck, versinkt als sei es nicht gewesen. Und doch war da etwas und wird Folgen haben. Schon um diese zu verstehen, müssen der blinde Fleck aufgelöst, die zerstörten Bilder wieder hervorgerufen und die zersplitterte Realität im Spiegel zusammengefasst werden.

Die Ehrengabe der Heinrich-Heine-Gesellschaft ist der älteste Heine-Preis in Düsseldorf. Der erste Preisträger war 1965 Max Brod, es folgten in unregelmäßigen Abständen Hilde Domin, Marcel Reich-Ranicki, Martin Walser, Peter Rühmkorf, Kay und Lore Lorentz, Sarah Kirsch, Tankred Dorst, Ruth Klüger, Bernhard Schlink, Dieter Forte, Alice Schwarzer, Herta Müller, Dževad Karahasan, Roger Willemsen.

Dieter Forte erzählt vom Krieg und seinen Folgen, und gerade diese Themen beschäftigen uns auch heute wieder. Was werden die Folgen eines Krieges sein, der kein Verteidigungskrieg ist, sondern ein Angriffskrieg, um im Sinne der Buchführung Interessen durchzusetzen, ohne Rücksicht auf das, was mit den Menschen geschehen wird, die davon betroffen sein werden.

Am heutigen Tag gibt es weltweit die größten Demonstrationen, die es jemals gegen einen Krieg gegeben hat, gleichzeitig in Amerika, in Australien, in Asien und Europa. Beteiligt sind viele Millionen Menschen, die wie Dieter Forte Krieg erlebt haben oder genug Verstand und Menschlichkeit, um sich die Auswirkungen dieses militärisch übermächtigen Angriffes vorstellen zu können. Dieser Protest gibt Hoffnung, dass kein Krieg im Interesse einer Buchführung mehr durchsetzbar sein wird ohne weltweite Gegenbewegungen auszulösen.

Dieter Fortes Romane sind eindrucksvolle Aufrufe gegen jeden Krieg. Jetzt auch gegen die Hybris der Wohlhabenden, anderen Staaten eine Ordnung aufzwingen zu wollen und nach Belieben in ihre Entwicklung einzugreifen, immer der eigenen egozentrischen Politik folgend. Er beschwört die Toten, die Opfer, die Traumatisierten, Menschen, die zugrunde gegangen sind, von denen keiner mehr spricht. Er macht deutlich, nie ist etwas vergangen, stets bleibt alles anwesend. So hat er das Verschüttete aufgedeckt, das uns Notwendige erzählt, dafür danken wir ihm.

Grußwort zur Verleihung der Ehrengabe der Heinrich-Heine-Gesellschaft an Dieter Forte, Düsseldorf 2003. Leicht gekürzt. Weltweit demonstrierten in jenen Februartagen Menschen gegen den drohenden Angriff der USA auf den Irak.

Das Vergangene ist nicht vergangen

Von Enno Stahl

Wie kaum ein zweiter Autor, mit Ausnahme Heinrich Heines, sind Dieter Forte und sein Werk mit der Stadt Düsseldorf verbunden. Und das obwohl der 1935 geborene Dramatiker und Romancier bereits 1970 nach Basel auswanderte, wo er bis zuletzt lebte. Denn Düsseldorf spielt eine zentrale Rolle in seinem Opus magnum, der Tetralogie der Erinnerung.

Das Gedächtnis, die literarische Spurensuche, das Nachzeichnen der Schlingformen der Historie steht im Zentrum dieser vier Romane (1). Erschienen 1992 bis 2004, erzählte Forte darin die Geschichte seiner Familie, deren Wurzeln väterlicherseits zurückreichen bis ins 13. Jahrhundert. Die Familie Forte, im Buch Fontana genannt, gründete zu dieser Zeit einen erfolgreichen Seidenweberbetrieb im toskanischen Lucca. Aufgrund politischer Querelen musste sie 1327 Hals über Kopf ins benachbarte Florenz flüchten, alles zurücklassen, bis auf das Buch mit den gesammelten Mustern, Vorlage für die Stoffe, welche die ideelle Basis der Manufaktur waren. In der Stadt der Medici oblag es ihr, wieder ganz von vorn anzufangen. Auch von dort floh die Familie einige Generationen später, jetzt nach Lyon, das sie wiederum im Zuge der Hugenotten-Verfolgung verlassen musste. Nun siedelte man sich in Iserlohn an, bis schließlich ein Zweig der Familie in Düsseldorf landete. Immer dabei: das Musterbuch, das über Jahrhunderte bewahrt wurde und leitmotivisch für die generationenüberdauernde Kraft der

Erinnerung und des Davon-Erzählens steht.

Die mütterliche Linie stammt aus dem Polnischen, die Familie Lukaszewicz (im Buch Lukasz) blickt nicht wie die Fontanas auf eine Tradition aus Glanz und elegantem Leben zurück, sondern auf die harte Arbeit erst auf dem Feld, dann unter Tage. Die Familienlegende ist geprägt von schwersten Schicksalsschlägen, die mit Hilfe eines strengen Katholizismus stoisch erduldet wurden.

Beide Linien münden im ersten Band des Roman-Zyklus ein in jene Figurenkonstellation, die Forte noch selbst kennengelernt hat – die leichtlebige Großtante Elisabeth, der streitbar-leidenschaftliche Linke und Privatgelehrte Gustav, sein Großvater, bei dem Forte seine ersten Leseerfahrungen machte. Und natürlich seine Eltern, der charmante Traumtänzer Friedrich, der mit rheinischer Leichtigkeit auch die schwierigsten Situationen meisterte: „er hatte dem Leben gegenüber eine artistische Haltung. So wie die Seiltänzer, die auf dem Hochseil oft eine schwankende Unsicherheit vortäuschten, (…) genauso baute Friedrich Fontana immer neue Todesnummern in sein Leben ein, steigerte deren Schwierigkeitsgrad ständig, als wolle er ausprobieren, wann einen der Teufel hole." So überstand Fortes Vater alle Fährnisse der Zeit, den Weltkrieg trotz Befehlsverweigerung und Fronteinsatz.

Allen voran aber zeichnete Forte das Bild seiner Mutter Maria, die ihren Sohn mit eisernem Überlebenswillen und unfassbarer Zähigkeit durch die Zeit der Bombenangriffe und der Evakuierung brachte.

Doch Fortes Buch ist weit mehr als eine jener handelsüblichen Familienchroniken – es ist eine Recherche nach den Geschehnissen der Vergangenheit, die durch die Kraft der Literatur eben nicht ganz und gar verloren ist: „Denn in der Zeit lebt immer auch eine andere Zeit, leben viele Zeiten, aufgehoben in den alten Namen und Geschichten, die alle Zeiten enthalten, weil das Ende einer Geschichte immer der Anfang einer neuen Geschichte ist, die in Wirklichkeit eine ganz alte, allen bekannte Geschichte ist, so dass die Menschen erst beim Erinnern der Namen und der Geschichten die Zeit erfahren. Die Zeit umgibt sie wie ein großer Kreis, dessen Anfang und Ende man nicht bestimmen kann, ein Kreis, der größer ist als das eigene kurze Leben, der aber alle umschließt und das Leben jedes Einzelnen bestimmt."

Insofern ist das Schicksal der Familie Forte/Fontana eben ein kollektives Schicksal, das Los kleiner Leute im historischen Verlauf des 20. Jahrhunderts. Und nicht zuletzt sind die Romane auch eine Chronik der Stadt Düsseldorf, Forte skizzierte darin ebenso anschaulich wie liebevoll das „Quartier", wie es im Buch heißt, jenen subproletarischen Teil von Oberbilk, in dem die Familie Forte/Fontana zwischen den Weltkriegen lebte. Der Stadtteil war ein Konglomerat verschiedenster Nationalitäten, stramm kommunistisch organisiert, und auch sonst hielt man – insbesondere gegen Staatsmacht und Obrigkeit – zusammen wie Pech und Schwefel, als eingeschworene Gemeinschaft. Dieser fluktuierenden Mischung aus Düsseldorfer Originalen, aus anarchisch-unbedingtem Leben (und Lebenlassen) hat Forte ein beeindruckendes Denkmal gesetzt. Mittendrin die Familie Forte/Fontana, die mit

tradierter Unbekümmertheit ein Leben auf Pump oder Zufallsgeschäftigkeit führt, man scheint nahezu selbst nicht zu wissen, wovon genau man eigentlich lebt. Bis in die Nazizeit hinein ließ sich diese sorglose Autonomie weiterführen, doch irgendwann erreichte die Gleichschaltung auch das Quartier. Menschen, die eine unvorsichtige Äußerung getan hatten, verschwanden spurlos.

Juden wurden abtransportiert, auch wenn manche noch jahrelang von den Bewohnern des Quartiers erfolgreich versteckt wurden – am Ende erwischten die Henkersknechte jeden. Auch in dieser demoralisierenden Zeit der Unterdrückung und Entmenschung konnte die Familie sich an ihren Erzählungen festhalten, ihren Wurzeln: „Es waren Zeiten, in denen die Erinnerung wichtig war, um weiterleben zu können, denn die Erinnerung sagte einem, dass es einmal anders war und

Die Zeit umgibt die Menschen wie ein großer Kreis, dessen Anfang und Ende man nicht bestimmen kann, ein Kreis, der größer ist als das eigene kurze Leben.

dass es daher auch wieder anders werde könne, ja müsse. Denn das, was war, kommt immer wieder, man musste nur Ausdauer haben, Geduld, man musste das ertragen, um es zu überstehen. Es ging nicht ums Überleben, denn das war ungewiss, es ging ums Leben, und darum war es so wichtig, dass alle

in ihren Erinnerungen zu Hause waren, von
alten Zeiten erzählten, so dass keiner auf die
Idee kam, die heutige Zeit sei der Grundstein
einer unabänderlichen und unveränderbaren
Zukunft."

Doch der Familie stand noch Vieles bevor –
der Bombenkrieg, vor Forte hat niemand,
auch nicht die Trümmerliteratur eines Böll und
Schallück, die Zeit des Krieges und des Lebens

in den Verheerungen so eindrücklich und
nachfühlbar beschrieben. Insbesondere im
zweiten Band der Tetralogie, 1995 ursprünglich unter dem Titel *Der Junge mit den blutigen
Schuhen* publiziert, später als *Tagundnachtgleiche*, malte er ein Schreckensbild – zeit-
gleich mit dem Autor W.G. Sebald wurde
hier der Bombenkrieg aus der Sicht der Opfer
geschildert, was Mitte der 1990er Jahre zu
lebhaften Diskussionen bei Presse und
Publikum führte. Im Nachlass Dieter Fortes,
den das Heinrich-Heine-Institut bewahrt,
beweisen Dutzende von Leserzuschriften, wie
sehr Fortes Darstellung die Gemüter bewegte.
Viele Menschen trugen die Traumata ihrer
Kindheit ihr Leben lang mit sich, Fortes
Roman habe ihnen erstmalig eine Stimme
gegeben, berichten sie in diesen oftmals
berührenden Briefen.

Ganz ungeschminkt, dabei beinahe sachlich,
schilderte Forte die bedrängenden Erfahrungen des kleinen Jungen, der er selbst war,
der diese Dinge einst erlebte, Dinge, die man
nie mehr vergisst: Leichen, überall Leichen,
das Eingepferchtsein im Luftschutzraum,
immer wieder, so oft, dass man schon nicht
mehr zwischen Tag und Nacht zu unterscheiden weiß, daher der Titel *Tagundnachtgleiche*,
die beständige Angst, teilweise aber auch
schon kaltschnäuziger Fatalismus, der sie
während der Angriffe auf der Straße herumlie-
gen lässt – wenn die Bombe kommt und sie
trifft, soll sie es tun ... Dann stürzt der Keller
ein, in dem sie Schutz gesucht hatten, ihre
Mutter, die mit der Kraft und dem Lebens-
willen eines Tieres ihn und seinen Bruder
mitreißt, ihnen mit der Spitzhacke Zugang
zum nächsten Keller verschafft und zum
nächsten, dann zum wieder nächsten und
wieder nächsten, bis sie endlich auf der Kölner
Straße landen, umgeben von Bränden, Toten,
Verletzten, Traumatisierten, Leuten, die unter
Schock die seltsamsten Dinge tun.

Schonungslos dokumentierte Forte, wie jede
Menschlichkeit verloren ging, wie alle nur

Evakuiert nach Süddeutschland:
Bauern und Wohlstandsbürger
begegneten den Ausgebombten
voller Hass und Missgunst.

noch ihr eigenes Überleben zu sichern versuchten. Umso schockierender war es für die Familie, als sie nach Süddeutschland evakuiert wurde, wo die Welt „noch in Ordnung" schien, der Nationalsozialismus unumstritten herrschte und die Bauern und Wohlstandsbürger den Ausgebombten voller Hass und Missgunst begegneten: „man hatte Sieg Heil geschrien und fand nun Kriegsflüchtlinge vor dem Haus und schlug die Türen zu." Diese Wand aus Abneigung gegen die ausgebombten „Volksgenossen" wirkte so niederschmetternd auf Forte und seine Familie, dass sie freiwillig – und widerrechtlich – in die Kraterlandschaft Düsseldorfs zurückkehrten, von wo sie doch immer wieder neu evakuiert wurden.

Von der Zeit, als der Krieg endlich vorüber war, zwischenzeitlich hatte auch Fortes jüngerer Bruder Wolfgang den Tod gefunden, erzählt der Autor im dritten Teil des Zyklus, *In der Erinnerung* (erstveröffentlicht 1998). Ebenso ernüchternd wie wahrhaftig berichtete er wie die Familie Forte / Fontana sich unbeirrt in den Trümmern wieder einrichtete, zwischen Brandmauern ohne ein Dach über dem Kopf, im Chaos, Züge von Flüchtlingen, Maria auf tagelangen Hamsterfahrten, um die Familie vor dem Hungertod zu bewahren, Schwarzmarktgeschäfte, Bandenkriminalität, Menschen, die vor Entkräftung auf der Straße umfielen und starben.

Was Forte beschreibt, ist überaus bedrückend, und es ist ein Mahnmal für die Nachkommen. Sein Zeitokular stiftet heutigen Lesern, die fern von allem kriegerischen

Geschehen aufgewachsen sind, den Sinn für die Lehren der Vergangenheit, liegen doch unter den Stätten heutigen Reichtums die Ruinen jener untergegangenen Zivilisation beerdigt. Die geschichtsphilosophischen Romane Fortes beschwören diese Vergangenheit wieder herauf. Zurecht, denn sie darf nicht ruhen, sie muss lebendig bleiben, und das geht mit nichts so gut wie mit großer Literatur: „War das Erzählen lediglich die menschliche Interpretation des großen, unerkennbaren, hinter allem stehenden

„Er hatte dem Leben gegenüber eine artistische Haltung": Fortes Vater Friedrich.
Nachlass Dieter Forte, Heinrich-Heine-Institut Düsseldorf

Bombenschäden am St. Josef-Krankenhaus an der Kruppstraße, Düsseldorf 1945.

Stadtarchiv Düsseldorf, Signatur 125-518-001

Musters, wie die einen sagten, oder waren die Geschichten selbst das Muster, wie andere meinten, das war schwer zu beurteilen, weil die Geschichten, an die man sich erinnerte, entstanden waren aus Geschichten, von denen man nie gehört hatte, weil es die Geschichten derer waren, die tot in der Erde lagen. Aber ihre unbekannten Geschichten bestimmten einmal das Leben der jetzt Lebenden, wie auch deren Geschichten einmal das Leben der dann Lebenden bestimmen würden, auch wenn man sie schon längst vergessen hatte."

Nun ist Dieter Forte selbst nicht mehr von dieser Welt, doch diese seine Geschichte über die Geschichten von damals wird bleiben – und das Leben der Lebenden und auch der Kommenden nicht unbeeinflusst lassen, das jedenfalls würde ich für sie, für die Menschheit und ihre Zukunft, erhoffen.

(1) Ich beschränke mich hier auf die ersten drei Bände der Tetralogie (die zunächst auch als Trilogie unter dem Titel „Das Haus auf meinen Schultern" (1999) zusammengefasst wurden), da hier unmittelbar geschildert wird, wie die Stadt Düsseldorf und ihre Bewohner vom Ersten Weltkrieg bis zum Zusammenbruch des NS-Regimes unmittelbar in Mitleidenschaft gezogen wurden.

In einem weiteren Beitrag zu diesem Band widmet sich Enno Stahl der Entstehungsweise von Fortes Romanen: „Vom Handmanuskript zum fertigen Buch". Siehe Seite 106

Ich kenne keinen deutschsprachigen Schriftsteller, der das kann, was Forte kann

Von Elke Heidenreich

Als Dieter Forte 1999 den Bremer Literaturpreis bekam, begann seine Dankesrede mit diesen Worten:

„Verzeihen Sie bitte meine leise Stimme. Meine Stimme blieb im Krieg und in der Zeit, die man irrtümlich und aus Gewohnheit Nachkriegszeit nennt. Der Krieg und die Überlebenszeit danach nahmen mir den Atem. Die verdrängte Angst, die niemals zu vergessenden Todesmomente sind in der Erinnerung gegenwärtig. Meine Stimme findet sich im Schreiben. Ob sie gehört wird, hängt von anderen ab.“

Ich bin genau acht Jahre jünger als der Schriftsteller Dieter Forte, und diese acht Jahre haben mich vor so schrecklichen Erfahrungen bewahrt wie er sie machen musste. Als Kind Bombennächte zu erleben, brennende Städte, schlimmer: brennende Menschen sehen zu müssen, bewusst mit Hunger und Entsetzen konfrontiert zu sein, das prägt für immer – in seinen Texten können wir das lesen, und, was mich immer gewundert hat: warum lesen wir es so nur bei ihm und bei keinem anderen Schriftsteller, der Krieg und Nachkrieg beschrieben hat? Weder Wolfgang Koeppen, den ich neben Forte am meisten schätze als literarischen Chronisten dieser Zeit, noch Heinrich Böll, Günter Grass oder Siegfried Lenz haben Entsetzen, Verzweiflung und Grau-

samkeit so fassungslos intensiv beschrieben wie Dieter Forte. Dass er sich dabei sogar noch einen sanften Humor, große Wärme und eine tiefe Menschlichkeit bewahrt hat, das ist das, was diese Literatur, was seine Bücher für mich zum Kostbarsten und Beeindruckendsten in deutscher Sprache seit Heinrich von Kleist macht. Dass Forte nie den Kleistpreis bekommen hat, ist beschämend für den Verein, der diesen Preis vergibt. Dieter Forte litt darunter, dass in diesem Land das Vergessen lange Zeit wichtiger war als das Erinnern, aber nie klagte er, sondern sagte nur einmal vorsichtig in einem Gespräch mit Volker Hage im Jahr 2002: „Überhaupt ist meine Position sehr einsam im Moment.“

Berühmt wurde Dieter Forte zunächst durch seine Theaterstücke, bekannt durch großartige Fernsehspiele, die ein Glücksfall für das deutsche Fernsehen der 70er Jahre waren. Aber wie so oft wusste das deutsche Fernsehen seine Glücksfälle weder zu halten noch zu würdigen. Seit das Fernsehen immer mehr verkam, schrieb Forte folgerichtig Romane. Sein erzählerisches Credo formuliert er selbst in einem seiner Romane so:

„Die einzige Gewissheit, wie ein ewiges Licht in der Dunkelheit schimmernd, fand sich im ununterbrochenen Erzählen, im unaufhör-

lichen Weitererzählen über Tausende von Jahren, das irgendwann begann, als in einer Höhle oder an der Quelle einer Oase ein Mensch anfing zu erzählen, und das seitdem die Welt darstellte, wirklicher als die Wirklichkeit war, denn das alles existierte nur, solange es erzählt wurde, was nicht mehr erzählt wurde, war vergessen, existierte nicht."

Und so schildert er in seiner Tetralogie der Erinnerung nicht nur die deutsche Kriegs- und Nachkriegsgeschichte, sondern er geht viel weiter zurück. Er hangelt sich im ersten Band,

Das Muster, am Beispiel seiner eigenen Familie viele Jahrhunderte zurück und beginnt beinahe mit „Es war einmal ..." *Das Muster* erzählt, wie eine italienische Seidenweberfamilie, die Fontanas und eine polnische Bauernfamilie, die Lukacz', quer durch die Jahrhunderte auf der Reise sind, auf der Flucht vor politischer und religiöser Verfolgung, auf der Flucht vor Armut und Perspektivlosigkeit, bis beide Familien irgendwann im 20. Jahrhundert im Ruhrgebiet landen, und Friedrich Fontana, der Leichte, lernt Maria Lukacz kennen, die Schwere, er verliebt sich in sie, heiratet sie, und das Muster aus vielen verschiedenen Lebensfäden webt ein neues Bild, eine neue Familie. Und die wächst hinein in eine neue Zeit, die keine gute Zeit ist – schon in den Abend der Hochzeits-

Die Trümmer sind unsere Geschichte: Lebenszeichen an einem Haus in Düsseldorf, Mintropstraße, nach dem „Pfingstangriff" vom 12. Juni 1943.
Stadtarchiv Düsseldorf, Signatur 124-100-014

feier platzt einer herein mit der Nachricht: „Sehr verehrte Damen und Herren, Herr Medizinalrat Dr. Levi hat sich erhängt." Dr. Levi war polnischer Jude, Freund der Familie, der sich als Arzt in Düsseldorf niedergelassen hatte, weil es da nie ein Ghetto gab und nie ein Pogrom, und er fügte immer hinzu, der kleine Heinrich Heine sei hier in eine normale Schule gegangen, und darum beneide er ihn. Nun also: Selbstmord, seherisch, am Vorabend der braunen Barbarei, denn der nähern wir uns jetzt, und die verschlingt alles im Bombenhagel, die halbe Welt und auch teilweise die Familien Fontana und Lukacz. Band zwei der Trilogie, im ursprünglichen Titel *Der Junge mit den blutigen Schuhen*, begleitet diese beiden unterschiedlichen, nun zusammengewachsenen Familien durch den Zweiten Weltkrieg. Mittelpunkt ist Maria aus Polen, die uns erinnert an die große Figur der Ursula Buendía aus Gabriel García Márquez' Roman *Hundert Jahre Einsamkeit*, eine Art Ur- und Stamm-Mutter, die sich durch die Jahrhunderte zieht und alles zusammenhält. In Band drei schließlich sind wir in der Stunde Null, im Sommer 1945. Deutschland liegt in Trümmern. In einem Kellerloch sitzt ein zehnjähriger Junge, der kaum atmen kann, und er sieht seine zerstörte Heimatstadt, Düsseldorf. Er sieht Tote und Kranke, verstümmelte Heimkehrer und verzweifelte Überlebende des Krieges, er sieht ein halbverhungertes Pferd zusammenbrechen und sieht Menschen, die dem Pferd das Fleisch von den

Ausweis 1945 von Fortes Mutter Maria, ausgestellt von der US-Militärverwaltung. Nachlass Dieter Forte, Heinrich-Heine-Institut Düsseldorf

Knochen reißen und es roh und halb wahnsinnig vor Hunger verschlingen. Selten haben wir darüber, was Krieg bedeutet, so intensiv lesen können wie in diesem dritten Band von Dieter Fortes großem Erinnerungswerk, der auch so heißt: *In der Erinnerung*. Selten? Ich glaube: nie, außer in Dokumentationen oder den Berichten der Augenzeugen, aber nie in einer so literarisch brillant verdichteten Form, die uns das Grauen fühlbar macht. In der *Literarischen Welt* schrieb Forte im September 2001 zu diesen Erinnerungen an die Bombentage und Bombennächte einen sehr intensiven Text, der mit den Worten endet:

„Schwach ist der Mensch, einsam und verletzlich, leicht ist er zu töten. Er hat nur noch seine Beine, seine Arme, die Augen und seinen Instinkt. Er läuft so lange, bis er zusammenbricht, die Finger klammern sich so lange an, bis sie nachgeben und abrutschen, die Augen starren aufgerissen ins Schwarze, der Instinkt findet nicht mehr in die Sicherheit. Die Zivilisation und der Staat, der in Verfassung und Gesetz die Ansprüche auf Glück und Schutz und Sicherheit der Person garantierte, wie unvorstellbar weit, wie märchenhaft ist das in einem Bombenangriff.

Der Mittelpunkt der Familie: Maria, die uns erinnert an die große Figur der Ursula Buendía aus Gabriel García Márquez' Roman „Hundert Jahre Einsamkeit".

Ich war sechs, sieben, acht, neun und zehn Jahre alt, als ich dies sah und erlebte und daran fast erstickte, und jede Nacht erlebe ich es wieder, nur durch Zufall dem Tod entkommen."

Nichts ist dem mehr hinzuzufügen, und das erklärt auch, warum sich dieser Autor aus dem deutschen Literaturtrubel herausgehalten hat und heraushalten musste. Nie sahen wir ihn in Talkshows, Diskussionsrunden oder auf Buchmessen. Er saß zuhause und schrieb und hat diesen ganzen Zirkus, den man heute braucht, um seine Bücher zu vermarkten, nicht mitgemacht. Aber ich bin ganz sicher, dass von vielen der uns heute so wichtig erscheinenden Bücher nichts bleiben wird. Fortes Bücher gehören unverzichtbar zur deutschen Literaturgeschichte. Sein Erinnern ist ein quälender Vorgang – es quält den, der da schreibt und den, der das liest, aber es muss sein, wir können nicht in lauter Wiederaufbaulust über alle Wunden hinweg tanzen, wie das in Deutschland zu großen Teilen nach dem Krieg geschehen ist. Das Entsetzen und Erkennen darf nicht mit denen untergehen, die es erlebt haben – auch das ist Sinn aller Literatur: festzuhalten. Dieser letzte Krieg war die Apokalypse, ich denke, jeder Krieg ist so, und in und nach jedem Krieg brechen atavistische Überlebenskämpfe aus, das Steinzeitverhalten, und das will man danach so rasch wie möglich vergessen können. Es gab heimkehrende Väter, die nie sprachen und erzählten, und der Ausbruch der sogenannten 68er gegen die Generation ihrer Eltern hatte unter anderem damit zu tun.
Es gibt, so sagte Forte mal in einem seiner wenigen Interviews, anscheinend eine Art Übereinkunft des Vergessens, aber es gibt keine Übereinkunft des Erinnerns. Das neue Leben, das aus den Ruinen erblüht, steht auf Trümmern. Die Trümmer sind unsere Geschichte. Geschichte setzt sich aus Geschichten zusammen, Geschichten, wie nur wenige sie erzählen können – in diese große Tradition gehört der Autor Dieter Forte.

Fünf Jahre später erschien der vierte Band der Tetralogie, er heißt *Auf der anderen Seite der Welt* und erzählt von denen, die es nicht geschafft haben, von denen, denen Krieg, Zerstörung, Unmenschlichkeit, Elend und Erinnerung für immer die Luft zum Atmen und die Kraft für das, was man ein „normales Leben" nennt, genommen haben. Wobei das Wort „normal" für Dieter Forte mit Recht zu den verdächtigsten und schrecklichsten Worten zählt, denn was unter diesen Begriff NORMAL nicht passt, gilt als anormal und wird in der Geschichte derer, die die Normen für das Normale bestimmen, vernichtet. Fortes Bremer Dankesrede war für ihn, diesen sanften, leisen Mann, geradezu erstaunlich scharf und unversöhnlich. Er sagte unter anderem:

„Sie bemerken, das Wort Normalität löst bei mir Angst, aber auch Zorn aus und erinnert mich allzu sehr an Uniformität. Normalität fordern heißt letztlich, die individuelle Erinnerung auslöschen und durch eine genormte zu ersetzen. Wer die Erinnerung auslöscht, will Menschen und Zeiten vergessen. Jeder Mensch auf dieser Welt, jeder Ort hat seine eigene Geschichte, und es ist Aufgabe der Literatur, das bewusst zu machen und in der Erinnerung zu halten."

Zu Beginn des vierten Bandes der Tetralogie, *Auf der anderen Seite der Welt*, blickt der Junge, der jetzt ein junger Mann geworden ist, wieder aus einem Fenster – diesmal ist es ein Zugfenster. Der lungenkranke junge Mann fährt auf eine Nordseeinsel in ein Lungensanatorium, und ob er von dort geheilt zurückkommen wird, ist nicht gewiss. Er sieht also die vorbeirauschende Welt wie ein Todeskandidat, vielleicht zum letzten Mal. Das schärft den Blick. Einer, der kaum noch atmen kann, erzählt hier so, dass es uns Lesern den Atem schier raubt. Fortes Sprache ist dicht, phantasievoll, mit starken Bildern, mit kraftvollen Sätzen – eine Kraft, die der, der da erzählt, im Grunde gar nicht

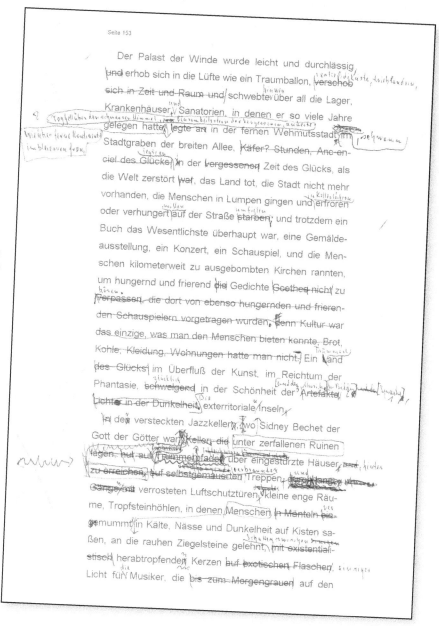

Überarbeitete Manuskriptseite des Romans „Auf der anderen Seite der Welt". Nachlass Dieter Forte, Heinrich-Heine-Institut Düsseldorf

mehr hat, aber seine wortgewaltige Sprache hat sie noch. Jedes Kapitel in diesem Roman fängt mit den gleichen Sätzen und Wörtern an, fast, es gibt leise und leichte Variationen, aber immer kämpft ein Mensch ums Atmen, in der Nacht, unter einem dunklen Himmel, beim Rauschen des ewigen Meeres. Dieses Buch ist das Düsterste der Reihe, ein Memento Mori, ein Stillstehen mitten im Leben – Kafka hat mal den Begriff des „stillstehenden Galoppierens" gebraucht, Forte spricht von „erstarrter Bewegung" und wir reden umgangssprachlich von „galoppierender Schwindsucht". Man bewegt sich noch, aber jeder Atemzug ist kostbar und gezählt und mühsam. Wohin also bewegt man sich? Auf den Tod zu – sowieso, immer, und hier in der Abgeschiedenheit des

Dieter Forte und Elke Heidenreich bei einer Lesung und Feierstunde in Düsseldorf anlässlich des 75. Geburtstag von Forte, Juni 2010. Foto: Sergej Lepke / Funke Foto Services

Sanatoriums mit all den Sterbenden erst recht. Auf der anderen Seite des Lebens, der Welt. Einer Welt, die nach Ende des Krieges das richtige Maß verfehlt hat. Natürlich denken Leser bei so einem Thema an Thomas Manns *Zauberberg*, aber hier ist alles ganz anders, viel düsterer, ärmer, bedrohlicher, keine schönen Frauen in Liegestühlen auf eleganten Balkonen mit Blick auf die Alpen und kleinen Liebesabenteuern …

Hier geht es nur ums Überleben, auch immer noch ums Überleben der entsetzlichen Kriegsgeschehnisse, Eindrücke, Erinnerungen. Wir sind in einem Totenhaus, aus dem der junge Mann wie durch ein Wunder am Ende wieder hinausfindet. Ein Happy End, ein Eintauchen in endliche Harmonie ist das nicht. Es ist nur ein wenig Licht. Ein gerade noch Überleben.

Fortes Romane sind Geschichten von großer Kraft. Ich kenne keinen deutschsprachigen Schriftsteller, der das kann, was Forte kann: mit großem Atem, den er sonst in seinem Leben so gar nicht hatte, erzählen, nichts beschönigen, den Blick nie abwenden,

aber dabei dennoch den Respekt vor dem Menschen nicht verlieren. Und sogar das Komische sehen und beschreiben können. Eine Zeitlang gab es in der *FAZ* den berühmten Fragebogen nach Marcel Proust. Wer ihn einmal ausfüllte, wurde ewig damit zitiert, obwohl man Jahre später vielleicht ganz gern andere Antworten gegeben hätte. Auch Dieter Forte hat diesen Fragebogen mal ausgefüllt.
Er bezeichnete es darin als seinen größten Fehler, immer wieder zu glauben, dass die Menschen doch gut sind. Das klingt bitter und tröstlich zugleich. Ich glaube, sie sind nicht gut, die Menschen, wir Menschen. Wir haben einfach nur dieses eine kleine Leben und kämpfen darum, dass es gut sein möge. Dabei passieren grauenhafte und böse Dinge. Aber Bücher wie die Romane von Dieter Forte helfen uns, immer wieder zu Verstand zu kommen, zu begreifen, was das Leben bedeutet und wie man etwas daraus machen kann, ohne auf die falsche Seite zu geraten.

Wir haben ihm sehr zu danken.

Ich war der Junge am Fenster

Düsseldorf ist meine Heimat, die Straßen und Plätze eines bestimmten Quartiers mit seinen unverwechselbaren Menschen und ihren tausendundeinen Geschichten, ein Bildteppich voll unerschöpflicher Erinnerungen. Ich kenne das Düsseldorf der Kriegs- und Nachkriegszeit, das Düsseldorf des Wiederaufbaus, die wundersame *Kö*, die stillen Ecken der kleinen Altstadt, die Nächte in den Jazzkellern, und die langen Tage am hellen Rhein.

Nach einem Bombenangriff – Es ist heiß, es ist dunkel, es ist Tag, es ist Nacht, es ist glühend heiß, die Haut brennt, die Haare fallen aus, weiße trockene Büschel, die Lunge brennt, die Brust schmerzt beim Atmen, die Luft ist ein ausgedörter Wüstensturm, der laut durch die Straßen heult. Man steht in Staubwolken, die Welt ist verschwunden, der Himmel schwarzviolett, hinter den Hausfassaden Feuer und Rauchwolken, die Fassaden stürzen ein, die Feuerwolken lodern hoch. Da ist keine Straße mehr, kein Straßenschild, keine Verkehrsampel, da liegen Schuttberge. Die Welt, vor Sekunden noch vorhanden, ist nur ein Erinnerungsbild. Menschen rennen ins Feuer, retten Dinge, die sie nicht brauchen, Menschen laufen wie in Zeitlupe, kriechen auf allen vieren im Kreis, suchen Deckung, rennen plötzlich wieder los, stoßen andere in den Dreck. Menschen gehen in einer Schlange in der Mitte der Straße, um den einstürzenden Fassaden auszuweichen, stolpern über Steine, Fensterrahmen, Kinderbetten, Kleiderschränke. Schwach sichtbare Figuren, lebende Säulen aus grauem Staub stehen erstarrt, bewegen sich nicht, sie haben das Chaos gesehen, sie leben nicht mehr wirklich, ihr Leben wird nicht mehr sein, wie es einmal war, sie werden niemals davon erzählen können, der Tod ist in ihnen. (...)

Schwach ist der Mensch, einsam und verletzlich, leicht ist er zu töten. Er hat nur noch seine Beine, seine Arme, die Augen und seinen Instinkt. Er läuft so lange, bis er zusammenbricht, die Finger klammern sich so lang an, bis sie nachgeben und abrutschen, die Augen starren aufgerissen ins Schwarze, der Instinkt findet nicht mehr in die Sicherheit. (...) Ich war sechs, sieben, acht, neun und zehn Jahre alt, als ich dies sah und erlebte und daran fast erstickte, und jede Nacht erlebe ich es wieder, nur durch Zufall dem Tod entkommen.

Das war ja jahrelang meine Existenz, die aus einem Bett und einem Fenster bestand und aus einem zweiten etwas weiter entfernten Fenster. Ich könnte das genau aufzeichnen, wie auch die ganze Straße und jedes Haus. Ich habe es mir auch aufgezeichnet. Es ist ein extremer Blickwinkel, eine extreme Erzählposition, die rein handwerklich schwierig durchzuhalten ist, wenn man nicht so einfach durch die Stadt streifen kann. Aber dafür ist der Blick sehr genau auf die Dinge hinter der Glasscheibe fixiert, so dass man sie nicht vergisst, sie in einer Genauigkeit beschreiben kann, die andere Zeitzeugen nicht mehr haben. Diese extreme Perspektive, die vorgegeben war und die ich dann erzählerisch benutzt habe, habe ich streng einzuhalten versucht. Das ganze Kaleidoskop von Menschen und Situationen, und Tag für Tag den unglaublichen Willen der Menschen zu überleben.

Kinder konnten einfach all die verbotenen Dinge besser erledigen, Kinder waren flinker, wendiger, verschwanden in Kellerlöchern, kamen auf der anderen Seite wieder heraus, kannten alle Schleichwege und Schlupflöcher in dieser Trümmerwelt, rannten quer durch die zerstörten Häuser, kein Erwachsener konnte ihnen folgen. Sie entzogen sich jeder Überwachung, witterten die Gefahren, hatten gelernt, in einem Krieg und in einer Nachkriegszeit zu überleben, schlängelten sich zwischen Militärpolizei und der deutschen Polizei hindurch, kannten die verschiedenen Schwarzmärkte mit ihren unterschiedlichen Handelspraktiken, wussten, welche Ware wo und bei wem zu bekommen oder abzusetzen war, kannten die geheimen Keller und Wohnungen, in denen die Hehler der Diebesbanden hofhielten, kannten die Klopfzeichen und Parolen, die ihnen die Türen öffneten, sie durch einen schmalen Spalt hineinließen.

All das war nicht ungefährlich, immer häufiger fanden Razzien statt, Lastwagen und Polizisten fuhren vor, sperrten die Straßen, kontrollierten jeden, konfiszierten alle Waren. Auch die Hehler wurden vorsichtiger, wechselten ihren Sitz, zogen sich in die Trümmerwelt zurück, für Erwachsene wurde es schwieriger, sie von der Straße aus zu erreichen, außerdem fielen sie mit ihren schweren Taschen jeder Streife sofort auf, und das, was sie gerade teuer erkauft hatten, wurde sofort beschlagnahmt.

„Und jede Nacht erlebe ich es wieder, nur durch Zufall dem Tod entkommen": Städtische Sparkasse an der Kruppstraße, nach einem Luftangriff im November 1943. Stadtarchiv Düsseldorf, Signatur 127-490-012

Diese Stunde der Aufklärung
war für sie alle unvergesslich,
sie würden von nun an keinem
mehr glauben, egal was er ihnen
erzählte, sie waren belogen
worden, wer wusste, ob sie nicht
schon wieder belogen wurden.
Schule war also unwichtig,
Rechnen war o. k., wie es in der
neuen Sprache hieß, das hatten sie
sich schon gedacht, dass Rechnen
von nun an das wichtigste Fach
war. Deutsch war schwieriger,
weil es mit den alten, nun
verdammenswerten Sätzen
verbunden war, aber sie hatten es
so gelernt und lernten jetzt noch
einmal die deutsche Sprache,
diesmal angeblich richtig. Alles
andere durfte man vergessen,
selbst die Landkarten, auf die sie
während des Krieges immer
gestarrt hatten, sahen, als sie
endlich, neu gedruckt, aufgehängt
wurden, anders aus, so dass sich
selbst die Lehrer darauf verirrten.
Die Schüler dieser Schule kamen
und gingen wie sie wollten,
anfangs drohte das neue Schul-
personal noch, aber als die
Stärksten der Klasse die Lehrer
daraufhin verprügelten, waren
die Machtverhältnisse geklärt.
Wenn das schwere und dumpfe
Geräusch der Kohlengüterzüge
sich näherte, war die Klasse
sofort leer. Als ein Lehrer einmal
die Schüler festhalten wollten,
schlugen sie so unbarmherzig zu,
dass es ihnen hinterher leid tat (...)

Sie hatten einmal alle in einer
Schulklasse mit durchschos-
senen Wänden und leeren
Fensterhöhlen gestanden, an
die Wand gelehnt, weil es
keine Stühle und Bänke gab,
während des Unterrichts
geklaute Zigaretten geraucht,
selbstgebrannten Fusel
getrunken, viele barfuß auf
dem eisigen Betonboden in
kurzen HJ-Hosen, einige in
den Uniformjacken ihrer
Väter, nur wenige mit einem
Mantel, den jeder gebraucht
hätte, aber Kindermäntel und
Kinderschuhe waren über-
haupt nicht zu bekommen,
die Industrie der Stadt hatte
jahrelang nur Waffen hergestellt. (...)
Vor ihnen standen jetzt
weißhaarige und ausgehun-
gerte Lehrer und Lehrerinnen
und erklärten mit zitternder
Stimme, dass alles, was ihre
alten Lehrer ihnen beigebracht
hatten, nicht nur falsch war,
sondern verlogen, schädlich,
irrsinnig, schlichtweg Propa-
ganda eines wahnsinnigen
Diktators, der ein ganzes Volk
in den Krieg getrieben hatte.

(...) die Stadtplaner entwarfen eine neue Stadt, ein schneeweißes Modell, eine Kulisse mit hohen Häusern, breiten Straßen und großen Plätzen. Zwischen weißen Autos und Straßenbahnen standen vereinzelt und ein wenig verloren winzige Figürchen, die Menschen darstellten, maßstabgetreu, unbewegt, ohne Schatten im unschuldigen Weiß dieser künstlichen Stadt. Die Häuser waren rechteckig, die Straßen gerade, die Plätze quadratisch, die Menschen plötzlich sehr klein. Sie sahen von oben in diese gleichmäßig ausgeleuchtete Welt ohne ein Stäubchen Schmutz, ohne Sonne, Mond und Sterne, ohne Wind und Regen, Hitze und Kälte, und sie sahen sich als Dekoration zwischen den weißen Blöcken, sehr einsam und sehr unbedeutend. Es war die Zukunft, die keine Vergangenheit brauchte und in der Gegenwart funktionierte. Man konnte das Licht über der Stadt ausschalten und wieder einschalten. Es war alles so wie es war. Es war nichts dahinter. Da waren keine Fragen, da waren nur Antworten. Und auf dem Platz, auf dem er als Kind gespielt hatte, auf dem im Gedächtnis der Menschen einmal Barrikaden gegen putschende Generäle errichtet worden waren, auf dem ein abstürzender viermotoriger Bomber vollbeladen in Mietshäuser gestürzt war und Menschen in Fackeln verwandelt hatte, sollte nun das höchste Hochhaus stehen mit Wasserfällen und hängenden Gärten. Zum Vergessen.

„Er steckte in der grünen Uniform mit dreireihigen silbernen Knöpfen, in der cremeweißen Sommerjacke, auf Taille geschnitten": Forte als Dienstbote bei der Firma Henkel.
Nachlass Dieter Forte, Heinrich-Heine-Institut Düsseldorf

Ich war ein Junge wie jeder andere. Ziemlich lausbubenhaft, abenteuerlustig, immer mit viel Humor begabt. Ich spielte in Trümmern mit den anderen Jungen, stand natürlich beim Fußball im Tor, aber da musste man auch gut sein, so barmherzig waren die lieben Freunde nicht. Ich war eigentlich so wie alle anderen, aber gleichzeitig war ich eben auch sehr krank. Dann war ich der Junge am Fenster, der Aufmerksamere, der Sensiblere, der Beobachtende, aber man spielte dann wenigstens mir zuliebe vor dem Fenster Fußball, so dass ich fast daran teilnehmen konnte. Für mich war das alles ganz normal, eigentlich, und das mag befremden, empfand ich mich nicht als krank.

Texte aus einer an der Dieter-Forte-Gesamtschule Düsseldorf entstandenen, mit Schülern der Oberstufe realisierten Lesung. Zusammengestellt von Nicola Gries-Suffner. Quellenangaben siehe Seite 150.

Dirk Alvermann: Kinder im Toreingang, Gelsenkirchen 1956.
Foto: Dirk Alvermann/Stadtmuseum Düsseldorf, Inv.-Nr. F 1204a

Ich war eines dieser Kinder, ich sah aus wie auf Ihren Bildern

Lieber Dirk Alvermann,   Basel, 16. August 2011

immer wieder sehe ich mir in stiller Nachdenklichkeit Ihren Bildband an, diese Bilder einer vergangenen Zeit, der ich einmal angehörte. Ich erinnere mich, erkenne Personen, Orte, Situationen. Eine unbestimmte Traurigkeit ergreift mich, ein Gefühl, das ich nicht genau beschreiben kann. Wenn andere Menschen Heimatbilder aus ihrer Jugendzeit sehen, haben sie Heimatgefühle, auch Heimweh genannt, ich habe das nicht. Diese Bilder lösen keine falschen Gefühle aus, dafür sind sie zu genau. Mühselige und Beladene ziehen da wie eine Pilgerkolonne freudlos durch eine zerstörte Welt, die unter dem Vorwand von Glanz und Glimmer wieder aufgebaut wird, selbst das Lächeln in einem Karnevalszug in einer Verkleidung ist quälend.

Ich finde wichtig, dass Sie auf die Kinder geachtet haben, dass Sie die Welt durch die Kinder sehen, die sich hier zurechtfinden müssen, da ist nichts Verstelltes, die Kinder haben die Realität schon erfasst. Ich war eines dieser Kinder, ich sah so aus wie auf Ihren Bildern. Man bekam Schläge, Tritte und manchmal konnte man ihnen ausweichen. Trotzdem war unter diesen Kindern eine Solidarität, die ich in meinem späteren Leben immer vermisst habe.

Ihr Bildband ist ein großartiges Zeitdokument, weil der Blick auf diese Welt so ehrlich ist, so genau, so absolut nüchtern. Nur Cartier-Bresson hat so etwas geschafft. Meine Romane über diese Stadt und diese Zeit dürften da eine schöne Ergänzung sein. Wir müssten uns eigentlich gekannt haben, als Mann hinter der Kamera, jedenfalls kannte ich Ihren Bruder und bewunderte damals sehr seine Objekte, aber ich kannte auch zufälligerweise Ihren Vater, der meinen Großvater Gustav in seinen letzten Lebensjahren betreute. Wie diese beiden sich zum Schluss über Tod und Leben ineinander verhakelten, habe ich mit viel Freude beschrieben im dritten Band meiner Tetralogie: In der Erinnerung.

In diesem dritten Band finden Sie auf den Seiten 239, 240, 241 diesen Kampf geschildert mit der namentlichen Erwähnung Ihres Vaters, was ich mir nur bei wenigen Personen erlaubt habe, Ihrem Vater zu Ehren, aber auch um mal Ort und Zeit (mein Großvater wohnte Linienstraße/ Ecke Kruppstraße) festzuhalten, was in einem Roman manchmal nötig ist, damit die Leser nicht allzu oft sagen, das ist unglaublich, das ist doch alles wieder erfunden. Denn man erinnert sich nur ungern an diese Zeiten, wie ich nicht nur aus eigener Erfahrung weiß, sehr oft bekommt man zu hören, das ist nicht wahr, das kann doch nicht stimmen, das ist unmöglich.

Was war zeigt Ihr Band, und ich danke Ihnen sehr für die Zusendung, natürlich auch dem hochverehrten Dieter Süverkrüp für den Hinweis. Ich werde gleich noch einmal seine Ça Ira-Platte heraussuchen und sie mir anhören beim Betrachten Ihrer Bilder.

Dank und Gruß
Ihr Dieter Forte

Fortes Brief bezieht sich auf den Band Klein Paris – Fotografien von Dirk Alvermann, *Steidl Verlag 2011. Alvermann wurde 1937 in Düsseldorf geboren. Er starb 2013 in Carlow-Neschow, Mecklenburg.*

Vom Ende der Bescheidenheit, einem Lokalverweis und einer fliegenden Pralinenschachtel

Von Klas Ewert Everwyn

„In der Erinnerung", um mich bei Dieter Forte zu bedienen, ist er ein junger Endzwanziger, schlank und gutaussehend, freundlich und zurückhaltend, wie er mir an Fatty's Künstlerstammtisch begegnete, Düsseldorf, Hunsrückenstraße. Um ihn herum andere auffälligere Leute, Schriftsteller, die von sich und über sich berichten. Jemand hat Kontakt zu einem Verlag gefunden, worüber die anderen sogleich mehr wissen möchten. Von Köln ist die Rede, Kiepenheuer und Witsch, Wellershoff. H. P. Keller flicht ein, seine Gedichte seien in vierzehn Anthologien abgedruckt, Rolf Bongs hat einen Verlag in Emsdetten für sich und seine Werke aufgetan.

Rolf Schröer vermisst hier in Fatty's Atelier eine Bühne, der Stammtisch allein bringe wenig, sich einem Publikum vorzustellen. Ein Arthur Maria Schilling spricht in Reimen, was die anderen aufregt, und beschwert sich über den neuen Feuilleton-Chef der *Rheinischen Post*, den Nachfolger des väterlichen Paul Hübner, der ihm gestattet hatte, allwöchentlich ein Gedicht zu veröffentlichen. Heinz Junker, Redakteur der konkurrierenden *Düsseldorfer Nachrichten*, lässt von seiner Begleiterin ab und sagt Schilling zu, sich um ihn kümmern zu wollen. Dann ergreift Karlhans Frank das Wort und verkündet, er spiele mit dem Gedanken, einen eigenen Verlag zu gründen, damit man zu Wort komme. Ich bin zum ersten Mal hier, Frank hat mich herbestellt, als ich ihn in Dortmund kennenlernte, wo ich durch meinen ersten Roman bekannt geworden war, in Düsseldorf allerdings noch nicht. Dann meldet sich in meiner Erinnerung Harald K. Hülsmann mit der Nachricht, er werde seine Ilex-Blätter im Eigenverlag unter die Leute bringen und sei nun dabei, ein Redaktionsteam zusammenzustellen. Und Dieter Forte sagt wie nebenher, sein Martin-Luther-Stück liege beim Intendanten Stroux auf dem Schreibtisch, da werde es wohl bald zu einem Vertrag kommen. Damit findet die Nachrichten-Börse unter den Einzelgängern ihr Ende, nur ich als Neuling darf mich noch kurz vorstellen und fühle mich geehrt, an diesem Literaturstammtisch überhaupt Aufnahme gefunden zu haben.

***

Forte und ich hatten zufälligerweise unseren gemeinsamen Heimweg entdeckt und näherten uns dem Graf-Adolf-Platz, als Forte meine Aufmerksamkeit mit einem mir seltsam erscheinenden Ausruf gewann: „Das Geld liegt auf der Straße!"

29

Vor Freude schien er sich kaum einkriegen zu können, bis er mir auf meine verständnislosen Fragen verriet, ein Hörspiel-Redakteur des WDR habe ihn kurz vorher angerufen und ihm die Annahme seines neuen Hörspiel-Manuskripts angekündigt. Mein Erstaunen hielt sich in Grenzen: „Ach, Sie schreiben Hörspiele?" Und dann erzählte er von seinen Hörspiel-Erfolgen, denen bald auch schon Fernseh-Texte folgen sollten, er werde deshalb nach Hamburg reisen, wo er vor einiger Zeit eine Ausbildung absolviert habe. Ich berichtete von meinen beiden Romanen, denen nichts weiter gefolgt sei außer Rezensionen in der *Rheinischen Post*. „Schreiben Sie doch auch Hörspiele", riet er, „die bringen gute Honorare." Ich war damals noch Beamter der Stadt Neuss und nicht unbedingt auf Honorare erpicht, wohl aber auf literarische Erfolge. „Wie schreibt man denn Hörspiele?" fragte ich in unüberhörbarer Naivität. „Kommen Sie mal bei mir in der Jahnstraße vorbei, ich zeig's Ihnen."

Wenige Tage später hatte ich mir endlich ein Herz gefasst, man ging vorsichtig miteinander um, und besuchte ihn in seiner Wohnung in der Jahnstraße und lernte dort seine Frau Marianne kennen. „Sie schreibt meine Texte", erklärte er und holte aus einem Flurregal ein paar Seiten Papier hervor, auf welchen sich ein Hörspiel-Text in Maschinenschrift befand. Ich las, staunte und erfuhr, was er mit seinem Ausruf gemeint hatte. Er lächelte mir zu: „Dürfte Ihnen auch nicht allzu schwer fallen." Mit ein paar weiteren Tipps versehen verließ ich ihn und setzte mich an meine Maschine. Mir war ein „Gespräch mit den Eltern" in den Sinn gekommen, das schickte ich dann an den WDR, der das kleine Stück postwendend „mit Bedauern" zurücksandte. Forte riet mir, es an den NDR und einen Redakteur namens Tommy zu schicken. Das tat ich

und erhielt bald abermals das Stück zurück, aber auch einen Brief von Herrn Tommy, in welchem er mich um einen Anruf bat. Das hörte sich gut an, und mein Anruf und Tommys Rat wurden der Beginn einer, nämlich meiner Hörspiel-Produktion.

***

Dann trat der VS in Erscheinung, der Verband deutscher Schriftsteller, für mich in Gestalt von Rolf Bongs und Dieter Forte, welch beide ich zufällig auf der Frankfurter Buchmesse traf. Wir kannten uns ja von Fatty's Stammtisch her, man plauderte ein wenig über sich und die Bücherwelt, bis Bongs meinte, ich solle mich beim Westdeutschen Autorenverband melden, sie beide seien dort auch bereits angemeldet. Ich wusste mal wieder nicht so recht, was ich mit solch einer Empfehlung anfangen sollte, tat Bongs und Forte jedoch den Gefallen und erhielt Tage drauf eine Einladung, nach Köln ins Gürzenich zu kommen. Zusammen mit meiner späteren Ehefrau Hilde im Wagen fuhr ich hin und traf auf inzwischen

Das frühere Düsseldorfer Schauspielhaus an der Jahnstraße. Aufnahme von 1951
Stadtarchiv Düsseldorf, Signatur 026-550-002

gutbekannte Stammtisch-Freunde, außer Bongs und Forte auch auf Schröer. Es war ein warmer sonniger Sonntagmorgen, als wir Zeugen der Gründung des Verbandes deutscher Schriftsteller und dessen Eintritts in die IG Druck und Papier wurden, Heinrich Böll das „Ende der Bescheidenheit" verkündete und Günter Grass das Seine dazu sagte und tat.

Ich lud die Freunde ein, in meinem Peugeot Platz zu nehmen, Bongs wegen seines kaputten Beins vorn, Hilde, Forte und Schröer auf dem Rücksitz. Forte dirigierte mich in die Jahnstraße, wo es damals noch genügend Parkplätze gab, und lud uns ins „Bei Paul" ein. Dort treffe er sich gelegentlich mit Tankred Dorst, dem Theaterautor. „Bei Paul" sei das Stammlokal der Theaterleute – in der Nähe befanden sich seinerzeit die Kammerspiele –, Handke sei auch schon hier gewesen. Das waren ja Auspizien! Hier erfuhren wir dann auch von seinem Ärger mit dem Düsseldorfer Schauspiel-Chef Stroux, der sein Bühnenstück über Luther auf Wunsch der Stadt abgelehnt habe, obwohl schon ein Vertrag bereitliege. Für mich, der ich an zwei weiteren Romanen ohne Verlag saß, alles Nachrichten aus einer anderen Welt. Außerdem wusste er von Reinhard Kill zu berichten, dem neuen Feuilleton-Chef der *Rheinischen Post*, der ihm empfohlen habe, die Finger von Luther zu lassen, daran solle er sich nicht vergreifen. Deshalb habe er sich nun an den neuen Verlag der Autoren gewandt, dort werde er ernst genommen. Doch dann empfahl Forte meiner Partnerin, Schröer zum Vortrag seiner Gedichte zu ermuntern, der singe auch dazu. Daraus entstand natürlich eine heitere Runde, die sich bis in den späten Abend hinzog, bis Paul sich gezwungen sah, uns des Lokals zu verweisen.

***

Nun befanden sich also die Einzelgänger, die bislang an Stammtischen oder bei anderen Gelegenheiten zusammengekommen waren, in einer Gewerkschaft und wurden von ihr zu neuen Zusammenkünften eingeladen, ins Düsseldorfer Gewerkschaftshaus zum Beispiel, und erfuhren, dass sie eine Bezirksgruppe bilden sollten und dass eine solche Bezirksgruppe einen Sprecher benötigte. Inzwischen hatten auch Autoren den Weg in den VS gefunden, die bislang abseits gestanden, aber nun von dem Verband gehört hatten, die Medien hatten ja dank Böll und Grass davon berichtet. Man versprach sich etwas davon, dazuzugehören. Als sich die Düsseldorfer Gruppierung im Gewerkschaftshaus traf, staunte man nicht schlecht, wer alles dazugehören wollte. Als die Sprache auf den zu wählenden Sprecher kam, fiel die Wahl auf mich. Einer sollte es tun, anscheinend leistete ich den geringsten Widerstand. Aber mir gefiel es doch schon, und ich entwickelte einen Plan, der unter anderem vorsah, mich in den Feuilleton-Redaktionen der lokalen Presse vorzustellen, um zu testen, was man dort mit uns nun gewerkschaftlich organisierten Schriftstellern vorhaben mochte, und durfte dabei miterleben, wie Kill von der *RP* dem alten Schilling die Pralinenschachtel, mit welcher der ihn wohl hatte „bestechen" wollen, an den Kopf und dann in den Papierkorb warf und ihm mitteilte, von ihm sei keine weitere Gestattung zum Abdruck eines Gedichts zu erwarten. Eine Weile später teilte er mir mit, ich solle Goethe lesen, das bilde. Gedruckt ließ er mich wissen, ich sei ein „Mitläufer in der Literatur". Das war eben jener, der Forte empfohlen hatte, die Finger von Luther zu lassen. Von ihm hatten wir also nicht viel zu erwarten.

Aus Dieter Fortes Hörspiel
„Sprachspiel – Ein Kommunikationstraining"

Perfekte Gesprächsführung

A Männerstimme, **B** Männerstimme, **C** Frauenstimme auf einer Kassette.

Die Stimme der Männer: nicht mechanisch, sondern mit Gefühl, mit Betonung, eine Situation spielend, unsicher, auftrumpfend, überlegen, prahlend.
Die Stimme der Frau: beschwörend, einflüsternd, suggestiv.

Gong

C	Ich begrüße Sie sehr herzlich.
	Darf ich mich vorstellen: Ich bin Ihre Gesprächspartnerin,
	Ihr Kassettentrainer.
	Sie werden bemerken, dass dies ein konventioneller
	Gesprächsanfang ist.
	Am Ende unseres Schnellkurses werden Sie über diesen üblichen
	Anfang weit hinaus sein.
	Sie haben diesen Kassettenkursus bestellt, um Ihre Gesprächstechnik
	weiterzuentwickeln.
	Das heißt, Sie suchen nicht das Gespräch.
	Sie suchen das erfolgreiche Gespräch.
	Diesen Erfolg erreichen Sie bei genauer Einhaltung unserer Regeln.
	Unser Sprachlabor garantiert Ihnen mit seinen ausgefeilten Metho-
	den, dass Sie Ihre Meinung auf jeden anderen übertragen können,
	dass Sie andererseits aber vor der Meinung der anderen vollkommen
	geschützt sind.
	Je perfekter Sie unsere Gesprächsregeln anwenden, desto sicherer
	werden Sie Herr des Gespräches sein. Bereiten Sie sich zunächst
	alleine vor.
	Studieren Sie das Begleitmaterial genau.
	Lernen Sie die Lektionen auswendig.
	Die Regeln sind alles.
	Wiederholen Sie diesen Satz.
A	Die Regeln sind alles.
C	Der Inhalt ist unwichtig.
	Wiederholen Sie diesen Satz.
A	Der Inhalt ist unwichtig.

C	Und jetzt beide Sätze nacheinander.
A	Die Regeln sind alles, der Inhalt ist unwichtig.
C	Merken Sie sich diesen Grundsatz.
	Aber nun ein paar Sätze Theorie, die Ihnen helfen werden, Ihre Situation zu klären.
	Sie begegnen täglich Personen, deren Absichten Ihnen gar nicht oder nur sehr oberflächlich bekannt sind.
	Wie können Sie vermeiden, von diesen Personen getäuscht zu werden.
	Hier hilft unser Kursus.
	Der Zugang zu anderen Menschen, zu ihren versteckten Absichten, führt über Mechanismen, die den Gesprächsinhalt bewusst verbalisieren.
	Diese Regeln, von deren perfekter Anwendung im Umgang miteinander alles abhängt, sind von elementarer Bedeutung für das Erreichen Ihrer Ziele, für Ihren Erfolg.
	Diese komplexe Regelstruktur, ohne deren Befolgung sozial kompetentes Handeln unmöglich ist, führt zu kommunikativen Handlungen und interpersonellen Prozessen, die durch ein sprachliches Regelsystem gesteuert werden.
	Das hört sich komplizierter an als es ist.
	Merken Sie sich für heute nur:
	Die Form, in der ich meine Gespräche führe, ist wichtiger als die darin enthaltene Aussage.
	Wiederholen Sie.
B	Die Form, in der ich meine Gespräche führe, ist wichtiger als die darin enthaltene Aussage.
C	Dieser Satz ist so wichtig, dass wir ihn jetzt noch einmal gemeinsam wiederholen.
B u. A	Die Form, in der ich meine Gespräche führe, ist wichtiger als die darin enthaltene Aussage.
C	Merken Sie sich für heute:
	Ein Gespräch kann tausend Inhalte haben.
	Nur die perfekte Gesprächsführung bringt Ihnen den gewünschten Erfolg.
	Wir beginnen jetzt mit einfachen Sprachübungen.
	Erste Sprachsituation:
	Um ein Gespräch mit Ihnen zu manipulieren, versucht Ihr Gesprächs- partner Ihnen Informationen vorzuenthalten.
	Wir üben gemeinsam die Lektion A: Informationszugriff.

Gong

„Sprachspiel", wovon wir hier den Anfang wiedergeben, wurde erstmals 1980 im WDR gesendet. Die Akademie der Darstellenden Künste wählte es zum Hörspiel des Monats, es hätte laut Forte auch „den Prix Italia bekommen, wenn es (so die Jury) das Thema nicht so humorvoll gestaltet hätte."

Erinnerungen an eine Kneipe,
einen Stammtisch, an Künstler und einen Aktenberg

Nächsten Donnerstag bei „Fatty"

Von Dieter Forte

Einige Jahre meines Lebens war der Donnerstagabend der wichtigste Termin der Woche, der Literatur-Stammtisch in „Fattys Atelier". Wir hatten ihn gegründet, um unsere losen Kontakte ein wenig zu festigen, wir, das waren Rolf Bongs, H. P. Keller, Rolf Schöer, Harald K. Hülsmann, Karlhans Frank und ich, der Journalist Junker, die Buchhändlerin Linke, etwas später gehörten zeitweise Rose Ausländer, Astrid Gehlhoff-Claes, Agnes Hüfner, Eva Zeller, Everwyn, Kriwet, Süverkrüp dazu, auch Gerda Kaltwasser und Kill, und von Beginn an die Maler und Bildhauer Wierspecker, Mizsenko, Hilderhoff, Sundhaußen, auch Prof. Sackenheim, der Komponist Friedhelm Döhl ... Um diese lückenhafte Namensliste zu beenden – alle, die in Düsseldorf schrieben oder schreiben wollten oder an Literatur interessiert waren, kamen irgendwann einmal an diesen Tisch.

Fatty war schon tot, seine Legende lebte weiter und trieb neue Blüten. Wir saßen unter der von allen Gästen bestaunten Wandtafel, auf der in Fotografien, bedeckt mit Autogrammen und Widmungen, Deutschlands Schauspielerelite versammelt war, direkt hinter dem Eingang zwischen Garderobe und Bürgertum, das die hinteren Räume um den Pianisten herum bevorzugte. War man ein „wirklicher Künstler", erhielt man einen Fatty-Pass, der in seiner Grafik ein wenig an Montmartre und Bohème erinnerte, und auf dessen Rückseite „Fattys Atelier" für alle Zeiten verewigt ist. Ein kleines zweistöckiges Altstadthaus und unten eben die Gaststätte. Wir lächelten damals ein wenig über diesen Pass, der für billige Getränke und eine preiswerte Mölerschnitte sorgte, aber heute denke ich, man sollte dieses Diplom getrost anderen akademischen Graden gleichstellen, weil es der Ausweis einer Kunst- und Lebensschule war, die man so wohl nicht mehr findet.

Der Begriff „Stammtisch" ist natürlich irreführend, heute würde man so etwas „Interdisziplinäres Kommunikationszentrum für geistig-künstlerische Energetik" nennen und in eine leerstehende Fabrik einladen. „Fattys Atelier" war ein Treffpunkt, und es ist nicht unwichtig, dass von Anfang an Maler und Bildhauer zu diesem Stammtisch gehörten, später

*Die Kulturgeschichte
einer Stadt ist oft identisch
mit der Geschichte
ihrer Kneipen.*

„Wirkliche Künstler" erhielten einen Fatty-Pass: Das legendäre Altstadt-Lokal im Jahr 1960.
Foto: Kämmerling. Stadtarchiv Düsseldorf, Signatur 021-346-001

kamen Journalisten, Kritiker, Buchhändler, Verlagslektoren, Dramaturgen, Schauspieler, Regisseure, Filmproduzenten. Der Kern, die innere Gruppe, blieb über Jahre erstaunlich stabil, die Ränder fluktuierten stark, so dass es eigentlich nie einen Donnerstagabend in gleicher Zusammensetzung gab.

Die Kulturgeschichte einer Stadt wie Düsseldorf ist oft identisch mit der Geschichte ihrer Kneipen. Aus kleinen Läden und Pinten entstehen berühmte Galerien – bekanntestes Beispiel ist Mutter Ey – und manche Galerie verwandelt sich wieder in eine einfache Gaststätte, die Grenzen sind fließend, die Gaststätte kann auch wieder Literaturbühne werden, man weiß oft nicht, ist es noch Gaststätte oder

schon Galerie, oder wird gerade Theater gespielt, neue Musik vorgestellt. Das begann nach dem Krieg mit dem „New Orleans", „Bobbys Schnapstheke" am Kreuzherreneck, mit „Fattys Atelier". Es setzte sich fort mit dem „Creamcheese", mit „Spoerri" und „In de Uel" und wird sich weiter fortsetzen. Hier wird regelmäßig das ausgeheckt, was später in den Museen gegen Eintrittsgeld zu besichtigen ist – falls die Stadt nicht vergessen hat, die Sachen anzukaufen. Es findet sich in den Werken der Autoren, in ihren Themen, im Stil, in der Sprache, man muss nur genau lesen.

Die ganze Szene dieser Jahre, an die ich mich erinnere, war ein Geflecht von Kneipen, Galerien und Theatern, deren

Fixpunkte „Kom(m)ödchen" und Kammerspiele, Niepel und Schmela, „Creamcheese" und „Spoerri" waren. Fatty war Mittelpunkt dieser Szene aus Tradition, der Stammtisch der lebendige Treffpunkt einer sich ständig verändernden Kunstlandschaft. Man konnte da kräftig streiten, sehr verschiedener Meinung sein, aber eine Übereinkunft wurde nie gebrochen, nächsten Donnerstag bei Fatty. Und Fatty, das hieß auch anschließend immer „Creamcheese", wo sich die heutigen Professoren der Kunstakademie noch den Kopf darüber zerbrachen, wie man das wird, oder es hieß „Spoerri", für die, die gerne gut aßen und André Thomkins Palindrome bewunderten. Oder man war vorher noch bei Niepel, um Bert Gerresheim und Karolus Lodenkämper zu sehen, oder bei Schmela, wo ein gewisser Piene Löcher in eine Pappwand bohrte und mit einer Taschenlampe dahinter Lichteffekte in Schmelas kleinen Galerieraum zauberte, ein gewisser Mack mit leuchtenden Augen von der Sahara schwärmte, und ein Mann mit einem Hammer in der Hand sich als Uecker vorstellte. Schmela stand damals noch muffelig in der Ecke, ärgerte

sich über den Namen ZERO und fragte jeden, der ihm über den Weg lief, „ob dat wat wird?" Das war jetzt schon Vergangenheit, aber es wirkte weiter, wirkte sich aus in szenischen Demonstrationen und Happenings im „Creamcheese", mit Rinke, Richter, Polke, Fischer, Lueg, Gerstner, Wewerka, Immendorf, Alvermann, Palermo und Diter Rot, auch Geiger und Kricke waren schon mal zu sehen, während Graubner, Haese, Klapheck und Brüning stilleren Vergnügungen nachgingen.

Es war eine offene Zeit, eine Zeit, in der man an den Kammerspielen ohne weiteres das erste „Beatext" durchführen konnte, „Prosa und Lyrik, Beat und Bild", eine Veranstaltung, für die ich nächtelang Filme schnitt und Dias collagierte, Regisseur, Inspizient und Plakatankleber in einer Person, eine Jury zusammentrommelte, die die beste Beatband Düsseldorfs für diesen Abend auswählte, und in der neben Klaus Doldinger und Gabriele Henkel auch Peter Handke saß, der damals in Düsseldorf lebte und so etwas wie korrespondierendes Mitglied des Stammtisches war.

Der britische Jazztrompeter Ken Colyer im „New Orleans". Schnappschuss von Dieter Forte selbst. Nachlass Dieter Forte, Heinrich-Heine-Institut Düsseldorf

Unterdessen war den Stadtvätern das kreative Treiben ihrer Künstler wohl ein wenig unheimlich geworden, man wusste nicht so recht, was sich da unterhalb der Rathausebene abspielte, wusste nicht, was morgen geschah, ob der Beuys mit oder ohne Hut, mit Filz oder mit Fett, womöglich mitten auf der Königsallee. Die klugen Stadtväter taten das, was kluge Stadtväter immer tun, wenn sie ihrer Künstler Herr werden wollen, sie riefen ein Kunstfestival aus. Sie hatten auch gleich einen Namen dafür: „Avantgardia". Ein Titel, der uns allen nicht gefiel, aber doch allen schmeichelte, wer gehört nicht gern zur Avantgarde.

Heute denke ich, die Stadt wollte nur einmal wissen, wozu wir im äußersten Fall fähig wären, und wir taten ihr diesen Gefallen. Wir stürzten uns in die Arbeit, die Stadt sah wohlgefällig zu, es ist immer gut, wenn Künstler beschäftigt sind. Wir bildeten drei Gruppen: Literatur, Musik und bildende Künste.

„Fatty" war Hauptquartier Wort, ich wurde zum Sekretär dieser Sektion ernannt, hatte die Ideen, Konzepte und Einfälle aller Autoren zu sammeln und zu einem Gesamtkonzept zu verbinden. Ich schleppte immer größere und schwerere Ordner herum, die Phantasie war wieder mal grenzenlos, die Künstler wollten zeigen, dass sie Künstler waren. Der Stammtisch wurde zu einem Debattierklub experimenteller Literatur, plötzlich schien alles möglich, die Düsseldorfer Literaten berauschten sich mehr an ihren Worten und Phantasien als am Bier. Die Professoren und Schüler der Kunstakademie hatten ihre Freunde in Paris, London und New York alarmiert und kräftig investiert. Sie engagierten sich einen Manager, der über ein Messtischblatt gebeugt die einzelnen Stadtteile absteckte wie Goldclaims. Der Rhein wurde umgeleitet, Ehrenhof und Planetarium enteignet, Hofgarten und Königsal-

Peter Handke war so etwas wie korrespondierendes Mitglied des Stammtisches.

lee stückweise verteilt, da entstand eine neue Stadt namens Avantgardia, vormals Düsseldorf, die von den Musikern mit Tönen überschüttet wurde.

Bongs und ich verteidigten bei den gegenseitigen Konsultationen die Freiräume für das Wort, denn wie wollte man einen Poesiedampfer vom Stapel lassen, wenn der Rhein nicht mehr vorhanden war. Wir merkten bald, dass die bildenden Künstler mehr das Äußere der Stadt verändern wollten und konzentrierten uns auf die Infrastruktur. Wir waren am Kommunikationsnetz der Stadt interessiert, das Fernmeldeamt gehörte uns, kein Düsseldorfer von nun an ohne tägliches Telefongedicht, die Zeitungen erschienen nur noch im Namen der Poesie, das Wellenbad in der Grünstraße wurde zum Wortbad, während ich mir die Börse für etwas Dramatisches ausgesucht hatte.

Nach einer letzten Vollversammlung mit wütenden Reklamationen derjenigen, die sich nicht gut genug placiert fanden (Mommartz, mit geballten Fäusten „Wo bleibt der Film?") empfing die Stadt die drei Delegationen in einem großen Saal des Rathauses zur Präsentation ihrer Ideen. Der Saal füllte sich mit Akten, Manuskripten, Noten, Messtischblättern und neuen Modellen der Stadt. Es schien die Stunde der Künste zu sein, aber es war die Stunde der Wahrheit. Als wir nach drei Stunden immer noch Ideen vortrugen, erhob sich der Kämmerer der Stadt, flüsterte den neben ihm sitzenden Herren etwas ins Ohr, und der Stadtdirektor und alle anderen Dezernenten taten so, als hätten sie just in diesem Moment erfahren, dass der Stadt das Geld endgültig ausgegangen sei. Überhaupt erweckten die Herren den Eindruck, als würden sie schon seit Jahren ehrenamtlich arbeiten, da die Stadtkasse immer so unendlich leer sei, ja, sie schien schon lange nicht mehr vorhanden zu sein.

Das Wellenbad in der Grünstraße wurde zum Wortbad, während ich mir die Börse für etwas Dramatisches ausgesucht hatte.

Die Aktenmappen „Avantgardia" stehen heute noch bei mir, angefüllt mit wunderbaren nicht realisierten Ideen. Falls die Stadt also noch einmal billig ein Kunstfestival durchführen will, ich könnte ihr ein preisgünstiges Angebot machen, falls nicht, werde ich das alles wohl eines Tages dem Stadtmuseum oder dem Heinrich-Heine-Archiv vermachen für eine Ausstellung „Düsseldorf und seine Künstler – Anspruch und Wirklichkeit".

Der Stammtisch überlebte das Desaster und schenkte der Welt etwas außerordentlich Nützliches, einen Kulturpreis. Da kam eines Tages ein sehr netter Mensch, ein Arzt, erzählte, dass er die Künstler verehre und sie unterstützen wolle, wüsste aber nicht so recht wie. Wir schilderten ihm die Vorzüge eines Kunst-

preises für Literatur und bildende Künste, es wurde sogleich eine Stiftung gegründet, die Höhe des Preises festgelegt, eine Jury eingesetzt. Rolf Bongs, H. P. Keller, Astrid Gehlhoff-Claes. Als ich auch in die Jury gewählt werden sollte, griff Bongs ein. „Nein, das geht nicht, der könnte ja den Preis bekommen." Das war vornehm formuliert. Einige Wochen später erhielt ich in einer Feierstunde eine Urkunde, die ich bereits kannte, da sie auch am Stammtisch entstanden war. Der Arzt hieß Dr. Grünholz und soll hier nicht geschmäht werden, die Wahl war wohl nicht so schlecht, und er hat nach mir noch viele Preisträger erwählt, die diesen Preis auch verdienten. Ein guter Teil des Geldes floss über den Stammtisch in Fattys Kasse. Die Kasse klingelte so sehr, dass Brandenburg, Maler und Geschäftsführer des Lokals, großzügig eine „Sonderfüllung Deutscher Sekt Fattys Atelier Hausmarke" spendierte. Es war eine unerhörte Ehrung, die man nur einmal im Leben erlebt.
Die Flasche steht heute noch, leider leer, in meinem Arbeitszimmer. Vom Rest des Geldes erfüllte ich mir einen Herzenswunsch. Ich ließ mir einen Tisch von „Fatty" nach Hause transportieren, einen dieser schönen Tische, wie sie in den Düsseldorfer Gaststätten stehen, mit dem hellen weichen Holz und der großen gästefreundlichen Holzplatte. Der Tisch wurde mein Schreibtisch, an dem alle meine Arbeiten entstanden, heute hat er etwas rheinaufwärts seinen Platz, geographisch ziemlich genau auf der Grenze zu Frankreich, Deutschland und der Schweiz, umgeben von den Bildern der Düsseldorfer Maler. An ihm ist auch diese Erinnerung entstanden, die, um nicht ganz unvollständig zu sein, noch einmal auf einen Mann zurückkommen muss, auf Rolf Bongs.

Er war, und das ist zu würdigen, die geistige Vaterfigur dieses Künstlerkreises, er verkörperte etwas, was es in Deutsch-

Bongs verzieh es sich nie, Düsseldorf
nicht verlassen zu haben, sein größter Fehler, wie er sagte.

land so selten gibt, einen *homme de lettres*.
Literatur war für ihn primär geistige
Haltung dem Leben gegenüber, die sich
nie arrangierende kritische intellektuelle
Position zur Gesellschaft. Er war ein
genauer Chronist der Zeit, seine Sprache
war das Credo einer sehr trotzigen
Weltsicht, die sich nicht zufriedengab
mit dem was war und wie es war. Ein
cartesianischer Geist, in Frankreich wird
so einer Institution, in Italien erscheint er
auf der ersten Seite der Tageszeitungen,
in Deutschland ist er eher verdächtig,
er stellt keine raunenden Fragen, er gibt
nüchterne Antworten. Bongs liebte die
genaue Formulierung, den schnellen Witz,
er liebte es hell und klar, mediterran, seine
Götter waren die Griechen. Seltsam, dass
so etwas in Düsseldorf immer wieder
entsteht, seit Heine entsteht, und nie sein

Echo findet. Bongs verzieh es sich nie,
Düsseldorf nicht verlassen zu haben, sein
größter Fehler, wie er sagte. Auch das
waren Gespräche am Stammtisch. Vor
allem war es der gültige Maßstab, da gab
es kein Pardon, die Messlatte war gelegt,
wer sie nicht akzeptierte, verließ den
Stammtisch bald wieder. Von Rolf Bongs
habe ich gelernt, dass man auch im
Literaturbetrieb Charakter haben kann.
Im Alter – schon seit Jahren bettlägerig –
wollte er nur noch wenige Menschen
sehen. Wir korrespondierten viel. Sein
letzter Brief an mich, kurz vor seinem
Tod, in seiner schweren, ganz ungelenk
gewordenen Handschrift, endet mit den
Worten „Sie müssen hart werden wie ein
Stein". Auf dem weichen hellen Holz
meines Schreibtisches liegen inzwischen
viele Steine.

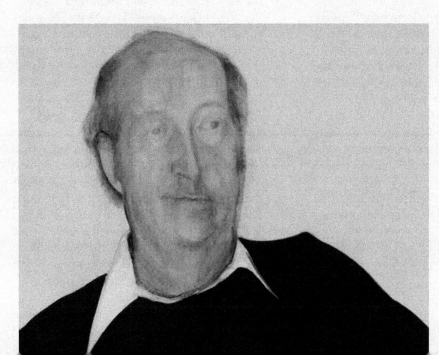

**Rolf Bongs,
porträtiert von
Paul Citroen,
1972.**
Sammlung
Museum de
Fundatie,
Zwolle,
Niederlande

Allein unter Menschen

Von Dieter Forte

Mal wieder auf der Kö sitzen unter den hellen Bäumen im spielenden, flirrenden Sonnenlicht des Frühjahrs, in der Wärme des Sommers und den ersten gelben Blättern des Herbstes; im künstlichen Licht der Nacht, das sich flüsternd in den Blättern der Bäume verfängt; am stillen Wassergraben mit seinen zierlichen Brücken und den leise dahintreibenden Schwänen. Ja, ich möchte mal wieder auf der Kö sitzen und träumen und ans Leben denken.

München leuchtet, schrieb Thomas Mann über eine dem Festlichen und Geselligen zugeneigte Stadt, Düsseldorf strahlt, das darf man sagen, und es strahlt nirgends schöner als auf der Königsallee, die den Namen einer königlichen Allee zu Recht trägt.

Allein und doch unter Menschen, in der Öffentlichkeit privat zu sein und in Gedanken, das gewährt einem nur ein großer Boulevard, wie ihn im Zeitalter der Einkaufspassagen nur noch wenige Städte haben. Die Bühne für jedermann, der publikumswirksame Ort des Theatrum Mundi, ein kostbarer Rahmen für Repräsentanz und Darstellung, Spiel und Schein, Leben und Traum. Hier spielt jeder sich selbst, oder er meint sich selbst zu spielen, findet sich in seiner Lieblingsrolle, oder in der Rolle, die er zu spielen glaubt.

Auf einem Boulevard eilt man nicht zielgerichtet von einer Tätigkeit zur anderen, man rennt nicht von Geschäft zu Geschäft, man geht, man schreitet, man bummelt, man flaniert, man langweilt sich etwas und zeigt es, man vertreibt sich die Zeit durch kunstvoll dargestellten Müßiggang, Ziellosigkeit ist oberstes Gebot. Man möchte genießen. Vor allem seinen eigenen Auftritt. Das Schauspiel des Daseins. Die Darstellung seiner selbst. Und wer einmal Elisabeth Flickenschildt auf dem Weg zum Theater sah, der weiß, welch unerhörte Möglichkeiten ein solcher Auftritt bietet.

Es gibt da eine kühle Ironie, die sich auf diesem Boulevard verführerisch darbietet, eine Distanz zur Welt im Spiel des Scheins, die auch in den Arbeiten der Künstler dieser Stadt immer wieder aufleuchtet, in Gustav Gründgens' Theaterinszenierungen, in Helmut Käutners Filmen – der Heinesche Ton ist nicht so fern, und auf den Pariser Boulevards hat er sich ja auch wohlgefühlt.

Ich kenne die Königsallee sehr lange, kenne sie aus Tagen, an denen sie zerstört und menschenleer in Trümmern lag, eine Dampflok auf wackeligen Schienen die mit Schutt beladenen Loren wegzog, erste Baracken mit winzigen Fenstern sich als Fachgeschäft ausgaben, und auf der stillen Seite der Kö leichte Mädchen und schwere Jungens ihrer Kundschaft die Sorgen um das Bare abnahmen – ehe dort die großen Banken ihre sicheren Festungen bauten.

„Hier spielt jeder sich selbst, oder er meint sich selbst zu spielen":
Radschläger auf der Königsallee, Düsseldorf 1960
Foto: Dirk Alvermann / Stadtmuseum Düsseldorf, Inv.-Nr. F1356

Die Währungsreform habe ich auf der Königsallee erlebt, ein Tag, an dem man mir selbst für ein Bündel Reichsmark nichts verkaufen wollte. Das hat sich geändert, man nimmt wieder Geld, aber so etwas bleibt doch in Erinnerung. Später wurde die Kö wieder elegant, das war schön und alle freuten sich, wenn man auf der Osterparade die neuen Kleider vorführte. Noch später wurde sie noch eleganter, da war der Düsseldorfer stolz, dann wurde sie *chic*, dann *très chic*, ein Ende ist nicht abzusehen.

An einem dieser endlosen, sonnigen Nachmittage am Wassergraben der Kö beschloss ich, mein Leben im Schreiben zu finden.

Immer habe ich nahe der Kö gewohnt, sie war mein tägliches Wohnzimmer, hier diskutierte ich mit Malern und Schriftstellern, hier schrieb ich, entwarf Texte, Notizen, Skizzen, dachte nach, die Stimmen der Passanten im Ohr, so wie es Erich Kästner liebte, ich mochte es auch, allein unter Menschen.

Auch in schweren Momenten meines Lebens fand ich Besinnung unter den alten Bäumen, vor dem ruhigen Wasser auf der Kö, zwischen den beiden Ankerplätzen der Buchhandlungen *Linke* und *Schrobsdorff* und dem Kiosk mit den internationalen Zeitungen neben der Kö-Uhr. Die schweren, unförmigen Kästen der Straßenbahn fuhren noch über die Kö, wie ein Panorama zog sie vorbei. Am Kö-Graben hatte man Pariser Stühlchen aufgestellt, so nannte man sie, beige, rosa, bleu bemalte Sitze aus kunstvoll gebogenen Eisenstangen, in Gruppen oder auch einzeln, man saß dort wie man wollte. Ganze Nachmit-

Einen Boulevard der ewig Glücklichen gibt es nur im Traum.

tage konnte man so verbringen, die Beine auf dem dunkelgrünen eisernen Geländer, schaukelnd, sein Leben bedenkend. An einem solchen Nachmittag beschloss ich, mein Leben im Schreiben zu finden, ja, es war so, an einem dieser endlosen, sonnigen Nachmittage am Wassergraben der Kö.

Auf den Terrassen des *Benrather Hofes* und des *Zweibrücker Hofes*, es gibt sie nicht mehr, schrieb ich meine ersten Manuskipte, die nun bald im dunklen, gut klimatisierten Deutschen Literatur-Archiv von Marbach zu Ewigkeit werden, fern vom Licht der Kö. Anfang und Ende sind nah beieinander.

Vieles schrieb ich in der Ästhetik des Boulevards, die Kö ist in der Dramaturgie meiner Arbeiten. Im Zentrum der Beob-achter, der die Stimmen unvergesslich im Kopf hat, die Worte, Sätze und Bruchstü-cke fremden Lebens, die Haltung der sich dem Leben präsentierenden Menschen, der Autor selbst unsichtbar, allein unter Menschen.

Und die Kö? Da ist inzwischen viel Talmi, Vorgetäuschtes, Unechtes, wie es wohl zu einem Boulevard gehört, es liegt im Zug der Zeit. Mit dem Glanz kamen die Glanzlosen, die das Spiegelbild des schnellen Reichtums sind. Aug in Aug sitzt man sich gegenüber, auf kürzester Entfernung, der eine mit offener Hand auf der Straße, der andere auf der teuren Terrasse eines luxuriösen Cafés, der eine in der Sonne, der andere unter dem Sonnenschirm – aber das hat Balzac schon beschrieben.

Einen Boulevard der Armen gibt es nicht. Der Glanz fragt nicht, wie er entstand. Der schöne Schein gefällt sich selbst. Nirgends gibt es mehr kunstvoll geschliffene Spiegel als hier. Jedes Schaufenster ist nicht nur Auslage der Kostbarkeiten, es ist auch der spiegelnde Rahmen des künftigen Besitzers. Die Kö gewährt uns einen zeitlich beschränkten Auftritt, doch der Glanz vergeht wie die Schönheit. Einen Boulevard der ewig Glücklichen gibt es nur im Traum.

Doch zum Jubiläum sind wir bereit, das Schöne in den Vordergrund zu stellen, das Schöne, dessen wir auch bedürfen, und das wir oft fanden auf der königlichen Allee und so in Erinnerung behalten wollen.

Und die vielen Anekdoten, die vielen Be-gegnungen, ein andermal, ein andermal ...

Anmerkung: Nicht im Marbacher Literatur-Archiv, wie Forte in diesem Text annahm, sollten seine Manuskripte schließlich „zu Ewigkeit werden", sondern in dem des Heinrich-Heine-Instituts zu Düsseldorf.

Dieter Forte, der Verlag der Autoren und das
Stück „Martin Luther & Thomas Münzer"

„Alle Währungen sind in DM umgerechnet"

Von Karlheinz Braun

Er kam aus Düsseldorf, war dort 1935
geboren, ein Rheinländer, der leicht sin-
gende Tonfall verriet es. Und er litt an
Asthma, traumatische Folge der Bombardie-
rung der Stadt. Nach der Schulzeit absol-
vierte er eine kaufmännische Lehre, die für
den späteren Schriftsteller nützlich sein
sollte. Aber er interessierte sich auch für
Theater und für Fernsehen, war beim
Düsseldorfer Schauspielhaus und beim
NDR als Regieassistent und Lektor. Und fing
an, selbst zu schreiben. *Nachbarn*, das erste
einer Reihe von viel gelobten „Fernsehspielen der Gegenwart", so nannte man
das Genre damals, wurde 1970 vom ZDF
gesendet. Aber gleichzeitig beschäftigte ihn
ein historischer Stoff, für den er fast fünf
Jahre viele Bücher wälzte: die frühbürger-
liche Revolution vom Anfang des 15. Jahrhunderts mit ihren Protagonisten Martin
Luther, Thomas Münzer und Jakob Fugger.
Und das heißt zugleich unsere Vorstellungen
über die Reformation, die Bauernkriege
und die Entstehung des Kapitalismus.

Da las er zur richtigen Zeit – im April 1969 –
in der *Rheinischen Post* eine Notiz über die
Gründung des Verlags der Autoren, rief
Wolfgang Wiens in Frankfurt an, mit dem
er sich während des Studiums in Wien
angefreundet hatte, und war schon im Mai
einer der Dutzend Autoren, die beim RA

Dr. Schiedermair den Gesellschaftervertrag
des Verlags unterzeichneten. Und bald
wurde er auch zum Finanzprüfer des
Verlags gewählt, denn er schien etwas von
Buchhaltung zu verstehen. Noch im selben
Jahr kündigte der Verlag Fortes erstes
Theaterstück an: *Martin Luther & Thomas
Münzer oder Die Einführung der Buchhaltung.*
Schon nach der Lektüre der ersten Fassung
des Stückes ahnten wir zwar, dass es
Diskussionen auslösen könnte – das
Ausmaß der Erregung haben wir nicht
vorhergesehen. Zuvor jedoch gab es intern
Diskussionen über den Inhalt des Stückes
und seine Dramaturgie. Die Crux eines
jeden historischen Dramas besteht darin,
dass bei den Zuschauern kaum ein ge-
schichtliches Vorwissen vorausgesetzt
werden kann. Damit hatten schon Goethe
und Schiller zu kämpfen. Es gilt also,
die notwendigen Informationen über
die historischen Voraussetzungen und
Hintergründe der dargestellten Ereignisse
möglichst unauffällig in das dramatische
Geschehen einzubringen. Kein Wunder also,
dass diese Stücke meist zu lang werden,
braucht der Autor doch genügend Szenen,
um die Vorgänge verständlich, stimmig und
plausibel darzustellen. Und in Fortes Stück
sind „die Texte zum größten Teil Originaltexte. Zahlen und Fakten stimmen. Alle
Währungen sind in DM umgerechnet." (1)

Dies hatten die Lektoren zu überprüfen. Wir haben Walter Boehlich hinzugebeten, und der wissenschaftliche Allrounder Boehlich hat sich mit Inbrunst in die theologisch-philosophisch-politischen Probleme gestürzt. Es musste einfach alles stimmen. Aber das Stück sollte auch auf dem Theater spielbar sein. Es sollte also auch eine Fassung sein, die in drei bis maximal vier Stunden zu spielen ist und die dennoch inhaltlich alles Notwendige enthalten musste: da widersprechen sich die Anforderungen. Also haben wir mit Forte so viel wie möglich gekürzt, Szenen verbunden oder umgestellt, und so ergab sich eine Fassung von mittlerer Länge, noch zu lang für eine Aufführung, aber als endgültige Fassung in der Buchausgabe. „Falls nach einer Theateraufführung ein Oberkirchenrat den Mund aufreißt", so Forte, „kann ich auf die Buchfassung verweisen." Die Theater haben sich jeweils eine eigene Spielfassung hergestellt, je nach Inszenierung. Wir (und oft genug auch der Autor) mussten sie dann überprüfen und genehmigen – oft eine Quelle unerquicklicher Auseinandersetzungen. Insgesamt war es eine überaus produktive Zusammenarbeit, in der besonders Wolfgang Wiens eine wichtige Rolle spielte. Gleichzeitig empfahl ich Werner Düggelin und Hermann Beil, die für das Basler Theater einen Hausautor suchten, den bislang unbekannten Dieter Forte –

> *„Falls nach einer Theateraufführung ein Oberkirchenrat den Mund aufreißt", so Forte, „kann ich auf die Buchfassung verweisen. "*

natürlich mit der Aussicht auf das *Luther/ Münzer*-Stück. Das klappte, und Forte wurde Hausautor (für 1500,- DM Honorar), zog mit seiner Frau Marianne nach Basel, eigentlich nur für die sich verlängernden Jahre als Hausautor, aber er blieb in Basel trotz der schlechten Luft und seines Asthmas (…).

Dügg, so der Rufname des Regisseurs und Direktors Düggelin in Theaterkreisen, „wollte dort in Basel zusammen mit vielen anderen, die auch Lust auf Veränderung hatten, ein neues Theater gründen. Etwas anderes, etwas für ihn völlig Neues wollte er versuchen, auch aus Überdruss an der bestehenden allgemeinen Theaterpraxis", berichtet Hermann Beil. (2) Und so war es kein Zufall, dass das Basler Theater Anfang der siebziger Jahre mit den Autoren Dieter Forte, Heinrich Henkel, Urs Widmer und Harald Sommer auch zum Haustheater des Verlags wurde. Und Dügg bei den vielen Gesprächen und manchem Essen beim legendären Donati, ja was? Zum Haus-Freund.

Luther/Münzer sollte Anfang Dezember 1970 in Basel uraufgeführt werden, noch im alten neobarocken Stadttheater mit seinen Rängen. Inszenieren sollte Kosta Spaic, der im Sommer Prokofievs *Die Liebe zu den drei Orangen* in Zagreb inszenierte. Forte hatte einige Bedenken gegen einen kroatischen Regisseur: welches Verhältnis konnte der zu einem so eminent deutschen Stoff haben – zumal Forte in einem Vorspruch des Stückes betonte: „Die Nutzanwendung auf die Gegenwart erleichtert sehr das Verständnis des Textes." Was ja weniger dezent ausgedrückt heißt, dass mit dem Stück auch die deutsche Gegenwart von 1968 ff. gemeint ist. Forte fuhr nach Zagreb, erstellte mit Spaic die Basler Spielfassung, die der dann vor und während der Proben veränderte: „Spaic ist ein eigenwilliger Mann, der von Anfang nur seine Konzeption sah und sie

Dieter Forte
Martin Luther & Thomas Münzer oder
Die Einführung der Buchhaltung

FUGGER: *Und die Buchhaltung ist die Seele des Kapitals. Die größte Erfindung der Menschheit. Man wird nicht mehr von Kleinigkeiten abgelenkt, Sentimentalitäten, Rücksichten auf irgendwelche Dinge und Personen. Man sieht nur noch Geld. Und Geld muß sich vermehren.*

Quartheft 48   DM 5.80   Verlag Klaus Wagenbach   Berlin

Werbezettel des Verlags Klaus Wagenbach, 1971

auch durchzusetzen versteht", so der beunruhigte Autor in einem Brief. (3) „Noch zwei Proben. Spaic hat eigenmächtig weiter gestrichen und umgestellt. Habe von Beil verlangt, dass ich von Spaic endlich unterrichtet werde, was er von dem Stück inszeniert." (4) Was kann, was muss da ein Verlag unternehmen? Das alte unlösbare Problem: der Autor und seine Regisseure. Aber von heute aus gesehen, scheinen das damals noch goldene Zeiten gewesen zu sein.

Die Uraufführung am 4. Dezember war ein sensationeller Erfolg, sowohl beim Publikum wie bei der Kritik: „Das deutschsprachige Theater hat einen neuen Autor", verkündete Peter Iden in der *Frankfurter Rundschau*.(5) Aber es waren nicht allein die witzigen und theaterwirksamen Qualitäten des Stückes, die Furore machten, es war die materialistische Perspektive, in der Forte Luther und Reformation zeigt und die die evangelische Kirche genau so erschütterte wie 1963 Hochhuths *Stellvertreter* die katholische. Kirchenhistoriker bezweifelten Fortes Quellen und warfen ihm Falschmünzerei vor, Bischöfe zeterten ob der „Unverfrorenheit", mit der hier ein Denkmal vom Sockel gestoßen wurde, gar von „Gotteslästerung" war die Rede. Während der Philosoph Ernst Bloch, der Autor von *Thomas Münzer als Theologe der Revolution*, für das Stück Partei nahm und von Münzer als einem sprach, der das konstruktive Ketzertum als das andere Erbe der deutschen Geschichte zu bewahren habe.

Die Wirkung des Stückes war unbeschreiblich. Es war zugleich der erste durchschlagende Erfolg eines Schauspiels aus dem Verlag der Autoren für die großen Bühnen der deutschen und internationalen Theater. Die Bühnen stürzen sich auf das Stück: allein neun Premieren gibt es bis zum Ende der laufenden Spielzeit, siebzehn werden für die kommende Spielzeit geplant, alle lösen heftige Diskussionen aus, in den Theatern und außerhalb: Der Autor kann sich kaum retten vor Einladungen auf Podien und zu Diskussions-Foren. Es gibt eine Hörspielfassung, der WDR will das Stück mit Hansgünther Heyme für das Fernsehen produzieren. Und der Regisseur und Produzent Otto Preminger fliegt nach Basel, um für eine Broadway-Inszenierung zu verhandeln. Aber es wird nichts daraus. Und Wagenbach verkauft in kurzer Zeit 40 000 Bücher. Was für ein Erfolg! Ich sehe die Marginalisierung des Theaters heute und frage mich, was hat das Theater vor fast fünfzig Jahren befähigt, ein solches Ereignis zu produzieren?

Mit dem *Luther/Münzer* hatte Dieter Forte ein ehrgeiziges Projekt begonnen: die „Buchhaltung-Trilogie" mit drei Stücken aus der deutsch-europäischen Geschichte: Der *Einführung der Buchhaltung* (*Luther/Münzer*) folgten *Die Einführung der Zivilisation* (mit der zentralen Figur des Jean Henry Dunant, dem Gründer des Roten Kreuzes) und *Das Labyrinth der Träume oder Wie man den Kopf vom Körper trennt*, (mit zwei Massenmördern als Protagonisten, dem „Führer der Deutschen", Adolf Hitler, und dem Düsseldorfer Mörder Peter Kürten). Wieder setzte Forte auf große, weit ausgreifende Panoramen. Im zweiten Teil, dem Dunant-Drama, wird ein ganzes Jahrhundert besichtigt: es zeigt die Welt der Bürger und ihre Geschäfte im 19. Jahrhundert, es zeigt aber auch die abhängigen Arbeiter im Aufstand der Pariser Commune, es zeigt die industrielle Revolution und das Kapital, das die Welt zunehmend beherrschen wird. Und mittendrin der calvinistische Bankier Dunant, der aus humanitären Impulsen das Rote Kreuz gründet, aber bald erkennen muss, dass hinter dem Krieg eine Industrie steht, die nicht nur Gewehre und Kanonen produziert, sondern auch mit Krücken und Verbandstoffen ihre Gewinne macht. Es beginnt eine Mathematisierung der Welt, die in der Buchhaltung der Algorithmen noch kein Ende gefunden hat. Im letzten Teil seiner Trilogie sucht Forte (nach Freud) im *Labyrinth der Träume* die gemeinsamen Wurzeln zweier Massenmörder; die von Peter Kürten, dem „Vampir aus Düsseldorf" und die des Reichskanzlers Adolf Hitler. In diesem Labyrinth „schläft die Vernunft, und die Phantasie tobt sich aus. Die Träume der Nacht befehlen den Tag". Wenn sie Kürten zum Lustmörder machen, so treiben sie Hitler in die Lust an der totalitären Macht, die auf die geheimen Wünsche der Massen trifft.

So kann Hitler den Alltag (der Kleinbürger) in eine gigantische Theaterinszenierung verwandeln: die Ästhetisierung der Politik dient sowohl als Religionsersatz wie auch Aufbau eines neuen Führer-Mythos.

Was für ein Erfolg!
Ich sehe die Marginalisierung
des Theaters heute und frage
mich, was hat das Theater
vor fast fünfzig Jahren
befähigt, ein solches Ereignis
zu produzieren?

*Das Dunant-Stück wie auch das mit Kürten/Hitler
fanden bei den Theatern nicht mehr die gleiche Resonanz.
Lag es an dem großen personellen und materiellen Aufwand,
den die Stücke forderten, oder an dem langsam schwindenden
Interesse an historischer Selbstvergewisserung und Aufklärung?*

Das Stück endet mit Hitlers Machtergreifung und Kürtens letzter Stunde. Das Dunant-Stück wie auch das mit Kürten/Hitler fanden bei den Theatern nicht mehr die gleiche Resonanz wie der erste Teil der Trilogie mit Luther/Münzer. Lag es an dem großen personellen und materiellen Aufwand, den die Stücke forderten, oder an dem langsam schwindenden Interesse an historischer Selbstvergewisserung und Aufklärung? Ich weiß es nicht. Gewiss ist nur, dass sich seither kein Autor mehr an ein solch sich über Jahrhunderte erstreckendes monumentales Projekt gewagt hat. (Als einziger vielleicht Peter Weiss mit seinem gescheiterten *Divina Commedia*-Projekt, von dem er nur das Auschwitz-Oratorium realisieren konnte.)

Vielleicht waren schon gegen Ende des letzten Jahrhunderts die Möglichkeiten des „Wahren, Schönen, Guten" des Dramas wie des Theaters so erschöpft, dass seine Autoren trotz aller Anstrengungen nicht mehr reüssieren konnten. Dieter Forte hat sich dann nach einigen kleineren Stücken vom Theater abgewandt. Sein historisches Interesse manifestierte sich aber weiter in einer ebenfalls Länder und Zeiten überspannenden Trilogie, diesmal in einer Familiensaga in Prosa, die vom späten Mittelalter in Italien und Polen bis in den deutschen Terror der Nazis und deren Nachkriegsgeschichte führt. So ist aus einem die historischen Ereignisse auf die Spitzen treibenden und damit erkennbar machenden Dramatiker ein Erzähler geworden, der mit langem Atem und unendlicher Geduld das oft schmerzhaft Erinnerte der Vergangenheit in Sprache überführt. Um es zu bewahren.

Aus: Karlheinz Braun, Herzstücke. Leben mit Autoren © Schöffling & Co. Verlagsbuchhandlung GmbH, Frankfurt am Main 2019. Alle Rechte vorbehalten

(1) Dieter Forte, Martin Luther & Thomas Münzer oder Die Einführung der Buchhaltung. Berlin 1971. Die erste Koproduktion zwischen dem Verlag Klaus Wagenbach und dem Verlag der Autoren

(2) In: Mein erstes Engagement. Theaterleute erinnern sich. Hg. von Hans Peter Doll, Stuttgart 1988, S. 98f.
(3) Dieter Forte in einem Brief an Karlheinz Braun vom 12.11.1970, VDA-Archiv

(4) Dieter Forte in einem Brief an Karlheinz Braun vom 14.11.1970, VDA-Archiv
(5) Frankfurter Rundschau vom 5.12.1970

Wie Dieter Fortes Bühnenerstling
„Martin Luther & Thomas Münzer oder Die Einführung
der Buchhaltung" die Gemüter erhitzte

„Das deutschsprachige Theater hat einen neuen Autor"

Von Eva Pfister

„Nun ist es Zeit, stillzuhalten
und Gott walten zu lassen."
Im Hintergrund der gefesselte
Münzer. Aufnahme von der
Rostocker Inszenierung 1982.
Foto: Ursula Graf

Als Dieter Fortes erstes Theaterstück am 4. Dezember 1970 in Basel auf die Bühne kam, war ich noch keine 17 Jahre alt, aber diese Uraufführung hat sich als großes Ereignis in mein Gedächtnis gebrannt. Ganz Basel war erregt, man wusste, eine Autorität wird gestürzt, Rebellion lag in der Luft.

Es war die Zeit nach 1968; auch das Theater Basel schloss sich unter Direktor Werner Düggelin dem Fortschritt an. Es gab ein neues, junges Publikum – unter anderem deswegen, weil Schüler und Studenten schon im Vorverkauf sich jeden gewünschten Platz für nur fünf Franken besorgen konnten. Auch ich wurde heftig vom Theatervirus infiziert: Sobald der Vorverkauf begann, rannte ich in der großen Pause vom nahegelegenen Gymnasium zur Theaterkasse und besorgte mir eine Karte in der ersten Reihe. Auch für die spannenden „Montagabende", die für Diskussionsveranstaltungen reserviert waren. Das Theater stieß Debatten an. Es war in den Medien präsent und Stadtgespräch.

Das war die Situation, als das historische Drama *Martin Luther & Thomas Münzer oder Die Einführung der Buchhaltung* von Dieter Forte im nur noch äußerlich altmodischen Stadttheater zur Uraufführung kam. Es ist ein Mammutstück, alle Schauspieler des Ensembles standen auf der Bühne, d. h. alle männlichen, Frauen kommen ja nur ganz am Rande vor. Ich erinnere mich, dass es ein witziger Abend war. Das Basler Publikum lachte sowieso gerne, man wartete fröhlich auf die nächste Pointe. Und die ließ nicht lange auf sich warten.

„Außerordentliche Gesellschafterversammlung der Firma Jakob Fugger. Einziger Punkt der Tagesordnung: Lieferung eines neuen deutschen Kaisers."

Irgendwann verging uns das Lachen. Es war von Gemetzel und Krieg die Rede, und dann kam der beklemmende Moment, in dem der „fromme" Bankier Jakob Fugger auf die Knie fällt und das Vaterunser betet. Aber nicht Gott, sondern das Kapital wurde angebetet. Für meine Eltern, die sonst kaum ins Theater gingen, aber dieses Stück natürlich sehen wollten, war das zu viel. Sie standen auf und gingen. Wie andere auch, wie auch die Adenauers ein Jahr später in Köln und viele andere bei den über 40 Inszenierungen in Deutschland, die noch folgen würden.

So ist das große Skandalstück in meiner Erinnerung haften geblieben. Wie aber ist es, wenn man es fast 50 Jahre später wieder liest? Ist das Drama vielleicht etwas gestrig geworden, papieren und langatmig? Immerhin würde es am Theater an die acht Stunden dauern, den gesamten gedruckten Text zu spielen, weswegen auch jede Bühne ihre eigene Fassung erstellte.

Die Überraschung ist groß: Fortes Stück ist beim Wiederlesen noch so frisch und packend wie damals. Es ist ein Polit- und Wirtschaftskrimi, der als Satire daherkommt. Die Dialoge sind witzig und geistreich. Und natürlich ist das Stück eine Polemik: Die Fürsten und Bischöfe sind machtgeil, geldgierig und korrupt. Der Handelsherr Jakob Fugger ist ein nüchterner Banker, der mit einer exakten Buchhaltung arbeitet, in der alle Schulden von Kaiser und Adligen verzeichnet sind. Bald tanzen sie wie Marionetten an seinen Fäden. Wie weit seine Macht reicht, zeigt eine Szene, die mit dem lakonischen Satz eröffnet wird: *Außerordentliche Gesellschafterversammlung der Firma Jakob Fugger. Einziger Punkt der Tagesordnung: Lieferung eines neuen deutschen Kaisers.* Die Handlung entwickelt sich spannend und logisch, von den theologischen Scharmützeln unter den Akademikern der Universität Wittenberg bis zum Aufstand der Bauern, der von den Fürsten brutal niedergeschlagen wird. Dazwischen windet sich ein eitler Martin Luther, der sich geschmeichelt fühlt von der Aufmerksamkeit, die ihm Fürst Friedrich von Sachsen widmet, bis er zu spät merkt, dass er ein Spielball der Mächtigen ist. Da kann er nicht mehr zurück, schiebt alles dem Teufel in die Schuhe und rettet sich in Fanatismus. Sicher, Luthers Predigt, die Dieter Forte aus lauter Zitaten zusammengesetzt hat, ist etwas lang, aber es lohnt sich schon, solche abstrusen Sätze zu lesen, deren Echtheit man kaum glauben mag: *Nun wendet man ein: Gott hat uns doch einen freien Willen gegeben. Ja freilich hat er dir einen freien Willen gegeben. Warum willst du ihn dann zu einem Eigenwillen machen und lässt ihn nicht frei bleiben?*

Luthers Gegenspieler Thomas Münzer ist der Sympathieträger in Fortes Stück. Von der Basler Aufführung blieb mir nachhaltig in Erinnerung: ein Rebell, ein Kämpfer, ein junger Mann mit Visionen einer besseren Welt. Auch für Dieter Forte sollte Münzer eine Figur wie Rudi Dutschke werden, so steht es im Schreiben eines damaligen Freundes, das sich im Nachlass befindet. Aber beim Wiederlesen des Stücks bleibt dieser Thomas Münzer blass. Er ist nur eine von drei Personen, die zuerst mit Luther, dann gegen ihn kämpfen, und gewinnt wenig persönliche Konturen. Interessanter wirkt bei der Lektüre der Theologe Andreas Karlstadt, von dem, laut Forte, Luther sogar seine Thesen gegen den Ablass abgeschrieben hat. Auch er versucht, Martin Luther von seinem obrigkeitshörigen Kurs abzubringen, bis er resigniert und ihm zum Ende seine Meinung sagt:

KARLSTADT: *Soll ich Dir sagen, was du in Wirklichkeit denkst?*
LUTHER: *Nur zu.*
KARLSTADT: *Du gäbst deine ganze Bibel her, wenn du auf unserer Seite stehen könntest.*
LUTHER: *(wirft mit Manuskripten und brüllt): Du Scheißkerl!*

Thomas Münzer, der schließlich mit den Bauern den Aufstand wagt, wird zum Märtyrer. Das ist das große theatralische Finale in Fortes Stück, im Zentrum steht aber Martin Luther. Dessen „Denkmalsturz" wurde in Basel eher gelassen zur Kenntnis genommen. Die Reformation in der Schweiz ging ja nicht von Luther aus, sondern von Ulrich Zwingli und Jean Calvin, in Basel auch von Johannes Ökolampad. So gab es zwar Einwände von kirchlicher Seite, aber die waren eher milde und differenzierend formuliert. In einem Interview mit dem *Weser-Kurier* erzählte Dieter Forte, wie überrascht er über die Reaktion in Basel gewesen sei: Pfarrer hätten ihn zum Essen eingeladen, die Theologen „sind furchtbar nett und gestehen mir unter vier Augen auch alles ein. Vielleicht darf ich hier eine Stimme zitieren, weil sie das besonders krass ausdrückt. Mir hat ein Pfarrer einer hiesigen großen Gemeinde gesagt: Ja, das wissen wir alles seit 50 Jahren. Das Problem ist bloß, wie sag ich's meiner Gemeinde!" (*Weser-Kurier*, 1./2. 5. 1971)

Natürlich gab es auch in der Schweiz Kritiker, die dem Autor ankreideten, dass für ihn der Glaube keine Rolle spiele. Der Rezensent der *Basler Nachrichten* warf Forte etwa eine Unfähigkeit vor, den „religiösen Impuls als solchen" anzuerkennen. Damit habe er die „Reformation auf ausschließlich wirtschaftliche und machtpolitische Spannungen" reduziert. (7. 12. 1970)

Der Vorwurf mag zutreffen, aber er trifft Dieter Forte nicht. Denn die Absicht des Dramatikers war es eben gerade nicht, den religiösen Menschen Luther zu zeigen, sondern die gesellschaftlichen Umstände, wie er in seinen frühen „Skizzen zu einem Theaterstück" notierte:

„Noch nie wurde untersucht, wie Luther im Kräftespiel seiner Zeit stand, warum er es sich leisten durfte – im mittelalterlichen System von Kerker, Folter und Kirchenstrafen – Kaiser und Papst zu trotzen. Versteckte Hinweise gibt es hier und dort. Geht man ihnen nach, trägt das Material zusammen, ergibt sich bis in Details das Bild eines Mannes, der den Mächtigen seiner Zeit nützlich war. Er kam gelegen, er passte ins Konzept, er wurde benutzt und er ließ sich benutzen." (Nachlass)

Zur Basler Uraufführung von *Martin Luther & Thomas Münzer oder Die Einführung der Buchhaltung* kamen die Kritiker aller wichtigen Zeitungen aus Deutschland angereist. Das mag auf den ersten Blick überraschen, denn Dieter Forte war in

Die Schweizer Theologen, erzählte Forte, „sind furchtbar nett und gestehen mir unter vier Augen auch alles ein."

**Regieanmerkung von Forte: „Die Rolle des Papstes kann auch von einer jungen Frau gespielt werden."
Aufnahme von der Inszenierung der Comédie de Caen, Frankreich, 1973.** Foto: Jean-Louis Desnos

Theaterkreisen noch unbekannt. Das Basler Theater stand aber damals im Fokus der Aufmerksamkeit, es erregte speziell mit Uraufführungen seiner Hausautoren, darunter Friedrich Dürrenmatt, großes Aufsehen. Die führende Fachzeitschrift *Theater heute* besprach viele Aufführungen aus Basel und druckte Texte von uraufgeführten Stücken ab.

Das Urteil der heimischen und deutschen Kritiker war durchaus unterschiedlich, von „außergewöhnlich überragend" (*National-Zeitung*, Basel, 7. 12. 1970) bis „reichlich witzloser Dürrenmatt-Abklatsch" (*Neue Zürcher Zeitung*, 8. 12. 1970). Aber die Aufmerksamkeit der wichtigen Kritiker bereitete den Erfolg vor. Georg Hensel rühmt in der *Süddeutschen Zeitung* die Aufführung, bleibt gegenüber Fortes historischer Deutung aber skeptisch.

Peter Iden beginnt seine Rezension in der *Frankfurter Rundschau* mit dem Satz: „Das deutschsprachige Theater hat einen neuen Autor." Wie andere auch lobt er „die Begabung Fortes zur schnellen Pointierung eines Dialogs", die ihn aber gelegentlich zum Jux verführe. (7. 12. 1970) Am erstaunlichsten ist vielleicht die differenzierte, aber wohlwollende Würdigung von Günther Rühle in der konservativen *Frankfurter Allgemeinen Zeitung*. Sie endet mit einer Auszeichnung, die sich Dieter Forte und seine Verleger ans Revers heften konnten: „Die drei neuen deutschen Stücke, die wirklich zählen, Marat, Toller und dies, rekapitulieren den Stoff gescheiterter Revolutionen. Treffen wir nur da auf uns selbst?" (zitiert nach: „*Es ist schon ein eigenartiges Schreiben …*" *Materialien zum Werk von Dieter Forte*. Hg. v. Jürgen Hosemann, Fischer Taschenbuch Verlag 2007, S. 113)

Der Kritiker von der FAZ: „Die drei neuen deutschen Stücke, die wirklich zählen, Marat, Toller und dies, rekapitulieren den Stoff gescheiterter Revolutionen. Treffen wir nur da auf uns selbst?"

Dieter Forte befand sich mit *Luther & Münzer* also in guter Gesellschaft, nämlich in der von Peter Weiss *(Die Verfolgung und Ermordung Jean Paul Marats, dargestellt durch die Schauspielgruppe des Hospizes zu Charenton unter der Anleitung des Herrn de Sade)* sowie Tankred Dorst, der in *Toller* die Vorgänge der Münchner Räterepublik von 1919 aufgriff. Diese Stücke wurden 1964 und 1968 uraufgeführt, die Beschäftigung mit historischen Stoffen lag also in der Luft. Ein wichtiges Vorbild war sicher auch Rolf Hochhuth mit seinem Schauspiel *Der Stellvertreter,* in dem er Papst Pius XII. dessen Untätigkeit während des Holocausts vorwirft. Das bestürzte 1963 die ganze katholische Welt. Dieter Forte konnte zumindest das protestantische Deutschland erschüttern. Noch mehrere Jahre lang wurde in evangelischen Zeitschriften und auf Tagungen das Luther-Bild diskutiert, wobei der Dramatiker gerne auch zu einer Stellungnahme eingeladen wurde.

Die deutsche Erstaufführung von *Martin Luther & Thomas Münzer* fand am 30. März 1971 an der Freien Volksbühne Berlin statt und endete mit Pfeifen und Buhrufen. Die Empörung brach los, als Fugger das Kapital anbetete – und hier täuschte mich meine Erinnerung, es ist nicht das „Vater unser", das Forte persifliert, sondern das „Agnus Dei", also die Bitte um Verzeihung und Erlösung, die im Stück eben nicht an das „Lamm Gottes", sondern an das Kapital gerichtet wird.

FUGGER: Oh Kapital.
SCHWARZ: Erbarme dich unser.
FUGGER: Du Anfang und Ende aller Dinge.
Das du warst und bist und sein wirst. (…)
SCHWARZ: Erbarme dich unser.
FUGGER: Oh Kapital.
SCHWARZ: Erlöse uns.
FUGGER: Von deinem Zorne.
Von Unglauben und Aberglauben (…)

Die ellenlange Litanei endet mit den Worten:
FUGGER: Oh Kapital, welches du hinwegnimmst die Sünden der Welt. Gib uns ewige Ruhe.

Ein noch größerer Skandal brach im April 1971 in Hamburg aus, einer Hochburg des Protestantismus. Hier waren Theologiestudenten schon am Premierenabend vor dem Thalia Theater zur Stelle mit einem Flugblatt, in dem sie dem Autor „historische Teilwahrheiten, Verfälschungen und Karikaturen" vorwarfen (Nachlass). Dass Luther seine 95 Thesen gegen den Ablasshandel nicht aus eigener Überzeugung veröffentlicht haben soll, sondern im Auftrag seines Fürsten und um den Lohn einer neuen Kutte, empörte die Studenten und Professoren besonders. Der Hamburger Landesbischof Hans Otto Wölber nannte Fortes Stück eine „historische Unverfrorenheit". In einer Diskussionsveranstaltung im Thalia Theater fuhren die anwesenden Theologen schweres Geschütz gegen Fortes Luther-Darstellung auf. Helmut Thielicke nannte sie „unerträglich, schäbig und entstellend". Aber im Laufe des Gesprächs kam heraus – das musste sogar der Bericht- erstatter der *Welt* eingestehen – dass die „faktischen Unrichtigkeiten … nur Rand- fragen betrafen". Am erstaunlichsten war wohl die Aussage des Kirchenhistorikers Karl Kupisch: „Forte regt uns so auf, weil er ausspricht, was bisher verschwiegen worden ist." (*Die Welt*, 3. 5. 1971)

Beinahe alle Schauspielhäuser der Bundesrepublik spielten in den folgenden Jahren Fortes Stück. In jeder Stadt gab es Türen schlagende Zuschauer und heftige Diskussionen. Besonders hoch wogte der Skandal in Köln, wo in der provozierenden Inszenierung von Hansgünther Heyme Thomas Münzer nackt gekreuzigt wurde und der Papst, gespielt von Barbara Nüsse in einem Spitzen-Minirock, nicht nur Fortes Idee eines gottlosen Ästheten verkörperte, sondern auch noch einen epileptischen Anfall erlitt.

Einen großen Erfolg feierte *Luther & Münzer* 1984 in Rostock, ganz ohne Skandal. Denn in der DDR war die Sicht auf die beiden Reformatoren anders als in der Bundesrepublik, Thomas Münzer wurde schon lange als Held angesehen. Eine Aufzeichnung des DDR-Fernsehens ist noch heute als DVD erhältlich.

Beinahe alle Schauspiel-
häuser der Bundesrepublik
spielten Fortes Stück.
In jeder Stadt gab es Türen
schlagende Zuschauer und
heftige Diskussionen.

Martin Luther & Thomas Münzer oder Die Einführung der Buchhaltung wurde an insgesamt 50 Bühnen aufgeführt und in neun Sprachen übersetzt. Im Ausland erzeugte es jedoch weniger Resonanz als im deutschsprachigen Raum. Aus Frankreich berichtete Ruth Henry in der *FAZ* am 25. Januar 1973, dass das Publikum, das von Luther und dem Protestantismus so wenig wüsste wie die Deutschen vom „Mächte- spiel um die Hugenotten", sich gelangweilt hätte. Während die Franzosen sich für die Stücke von Bertolt Brecht begeisterten, hätten sie hier starke Figuren und theatra- lische Momente vermisst. Die Aufführung der Comédie de Caen, deren Gastspiel die Kritikerin in Paris gesehen hatte, war wohl wenig komödiantisch und kam stilisiert in einem eher puristischen Bühnenbild daher.

Das Beispiel zeigt, dass die Provokation von Fortes Stück nur da wirkte, wo die Figur Luther auch wirklich als Autorität präsent war. Und die Wirkung hielt auch nur einige Jahre an. Als 1979 *Luther & Münzer* in einer Eigeninszenierung der Ruhrfestspiele herauskam, regte sich niemand mehr darüber auf. Zugleich änderte sich auch das Urteil: die Kritiken, die sich im Nachlass finden, sind eher negativ, in *Theater heute* wurde das Stück als „flach und eindimensio- nal" (Heft 7 / 1979) bezeichnet, und der *Kölner Stadt-Anzeiger* erinnerte – beinahe wehmütig - an den großen Skandal, den die Inszenierung von Heyme in der Domstadt erregt hatte, und zog ein vernichtendes Fazit: „Heute, acht Jahre später, erreicht Dieter Fortes aggressive Geschichtscollage allenfalls noch den Effekt eines politisch- kabarettistischen Amüsiertheaters." (19. 5. 1979)

Innerhalb von acht Jahren ist also die Aufregung um die Darstellung von „Luther als Fürsten-Knecht" (so der Titel der Uraufführungs-Kritik in der *Rheinischen Post* vom 7. 12. 1970) verflogen. Und das hat wohl kaum damit zu tun, dass sich ein neues Luther-Bild in Deutschland durchgesetzt hätte, zumindest war 2017, als man 500 Jahre Reformation feierte, davon nichts zu spüren. Woran mag es also liegen? Auffällig ist, dass das, worum es Forte im Kern ging, nämlich um die Zusammenhänge der Reformation mit der ökonomischen Entwicklung – „Die Einführung der Buchhaltung"! –, entweder anerkennend abgenickt oder als „vulgärmarxistisch" abgetan wurde. Vertieft wurde diese Analyse nicht. Der Flirt des Kulturbetriebs mit den Positionen von 1968 war nach ein paar Jahren vorbei.

Am 22. Oktober 1975 schrieb Dieter Forte in einem Brief, der sich im Nachlass findet: „(…) obwohl das Stück auf dem Theater ein großer Erfolg war, ist die geplante Hörspielfassung nicht zustande gekommen und auch die vertraglich festgelegte Fernsehaufzeichnung ist (…) geplatzt. Ob man das Zensur nennt, überlasse ich Ihrer Phantasie."

> *Innerhalb weniger Jahre war die Aufregung um „Luther als Fürsten-Knecht" verflogen – ohne dass sich ein neues Luther-Bild in Deutschland durchgesetzt hätte.*

„Lieferung eines neuen deutschen Kaisers": Szene aus der Grazer Bühnenfassung von 1983, bei der Wolfgang Forester und Vera Gantner, spätere Forester – siehe auch ihren Beitrag ab Seite 129 –, Regie führten. „Die Vorstellung fand nicht im Schauspielhaus selbst, sondern im großen Refektoriumssaal eines prachtvollen alten aufgelassenen Klosters statt", erinnert sich Vera Forester. „Auch eine erhöhte Kanzel gab es da, von der Luther herrlich herunterwettern konnte."
Foto: Wolfgang Veit

Dieter Fortes historische Dramentrilogie
im Kreuzfeuer der Theaterkritik

Buchführung, Börse, Barbarei

Von Wolfgang Niehüser

Drei im Zusammenhang stehende historische Schauspiele bilden das Zentrum der Arbeiten Dieter Fortes für das Theater. Das erste, *Martin Luther & Thomas Münzer oder Die Einführung der Buchhaltung,* war 1970 ein großer Erfolg und machte den jungen Autor schlagartig auch über die Grenzen Deutschlands hinaus bekannt. Mit dem zweiten, *Jean Henry Dunant oder Die Einführung der Zivilisation*, hatte er dagegen acht Jahre später weniger Glück. Überwiegend fielen die Kritiken negativ aus. Auch das dritte, *Das Labyrinth der Träume oder Wie man den Kopf vom Körper trennt,* wurde 1983 teilweise heftig kritisiert, es gab aber auch etliche wohlwollende Stimmen.

Obwohl Dieter Forte erklärt hat, dass er mit der Bezeichnung „historisches Stück" nichts anfangen könne, steht die Aufarbeitung der Geschichte – wenngleich stets mit Blick auf die Gegenwart – in seiner Trilogie im Vordergrund. Im Luther-Drama geht es um das frühe 16. Jahrhundert, das Zeitalter der Reformation und der Bauernkriege. Dabei spielt der Gegensatz von Martin Luther und Thomas Münzer eine wichtige Rolle. Während jener den Gläubigen Gehorsam gegenüber der Obrigkeit predigt, ruft dieser zum Widerstand auf. Die Reformation wird im Stück nicht als Tat eines einzelnen Mannes, der aus Glaubensnot heraus handelt, dargestellt, sondern als ein großes Geschäft, als Mittel zum Einzug des Kirchengutes durch die Fürsten. Die eigentliche Zentralfigur ist jedoch Jakob

Fugger, der als erster Monopolkapitalist auftritt und durch seine neue Buchhaltung die Mathematisierung der Welt vorantreibt.

Diese Perspektive wird im Dunant-Drama weiter verfolgt. Es spielt zwischen 1848 und 1871, dem Jahr der Niederschlagung der Pariser Commune. Jean Henry Dunant, Gründer des Roten Kreuzes, wird als eine Person vorgeführt, die am Widerspruch zwischen ihren philanthropischen Neigungen und dem Geschäftssinn, den sie als Bankier unter Beweis stellen muss, letztendlich scheitert. Die Zivilisation des 19. Jahrhunderts ist geprägt durch die industrielle Revolution und die zunehmende Macht des Kapitals. Der einfache Mensch fungiert nur noch als Anhängsel der Maschine. Sein Versuch, sich daraus zu befreien, endet in einem Blutbad.

Fortes abschließendes drittes Stück zeigt, worauf die mechanistische Weltauffassung letztendlich hinausläuft: auf die Trennung der Ratio als kontoführender Vernunft (dem Kopf) von der Gefühlswelt des Menschen (dem Körper). Es spielt in den Jahren vor der Machtergreifung Hitlers. Diesem wird Peter Kürten, der „Vampir von Düsseldorf", gegenübergestellt. Beide verirren sich in ihrem jeweiligen Labyrinth der Träume, in dem eine ausufernde Phantasie spukt, die letztlich auch ihre Handlungen im Wachzustand bestimmt. Sie macht aus Kürten den Lustmörder und aus Hitler den totalitären Machthaber, der mit den geheimen Wünschen des Volkes spielt, seinen Aufstieg mit den Mitteln der Kunst inszeniert und dabei den Alltag der Menschen in eine großangelegte Theaterinszenierung verwandelt. Auch wenn Kürten in einigen Szenen geradezu sympathische Züge zeigt, bleiben beide letztlich Massenmörder. Was Kürten jedoch vor Hitler auszeichnet, ist, dass er letztlich die Schuld, die er auf sich geladen hat, eingesteht und seine Taten aufrichtig bereut. Während er am Ende des Stücks hingerichtet wird, kommt Hitler kurz darauf an die Macht und führt nicht nur das deutsche Volk in eine gewaltige Katastrophe.

Der Durchbruch

Die Zuschauer der Uraufführung des Luther-Dramas am 4. 12. 1970 im Stadttheater in Basel – siehe dazu auch Eva Pfisters Beitrag in diesem Band – waren begeistert und drückten ihre Anerkennung für Stück und Autor durch lang anhaltenden Beifall aus. Auch die Resonanz in der Presse fiel überwiegend positiv aus. Günther Rühle begrüßte den Umstand, dass endlich „ein Autor wieder in den dramatischen Vorratskasten der deutschen Geschichte" greife (*Frankfurter Allgemeine Zeitung*, 7. 12. 1970). *Der Spiegel* (7. 12. 1970) verglich Forte mit Hochhuth und kam zu dem Fazit: „Doch anders als Hochhuth hat Forte die historischen Ereignisse nicht mit langatmigen Zwischentexten erklärt, er hat alles in Szene gesetzt, sowohl Hintergrundfiguren als auch abstrakte Vorgänge. (…) Resultat: ein

ungewöhnlich lebendiges Geschichtsbild und (...) ein differenziertes, witziges, theaterwirksames Stück mit durchaus neuen Perspektiven." Auch Georg Hensel zeigte sich angetan: „Selten sind mir im Theater vier Stunden so kurzweilig erschienen." (*Süddeutsche Zeitung*, 8. 12. 1970)

Vereinzelt gab es auch negative Stimmen. So zum Beispiel die von Reinhard Kill in der *Rheinischen Post* vom 7. 12. 1970: „Forte gelingen teilweise entwaffnend komische Szenen, sicher gespannte Dialoge und unverkrampft aufgeschnittene Verhaltensstudien. Doch der Hohn läuft sich bald tot, wird schal, erschöpft sich in Gags und Kalauern, wuchert in den Charakterschilderungen Luthers zu Haßausbrüchen. Und wenn Forte es ernstmeint, läßt er papierene Leitartikel vortragen." Der Rezensent findet daher auch den Jubel des Publikums „unbegreiflich".

Die Vermutung Rühles, das Schauspiel sei „so erregend im Ganzen, daß das mit deutschen Stücken unversorgte deutsche Theater daran nicht vorübergehen kann" (*FAZ*, 7. 12. 1970), sollte sich bestätigen. Mehr als zwanzig deutsche Häuser hatten bereits angekündigt, das Stück in der laufenden oder der folgenden Spielzeit aufzuführen. Die Druckfassung erschien 1971 im Wagenbach-Verlag und erreichte schon nach wenigen Wochen eine Verkaufszahl von 40 000 Exemplaren. Das Interesse der Öffentlichkeit an dem Drama war riesig, Dieter Forte hatte damit offenbar den Zeitgeist getroffen. An allen Spielorten löste es Diskussionen aus.

In Köln etwa hatte das Schauspielhaus im Vorfeld der Premiere am 28. 11. 1971 eine Veranstaltungsreihe konzipiert, in der die Zuschauer über die historischen Hintergründe des Stücks informiert wurden. In diesem Zusammenhang gab es auch einen Vortrag

„Selten sind mir im Theater vier Stunden so kurzweilig erschienen."

des Philosophen Ernst Bloch, der den Gegensatz von Luther und Münzer als eine in der Geschichte häufig wiederkehrende Konstellation beschrieb. Dabei gehe es um den „Zwiespalt einer ursprünglich revolutionären Haltung und dem Rückzug in die Innerlichkeit: Der Thomas Münzer der Bauernkriege entspreche dem jungen Luther, der erst in seinen späteren Jahren das Interesse des Volks den Profitinteressen des Kapitals und der Fürsten opferte." (*Kölnische Rundschau*, 24. 11. 1971) Einer der letzten Aussprüche Münzers, „Omnia sint communia" (Alles möge gemeinsam sein), sei, so Bloch, ein Aufruf zum Sozialismus. Seine Utopie sei darauf ausgerichtet gewesen, „Schätze, die ans Jenseits verschleudert waren, dem Menschen zurückzubringen."

Der Rückschlag

Die Premiere des Dunant-Dramas, zweiter Teil der „Buchhaltungs"-Trilogie, fand am 30. 3. 1978 am Staatstheater in Darmstadt statt. Ursprünglich war Basel dafür vorgesehen, doch durch die Erkrankung des

Schlachtfelder des 19. Jahrhunderts: Basler Programmheft (1978) zu Fortes Dunant-Stück

Tanz um Soll und Haben: Szene aus der Basler Aufführung von „Jean Henry Dunant oder Die Einführung der Zivilisation". Foto: Peter Schnetz

Regisseurs Friedrich Beyer wurde dies verhindert, und die Rechte fielen an Darmstadt, weil das Theater vertraglich das zweite Spielrecht hatte. Aber auch der dortige Regisseur Ulrich Brecht wurde während der Vorbereitungszeit krank. Für ihn sprang Roland Gall ein und übernahm die Inszenierung. Zu diesem Zeitpunkt war lediglich die Konzeption des Bühnenbilds fertig, es blieben nur noch sieben Wochen für die Proben. In einem späteren Interview fasste Dieter Forte die Folgen dieser widrigen Umstände zusammen: „Es entstand eine unbefriedigende Ad-hoc-Inszenierung. Ich wollte am Vorabend das Ganze noch sperren, der Intendant gestattete dies nicht. Es waren Zwänge, unter denen gutes Theater nicht entstehen kann." (*Brückenbauer*, 1. 12. 1978)

Der Applaus der Zuschauer der Uraufführung war sehr zurückhaltend; vereinzelt gab es auch Buh-Rufe für den Autor (*Mainzer Allgemeine*, 3. 4. 1978). Entsprechend fielen die Kritiken überaus negativ aus. Peter Iden verglich das neue Stück mit dem Luther-Drama: „Der kritische Elan, die pointierten Zuspitzungen, die lebhaften Kontraste der in Gegenschnitten organisierten Bilderfolge – das waren auffällige Qualitäten. Zu sehen waren freilich auch damals schon die Schwächen: Fortes Neigung zur Oberflächlichkeit im Umgang mit dem Geschichtsstoff und zur Flucht in die Karikatur." (*Frankfurter Rundschau*, 3. 4. 1978) All dies habe sich bei dem neuen Stück weiter verstärkt. Darum müsse er seine vor acht Jahren formulierte Auffassung widerrufen: „Forte ist doch kein Autor für das Theater, das ist jetzt ganz eindeutig. Sein neuer Versuch (…) ist eine dumme, nachlässige, tote Arbeit, die kein Theater hätte annehmen dürfen". Und Jens Wendland meinte: „Die Talsohle des jungen deutschen Dramas ist erreicht." (*Süddeutsche Zeitung*, 3. 4. 1978)

„*Die Talsohle des jungen deutschen Dramas ist erreicht.*"

Insbesondere nahmen die Kritiker Anstoß an der Wahl von Dunant als alleiniger Hauptfigur: „Fortes auf eine Person als Repräsentanten des 19. Jahrhunderts zugespitzte Kritik am kapitalistischen Wirtschaftssystem scheitert an eben diesem dramaturgischen Kunstgriff – allen treffenden Informationsdetails zum Trotz. Denn es fehlt Dunant (…) an dramatisch und psychologisch durchgeformten Gegenspielern. Börsenjobber und Militärs, korrupter Journalist und tückischer Bischof – sie sind alle nur Attrappen von Stichwortgebern. So verkommt das große Projekt zum blassen Thesenstück, langatmig und blutleer." (Horst Jansen in: *Westdeutsche Allgemeine Zeitung*, 4. 4. 1978) In einem Interview erklärte Forte, was ihn an der Figur des Dunant interessiert habe: „Diese Gestalt drängte sich mir sehr rasch auf für das Stück, denn sein Schicksal ist kein privates Schicksal mehr. Er hat so sehr gegen die Norm verstoßen, ist ausgeschert, zeigte menschliche Regungen, ließ sich diese auch etwas kosten, und musste so bis zur Unerbittlichkeit erfahren, dass das nicht möglich ist, ohne von der Gesellschaft bestraft zu werden." (*Basler Volksblatt*, 24. 11. 1978) Nachdem seine von ihm gegründete Genfer Bank 1867 in Konkurs ging, verarmte Dunant vollständig und führte jahrelang das Leben eines Clochards. Als dieser erlebt er 1871 auch den Aufstand und die Vernichtung der Pariser Commune durch das Bündnis aus Adel und Kapital, die im zweiten Teil des Stücks im Mittelpunkt stehen. Peter Burri befand: „Forte liefert reines Verbal-Theater, eines zudem, das ohne konkrete Figurenzeichnung und Figurenentwicklung auszukommen hat. Sein ‚Dunant' ist weniger ein Stück über Dunant als über einen Gesellschaftszustand." (*Basler Zeitung*, 3. 4. 1978)

Neben solchen eher dramentechnischen Einwänden wurden von den Kritikern auch inhaltliche Vorbehalte geltend gemacht, zum Beispiel gegen die übertriebene Fokussierung auf das Gewinnstreben als vorrangigen Erklärungsgrund für historische Entwicklungen. „Und damit ist dann auch Forte (…) bei seinem Grundthema. Die Gesellschaft gründet sich (…) auf einer ordentlichen kapitalistischen Buchhaltung. Ja, so wird vorgebracht, die doppelte Buchführung ist das schönste Kunststück, die herausragendste Kultur-Anstrengung der zivilisierten Menschheit. Alles andere (…) ist bloß Garnierung für ein aufs Geld ausgerichtetes Leben." (Jens Wendland in: *Süddeutsche Zeitung*, 3. 4. 1978) Auf diesen Punkt zielt auch die Kritik von Georg Hensel: „Abermals kommen andere Motive als Gewinnsucht in seinem Stück nicht vor – ausgenommen, versteht sich, bei den Sozialisten, die hier noch Kommunarden heißen, und ausgenommen bei Jean Henry Dunant. Je verzweifelter seine Versuche, das Leben zu humanisieren, um so krasser materialistisch erscheint das Bürgertum." (*FAZ*, 1. 4. 1978) Ein weiterer damit verbundener Kritikpunkt bezog sich auf die im ganzen Stück aufweisbare schablonenhafte Polarisierung: „Für Forte gibt es nur Aktiva und Passiva, Gute und Böse, Reiche und Arme, Selbstlose und Selbstsüchtige. (…) Bei seiner Abrechnung mit der Geschichte gibt es immer nur zwei Möglichkeiten. Die Dialektik von Fortschritt und Rückschritt findet zwischen Soll und Haben keinen Platz." (Helmut Schödel in: *Die Zeit*, 4. 4. 1978)

In seltener Einhelligkeit stimmten alle Zeitungen und Zeitschriften in ihrem vernichtenden Urteil überein. Nach dieser für Dieter Forte desaströsen Erfahrung war es zumindest eine offene Frage, ob er überhaupt die Energie aufbringen würde, den von ihm schon angekündigten dritten Teil der Trilogie in Angriff zu nehmen.

Der Abschluss

Das neue Stück *Das Labyrinth der Träume oder Wie man den Kopf vom Körper trennt* feierte seine Premiere am 10. 3. 1983 in der Komödie Basel unter der Regie von Friedrich Beyer. Die deutsche Erstaufführung folgte am 27. 11. 1983 im Opernhaus in Essen. Der Regisseur war dort Olaf Tschierschke. Beide Male gab es zum Schluss kräftigen Applaus vom Publikum, für den „anwesenden Autor Forte natürlich auch" (Marlies Haase in *Neue Ruhr Zeitung*, 29. 11. 1983). Die direkte Reaktion des Publikums fiel also deutlich positiver aus als beim Dunant-Drama. Dieser Trend setzte sich in den Kritiken fort. Es gab einige positive Besprechungen, nur wenige lehnten das Stück vollständig ab. Bei den meisten Kritikern hielten sich Lob und Tadel die Waage.

In dem Stück werden, wie bereits angedeutet, Adolf Hitler und Peter Kürten miteinander konfrontiert. „Dieter Forte versucht nun aufzuzeigen", wie sie „zu Massenmördern wurden: Letztlich rächten sich beide an der menschlichen Gesellschaft für erlittenes Unrecht, das ihr Selbstwertgefühl verletzte. Da verloren sie sich in einem wilden Labyrinth der von Rachegedanken und Kompensation durchzogenen Träume, sie trennten sozusagen ihren Kopf vom Körper mit seinen Gefühlen und Empfindungen. Beide stürzten sich und andere in die Katastrophe." (Raymond Petignat in: *Doppel-*

Rache als Triebkraft: Basler
Programmheft (1983) zu Fortes
Stück „Das Labyrinth der Träume"

stab, 17. 3. 1983) Hans Peter Gansner fand,
dass Dieter Forte mit seinem Drama einen
wichtigen Beitrag zur Diskussion um den
50. Jahrestag der Machtergreifung geleistet
habe: „Aus der Flut künstlerischer Vergan-
genheitsbewältigungsversuche (…) sticht
Dieter Fortes halbdokumentarisches Stück
(…) besonders hervor. Mit der gewagten
Konfrontation der Massenmörder Hitler und
Kürten gelingt es dem Autor, sozialpsycho-
logische Mechanismen des Faschismus
blosszulegen." (*Basler Woche*, 18. 3. 1983)
Dieser Auffassung war auch Dieter Stenger:
„Die deutsche Erstaufführung am Essener
Theater belegte eindrucksvoll die Tragfähig-
keit dieses gewiss gewagten Experiments.
(…) Doch die Art, wie Forte Biographien
beleuchtet, nimmt in ihrer Konsequenz für
sich ein." (*Westfalenpost*, 29. 11 1983) Diesen
positiven Stimmen standen vereinzelt
andere gegenüber, die das Stück komplett
verwarfen. Etwa die von Bertram Müller:
„Es wurde dann ein ziemlich langweiliger
Abend. Was der (…) Dramatiker Dieter
Forte (…) zu einem Labyrinth der Träume

**Der Weg zur Macht als Inszenierung: Aus der Basler Auffüh-
rung von „Das Labyrinth der Träume".** Foto: Peter Schnetz

zusammengebastelt hatte, erwies sich (…) als das Ergebnis einer mit guter Absicht begonnenen, aber letztlich völlig vermurksten Handwerksarbeit." (*Rheinische Post*, 8. 12. 1983)

Beispiel einer ausgewogenen Rezension war die von Georg Hensel in der *FAZ* (12. 3. 1983). Er lobt einerseits Fortes „teils realistische Sketche, meist antithetisch zugespitzt, auch überspitzt, immer knapp, drastisch und oft witzig formuliert." Andererseits macht er auf ein zentrales Problem des Dramas aufmerksam: den vom Autor durchgängig verwendeten entwicklungspsychologischen Erklärungsansatz. So würden dem Publikum Einzelheiten der grausamen Taten Kürtens vorenthalten. Er solle nicht als Monster erscheinen, sondern werde von Forte lediglich als Denkposition benötigt, als „schuldbewusstes Opfer seines Wahns, unter dem er selber leidet". Dadurch könne er Hitler gegenübergestellt werden, der weder schuldbewusst ist noch selber leidet. „Forte will einen Freispruch für Kürten und einen Schuldspruch für Hitler. Akzeptiert man aber die Gebundenheit für Kürten, (…) dann profitiert davon auch Hitler: Wer den pathologischen Frauenmörder durch eine Seelenanalyse erklärt, der erklärt auch den politischen Massenmörder. Beider Lebensläufe erscheinen in seinem Stück als etwas Logisches, Unausweichliches, Unabänderliches: als ein Verhängnis."

Dieter Forte konnte mit seinem die Trilogie abschließenden Drama sein beschädigtes Renommee als Theaterautor bei Teilen der Kritiker wiederherstellen. Zumindest wurde er wieder deutlicher wahrgenommen und sorgte in der Öffentlichkeit für Diskussionsstoff. Dass die Auseinandersetzung nicht die Ausmaße wie bei seinem Erstlingswerk

annahm, ist wohl aus den besonderen Zeitumständen, unter denen dieses entstand, erklärbar. Das Luther-Drama traf auf eine vor allem durch die Studentenproteste stark politisierte Öffentlichkeit, der es eine Menge an Zündstoff für Kontroversen lieferte. Die Beschäftigung mit dem Nationalsozialismus stand dagegen zu Beginn der achtziger Jahre nur bedingt im Fokus des allgemeinen Interesses.

Mit seiner einen Zeitraum von mehr als vier Jahrhunderte umspannenden Dramen-Trilogie hat – wie Karlheinz Braun zu Recht bemerkt (siehe oben, S. 47) – Dieter Forte ein Werk geschaffen, das einzigartig ist, denn seitdem hat kein deutscher Autor mehr ein vergleichbares Vorhaben in Angriff genommen und es auch vollendet. Forte hat ausdrücklich betont, dass die drei Theaterstücke im Zusammenhang gesehen werden müssten: „Zunächst die neue Perspektive auf die Welt, dann die Zivilisation, die daraus entstand, dann die Barbarei, die daraus entstand." (*TheaterZeitSchrift* 1984, Heft 7) Mit seinen Dramen hat er Anstöße zu einer Neubewertung historischer Epochen und Figuren gegeben. Dies ist sein bleibendes Verdienst, das er sich, mancher Widerstände zum Trotz, durch Hartnäckigkeit, Fleiß und Könnerschaft erworben hat.

„Die Art, wie Forte Biographien beleuchtet, nimmt in ihrer Konsequenz für sich ein."

Warum kam Fortes „Luther & Münzer" in Düsseldorf
nicht auf die Bühne? Eine Recherche im
Dickicht der Legenden und Merkwürdigkeiten

Die Geschichte
vom verlorenen Sohn

Von Jens Prüss

Vorsehung? Intuition? Keine Ahnung, wie ich den Impuls nennen soll, der mich im Herbst 2018 bewog, einen Gruß an Dieter Forte zu schreiben. Es mag auch sein, dass eine beiläufig gestellte Frage des ehemaligen Kulturchefs der *Rheinischen Post*, Reinhard Kill, in mir nachklang: „Was macht eigentlich Forte?" Ja, was machte er eigentlich? Der 80. Geburtstag war eine Weile her, seitdem hatte ich in der Tat nichts mehr über ihn gelesen. Und das letzte postalische Lebenszeichen hatte mich kurz nach seinem 75. Geburtstag erreicht, eine Karte, auf der drei Baseler Stadttore abgebildet waren. Forte war da noch ganz erfüllt von der Ehrung in Düsseldorf gewesen, Elke Heidenreich hatte aus seinen Werken gelesen: „Es war ein großer Empfang - Dem verlorenen Sohn ------ Das war schon himmlisch!"

Also bezog ich mich auf die Postkarte und fragte, ob er noch immer unfern des Spalentors sitze und nach bewährter Forte-Manier mit den Unbilden des Lebens kämpfe. Forte antwortete nicht. Beunruhigt fasste ich im Januar 2019 per E-Mail nach und sieben Tage später knallte es. **Antwort** stand fett über dem Brief und dann im Stakkato: „Was soll ich schreiben? Die Frage eines ehemaligen Feuilletonchefs `Was macht eigentlich….´ war ja reichlich

hinterhältig. Er hat mich ja mit seinen elenden Kritiken aus Ddf verjagt. Soll ich die anderen zitieren? Muss ich wohl."
Die Hälfte des Briefes nutze Forte, um mir seine Leistungsnachweise um die Ohren zu hauen, hymnische Kritikerstimmen aus der gesamten Republik, landes- und bundesweite Ehrungen. Ich war ratlos. Was sollte diese Rechtfertigungssuada? Mich musste er nun wirklich nicht mehr überzeugen. Er sprach mit mir, als wäre ich einer aus dem Tal der Ahnungslosen.

Andererseits war ja tatsächlich etwas an mir vorbei gegangen. Dass Reinhard Kill für Forte ein rotes Tuch war, wusste ich nicht. Noch mehr irritierten mich seine furios hingekritzelten Anmerkungen als Postskriptum. „Die Berliner Zeitung schrieb: ´Wer liest noch Grass und Böll? Aber wir haben ja Forte. Er ist der Star der Buchmesse.` Ist doch gut. Sowas kommt in Ddorf nie an. Da bin ich immer noch verboten. In Basel, der Immigrantenstadt, schützt die Polizei eine umstrittene Aufführung." Der schrille Ton passte überhaupt nicht zum heiteren Forte vor zehn Jahren, als er vom großen Empfang in Düsseldorf schwärmte. Hatte ihn der Tod seiner Frau Marianne so bitter gemacht?

Seine Geburtsstadt schien ihn vertrieben zu haben —
durch Missachtung.

In meinem Antwortschreiben deutete ich behutsam an, dass sein Vorwurf der Zensur nicht zur liberalen Geschichte seiner Heimatstadt passe, die er im Roman „Das Muster" so überschwänglich geschildert hatte. Da beschrieb er eine „lebensfrohe Gesellschaft" um den Hof Johann Wilhelms herum, in der drei Religionen friedlich miteinander auskamen. „Es war diese Lebensart, die Friedrich Fontana (…) veranlasste, sich hier niederzulassen und als erstes einen Strohhut zu kaufen…" Und ich setzte hinzu: „Eigentlich unbegreiflich, dass Stroux damals bei deinem Luther & Münzer nicht zugegriffen hat. Aber der gebürtige Duisburger wusste wohl nichts vom Bergischen Toleranzedikt (…)."

Die Stadt, der General-intendant und der Kritiker

Am 16. Februar erreichte mich ein weiterer Brief Fortes. **Stroux** stand diesmal fett über dem Schreiben „von einem, der auch am Rollator geht und am Mittwoch einen Herz-schrittmacher erhält". Zunächst äußerte er sein Erstaunen, dass ich „die Geschichte" nicht kenne. Denn „eigentlich wissen es alle". Dass nämlich Karl-Heinz Stroux, der damalige Generalintendant des Düsseldorfer Schauspielhauses, den Uraufführungs-vertrag hatte, aber die Stadt ihm die Auf-führung verbot. Der Feuilletonredakteur der *Rheinischen Post*, Reinhard Kill, habe dabei mitgewirkt. „Stroux trat zurück, er wollte seinen Vertrag, der auslief, verlängert haben.

Alle Theaterleute kennen die Geschichte. So kam Basel zum Zug."

Was ich da lesen musste, warf Teile meines Weltbildes um. Zensur in Düsseldorf, der knorrige Stroux ein Feigling, der Kulturchef der *RP* ein Verschwörer. Und alle hatten es angeblich gewusst. Aber stimmte diese Verschwörungsgeschichte denn wirklich? 1969 wimmelte es in der Düsseldorfer Altstadt von verrückten Anarchos. Die Kunst gehörte zur Alltagsstimmung. Und ausgerechnet ein Stück über ein paar alte Kirchenväter sollte in Düsseldorf Angst und Schrecken verbreitet haben? Klarheit erhoffte ich mir durch das Theatermuseum der Stadt. Seinen Leiter Michael Matzigkeit konfrontierte ich mit Fortes Behauptung, dass Stroux die Uraufführung von *Luther & Münzer* hätte haben können, aber ihm die „Stadt" dazwischen gepfuscht hätte. Eigentlich erwartete ich ein Dementi. Die Antwort kam postwendend: „… doch, das war uns bekannt. Haben ja den Nachlass von KH Stroux. Dennoch danke für die Information. Hätte ja auch anders sein können." Ich staunte. Da war den Archi-varen ein Skandal bekannt, von dem die Öffentlichkeit keinen Schimmer hatte.

Forte war so angestochen von dem Thema, dass er kurz nach seiner Operation Anfang März sich noch einmal per Mail meldete. „Kennst du auch die Geschichte mit dem WDR", fragte er und listete im Stakkato, teils ohne Punkt und Komma, noch vier Beispiele der politischen Einflussnahme auf.

Generalintendant mit vielen Widersachern: Karl-Heinz Stroux. Foto: Lore Bermbach / Theatermuseum der Landeshauptstadt Düsseldorf

Ich sollte wohl nicht den Eindruck gewinnen, dass der Geist von Fürst Metternich nur im alten Theaterbau an der Jahnstraße in Düsseldorf herumspukte. Er klabauterte damals durch die gesamte Republik. „Ich hab noch mehr solcher Geschichten. Wie die Fugger den Augsburger Intendanten feuerten. (…)." Am 22. April starb er.

Mittlerweile hatte ich den Kulturchef der *Rheinischen Post*, Lothar Schröder, von Fortes Anklage in Kenntnis gesetzt. Schröder nutzte seinen Nachruf in der *RP*, um die politische Kabale deutlich anzusprechen: „Ein deutscher Autor im Exil noch im späten 20. Jahrhundert? (…) Seine Geburts-

stadt schien ihn vertrieben zu haben – durch Missachtung. 1970 war es, als sein erstes Drama „Martin Luther & Thomas Münzer oder Die Einführung der Buchhaltung" am Schauspielhaus uraufgeführt werden sollte. Dann kam die Absage noch während der Probe – nach Interventionen aus dem Rathaus, wie später immer wieder vermutet wurde. Forte, der nie ein Lauter und auch kein Kämpfer gewesen ist, nahm Reißaus. (…) Dass seine Heimatstadt ihn verstieß, hat Forte bis zuletzt nicht verwunden. Auch wenn sich Düsseldorf später doch noch ein wenig Mühe gab. 2003 bekam er die angesehene Heine-Ehrengabe, aber eben nicht den großen Heine-Preis. Auch wurde eine Gesamtschule nach ihm benannt."

Doch Ross und Reiter konnte Schröder nicht nennen. Wie auch. Selbst Forte sprach ja in seinen letzten Briefen nur allgemein von der „Stadt". In Interviews aber überging er gern das Thema, verneinte, verharmloste. Sogar langjährige Mitstreiter wie der Frankfurter Karlheinz Braun, Mitgründer des Verlags der Autoren, wussten nichts von einem ernst zu nehmenden Kontakt zwischen Stroux und Forte. Auf Anfrage teilte Braun mit: „… ich weiß, wie sehr Forte jede Resonanz aus Düsseldorf wichtig war - war er doch recht unglücklich darüber, dass Düsseldorf seine frühe Theaterarbeit einfach ignorierte. Deshalb kann ich nach meiner Erinnerung auch nicht bestätigen, dass es irgendwelche Pläne des Düsseldorfer Schauspielhauses gab, „Luther / Münzer" aufzuführen, gar uraufzuführen. Ich kann mich auch an keine Verhandlungen mit Karl Heinz Stroux erinnern, dessen Interesse an dem Stück ich auch für unwahrscheinlich halte. (…) Fast ausgeschlossen erscheint mir aber auch der Vorgang deswegen, weil Forte ab 1969/70 (?) als Hausautor vom Intendanten Werner

Düggelin am Baseler Theater engagiert war, wozu er mit seiner Frau extra nach Basel umgezogen ist. Sein Vertrag als Hausautor mit dem Basler Theater beinhaltete natürlich auch, dass seine Stücke am Basler Theater uraufgeführt werden. Allein der Gedanke einer Uraufführung am Düsseldorfer Schauspielhaus war also abwegig."

Ein Exposé, ein längeres Gespräch und ein plötzlicher Federstrich

Wer hatte nun recht? Der Autor? Der Verleger? Immerhin: Nach Monaten der Recherche beginnt sich der Forte-Nebel zu lichten. Zwei Briefe aus dem Nachlass Fortes im Heine-Institut belegen: Das Düsseldorfer Schauspielhaus zog tatsächlich in Erwägung, *Luther/Münzer* auf die Bühne zu bringen. Ein längeres Gespräch zwischen dem Intendanten Stroux und dem jungen, noch recht unbekannten Autor Forte fand bereits im Mai 1968 statt. Von dem Theaterstück existierte zu der Zeit aber nur ein Exposé, arg wenig, um die Qualität einer Bühnenarbeit abschätzen zu können. Dennoch zeigte sich Stroux an einer möglichen Uraufführung interessiert. Er versprach, sich um ein einjähriges Stipendium für die Arbeit an dem historischen Stoff zu kümmern, woraus aber bis zum Herbst nichts wurde und Forte auf Anraten eines Düsseldorfer Freundes beschloss, die Stück-Idee dem neuen Intendanten des Basler Theaters, Werner Düggelin, anzubieten. Im Gepäck da auch schon ein paar Manuskriptseiten. Düggelin, der neue Wege gehen wollte, war gleich entzündet von Fortes Entwurf und besorgte ihm das Arbeitsstipendium, um das der Dramatiker in Düsseldorf vergebens gebeten hatte.

„Ich war damals der engste Strouxi-Mitarbeiter": Günther Beelitz, um 1973.
Foto: Lore Bermbach / Theatermuseum der Landeshauptstadt Düsseldorf

Die Geschichte ist aber nicht zu Ende. Stroux stellte Mitte 1969 einen „jungen Drängler" ein, der den Umzug ins neue Haus organisieren sollte: Günther Beelitz. Der kann sich erinnern, dass bei seiner Ankunft im Frühsommer 1969 die zwei Dramaturgen des Schauspielhauses, Wilhelm Berner und G. Johannes Klose, über Fortes Reformations-Stück „hockten". Der neue persönliche Referent bekam die Endphase der Diskussionen mit und las, neugierig geworden, selbst die erste Fassung aus dem Verlag der Autoren. Alle waren der Meinung, so erinnert sich Beelitz, dass der „Münzer" gemacht werden müsse, zumal Forte ein Düsseldorfer Autor war. „Auch wenn das Stück nicht auf 'Struxis' Linie lag. Er war ja mehr für das traditionelle, rein literarische Theater. Ionesco fand er politisch."

Dann geschah etwas Merkwürdiges. Noch bevor es zu einem Besetzungsplan kam, nahm Stroux im Sommer 1969 „mit patriarchalischem Federstrich" den „Münzer" vom Spielplan. „Ohne Kommentar. Man munkelte, dass kirchliche Kreise dahinter steckten", so Beelitz. Auf den bereits festgelegten Premierentermin im Januar 1970 platzierte der Patriarch paradoxerweise keine unverfängliche Produktion, sondern einen ähnlichen Polit-Thriller, die Uraufführung eines Trotzki-Stücks von Peter Weiss. „Strouxi wollte unbedingt ein politisches Stück haben - das er aber hasste." Statt des Bauernführers betrat nun ein russischer Revolutionär die Düsseldorfer Bühne. Dieser Aberwitz müsste eigentlich nach Fortes Geschmack gewesen sein.

Beelitz hat nie erfahren, wer Stroux damals unter Druck setzte. Der spätere Intendant des Düsseldorfer Schauspielhauses hadert aber noch heute mit dieser Entscheidung: „Forte hatte es verdient." Und er ist der Überzeugung, dass durch diese „merkwürdige, sehr ungewöhnliche Geschichte" der Autor aus dem Fokus der Stadt geriet. Er selbst hat Forte aber gespielt, nur eben nicht in Düsseldorf. Die Lektüre des *Luther/Münzer* wirkte so nachhaltig auf den jungen Beelitz, dass er zwei Jahre später mit dem skandalumwitterten Stück seine erste Spielzeit in Darmstadt eröffnete. „Auch gegen Widerstände. Es war ein Paukenschlag im höfischen Umfeld." Und der Autor Forte bei der Premiere im Herbst 1971 mittendrin. Die phantastische Erzählung des Günther Beelitz könnte hier enden. Aber eine verblüffende Pointe gibt es noch. Auf die Frage, ob denn sein Förderer Stroux sich zur provokanten Stückauswahl in Darmstadt geäußert habe, antwortete Beelitz: „Er hat mich ermutigt: Das musst du machen!"

Der Intendant und die Stadtväter

Zurück zu Düsseldorf: Hier kursierten auch nach dem Rückzieher des Intendanten noch längere Zeit Bühnenankündigungen in Sachen Luther/Münzer, wenn auch unter Vorbehalt.

So gab die Presseabteilung des Schauspielhauses dem Monatsblatt *Die Deutsche Bühne* noch für die Ausgabe Juli / August 1970 eine Spielplanvorschau, in der eine Uraufführung von Fortes Bühnenerstling in Aussicht gestellt wurde: „Über folgende neue Stücke wird verhandelt (…) – ein Stück über Thomas Müntzer von Forte als U." Auffällig (neben der Schreibweise „tz"), dass die Düsseldorfer nicht den Mönch, sondern den Bauernführer im Titel bevorzugten. Ganz so wie Forte sein Stück im Mai 1968 dem Dramaturgen Wilhelm Berner als ein „Thomas-Münzer-Drama" vorstellte, dessen klassenkämpferischer Protagonist ein „quasi Dutschke" sei. Die *Düsseldorfer Hefte* (Nr. 23 / 1970) kündigten noch weit über ein Jahr nach Strouxens „Federstrich" eine Premiere von Fortes „neuem Schauspiel" an, gleich nach der deutschen Erstaufführung an der Volksbühne Berlin. So konnte dann auch Reinhard Kill seinen Verriss der Basler Uraufführung mit dem

---

1969 nahm Intendant Stroux das Stück „mit patriarchalischem Federstrich" vom Spielplan. „Man munkelte, dass kirchliche Kreise dahinter steckten." (Günther Beelitz)

„Wird zur Zeit verhandelt": Düsseldorfer Spielplaninformationen in den „Düsseldorfer Heften" und in „Die Deutsche Bühne".

Hinweis beenden, dass viele Bühnen das Stück nachspielen wollten, „auch Düsseldorf". Und der Kritiker Alfons Neukirchen seufzte noch im Mai 1971 in den *Düsseldorfer Nachrichten*: „Man muss schon nach Essen fahren, um Dieter Fortes Schauspiel ´Martin Luther & Thomas Münzer oder Die Einführung der Buchhaltung' zu sehen. In Düsseldorf ist von dem aufsehenerregenden Stück des Düsseldorfer Autors noch nichts zu merken. Es wurde angekündigt, aber offenbar will man todsicher sein, dass es nicht doch irgendwo Anstoß erregt."

Forte glaubte bis zuletzt, dass die opportunistische Haltung des Intendanten eine Aufführung in Düsseldorf verhindert habe. Dieser Auffassung widerspricht Beelitz. „Als ich kam, war die Entscheidung gefällt", erinnert sich der ehemalige Privatsekretär. Eine Verlängerung des Vertrags war Mitte 69 vom Tisch. Manche im Aufsichtsrat und im Stadtrat wollten ihn schon vorher weg haben. „Das war ein schnödes, abgesprochenes Spiel, dass und wie man Stroux 'endlich loswerden' wollte. Aber dann hieß es: den Einzug solle er noch machen."

Dieter Forte selbst konnte bereits bei der Uraufführung von Tankred Dorsts *Wittek geht um* im Mai 1967 erleben, wie schlecht das Klima im Aufsichtsrat des Schauspielhauses war. Der Kritiker Marcel Reich-Ranicki berichtete in *Die Zeit*, „dass der Düsseldorfer Oberbürgermeister die Vorstellung schon vor der Pause demonstrativ verließ…" Dieter und Marianne Forte saßen im Premierenpublikum und waren Zeugen dieses Affronts (nachzulesen in Klas Ewert Everwyns Erinnerungen *Donnerstags bei Fatty*, 2016). Stroux erlebte über Jahre solche zermürbenden Kleinkriege mit seinen Arbeitgebern. „Viele hatten ein Interesse am Nichtzustandekommen des Luther-Münzer-Stücks", meint Beelitz. Erschwerend kam hinzu, dass Stroux wenig am Dokumentationstheater lag. Einen Dürrenmatt oder Ionesco hätte er vermutlich gegen alle Widerstände durchgesetzt. So vermutet es auch Beelitz, aber: „Leider weiß auch ich nicht, obwohl ich damals der engste Strouxi-Mitarbeiter war, warum letztlich von Forte Abstand genommen wurde und ich im Auftrag von Stroux zu Peter Weiss nach Schweden fahren durfte, um eine spielfer-

tige Fassung von *Trotzki* zu erarbeiten. Die Entscheidung gegen Forte wurde mir als Weisung – ohne Kommentar – von Stroux mitgeteilt."

Das „Warum" lässt sich auch mit der Familie Stroux nicht mehr klären. Sohn Thomas bestätigt aber, dass sich sein Vater immer wieder gegen politische Stimmungsmache zur Wehr setzen musste. In einer Mail vom Oktober 2019 schreibt er: „…mein Vater (war) sehr betroffen von dem Verhalten einiger Aufsichtsratsmitglieder, die meinten, er sei aus der Zeit gefallen und so einen Alten brauche man nicht mehr. Ich meine mich zu erinnern, dass er einfach nur noch die Eröffnung des neuen Hauses gut gestalten wollte und ansonsten von den Düsseldorfer Ratsherren die Schnauze voll hatte. So gesehen kann ich mir nicht vorstellen, dass er sich auch nur andeutungsweise hätte von diesen Herren erpressen lassen." Thomas Stroux, der – noch so eine merkwürdige Koinzidenz! – in der deutschen Erstaufführung in Berlin unter Utzerath den Kurfürsten Albrecht spielte, schließt zwar „den Versuch dazu" nicht aus. Aber weder seine Mutter noch er könnten sich an einen solchen Vorgang erinnern. „Sehr wohl möchte ich aber ausschließen, dass mein Vater sich hätte erpressen lassen – so, wie er mit den meisten Verantwortlichen stand oder über sie dachte." Und dann nimmt der Sohn mit Verve Partei für seinen Vater, den er früher auch mal für einen „Theater-Dinosaurier" hielt: „Unter anderen Bedingungen, denke ich, hätte ihn das Forte-Stück sicher sehr gereizt – auch gegen zum Teil ignorante Stadtväter (die es natürlich überall gibt! Wenn doch die Politik ihre Finger vom Theater lassen würde!)."

„Sehr wohl möchte ich aber ausschließen, dass mein Vater sich hätte erpressen lassen", sagt Thomas Stroux.

Der Uraufführungs-Verriss und seine Folgeschäden

Die Übergriffe durch die Politik wurden zum fast schon traumatischen Dauerthema des Theaterautors Forte. Ausgelöst durch die so merkwürdig gescheiterte Uraufführung in Düsseldorf und fortgeführt durch die Kette von politischen Übergriffen in vielen anderen Aufführungsorten. In Köln sagte WDR-Intendant Bismarck, Chef des evangelischen Kirchentages, die Fernsehübernahme ab, weil, so stellte es Forte dar, die Familie Adenauer Druck gemacht hatte. Noch 1997 schrieb Forte für die *Baseler Zeitung* eine Polemik gegen die Korruptheit im Stadttheaterbetrieb: „Finita la musica". Beelitz, der sich als Intendant selbst schon gegen einen Kulturdezernenten zur Wehr setzen musste, meint süffisant zu den Eingriffen von außen: „Es werden immer wieder dringende Wünsche geäußert aus der Politik."

Und „Kill wirkte mit", schrieb Forte in einem seiner letzten Briefe. Beelitz, der als Intendant in Düsseldorf so manche Kill'sche Kampfrede über sich ergehen lassen musste, verneint vehement. „Kill liebte das Stück nicht. Ich kann mir aber nicht vorstellen, dass er Einfluss nahm. Ich habe ihn nicht so erlebt." Er hätte den Kampf für die Kunst stets mit offenem Visier geführt. Das Hintenherum passte einfach nicht zu diesem Charakter, urteilt der Theatermann. „Lieber gut gepoltert als schlecht gelobt." Und dann preist er das „große Stilbewusstsein" und den „riesigen Backround" des Kritikers. „Ich sehne mich nach einem wie Kill. Er hat dem Feuilleton eine Aura gegeben, ein Gesicht!"

Mit lutherischer Wucht zerlegte Kill die Baseler Uraufführung. „Forte polemisiert", behauptete Kill gleich im Untertitel und polemisierte selbst gegen das „bisweilen blasphemische Pamphlet". Das Stück tat er als „eine die historische Wahrheit eindimensional manipulierende Text-Collage" ab, die kritische Haltung hielt er für eine Attitüde: „Auch wer linkes Schielen schick findet, sollte im Protestantismus nicht lediglich eine kirremachende Schlafmittel-Botschaft an die Schlechtweggekommenen sehen." Der Dramatiker Forte ein Demagoge und Poser, das war schon scharf geschossen. Am meisten hat Forte aber der Einstieg Kills geschmerzt: „Das Publikum beklatschte die Schauspieler. Die Schauspieler beklatschten den Autor. Der Autor beklatschte Schauspieler und Publikum. Ein mir unbegreiflicher Jubel; wie bei einem Gipfeltreffen sozialistischer Obertanen." Forte war von diesem Vergleich so gekränkt, dass er den Text noch fast 50 Jahre später aus dem Kopf zitierte. Das Gedächtnis ist aber ein trügerischer Freund. Denn im Brief vom 16. Februar 2019 gibt er Kill unkorrekt wieder: „Organisierter Beifall wie im Ostblock." Die Kränkung hatte den Wie-Vergleich in eine monströse Tatsache verwandelt: Der Applaus war gesteuert. „Ostblock" und „organisiert" kamen in dem Text aber gar nicht vor.

Forte fühlte sich von diesem Kritiker so missverstanden, dass er offensichtlich jeden Kontakt zu ihm vermied. Es kam nie zu einem reinigenden Gespräch. So konnte in der Vorstellung Fortes der Düsseldorfer Kritiker sich immer mehr zu einem düsteren Golem auswachsen. Dabei äußerte sich Kill, wie aus seinem Umfeld zu hören war, gelegentlich durchaus positiv zu Forte. Er soll es sogar bedauerlich gefunden haben, dass der Schriftsteller der rheinischen Szene verloren ging. Aber das hätte er Forte nun

wirklich mal schriftlich geben können. Die Reihe der seltsamen Versäumnisse im Fall Forte nimmt kein Ende.

Ulrich Brecht hätte Forte versöhnen können. Der direkte Nachfolger von Stroux liebte das politische Theater. Aber er agierte glücklos. Die Kritiker mäkelten schon bald, das Publikum blieb weg und aus dem Aufsichtsrat kamen zornige Signale. Keine guten Voraussetzungen für ein Forte-Stück, das der Kulturchef der größten Regionalzeitung nicht mochte. Brecht wollte sich diesen (vorprogrammierten?) Verriss wohl ersparen.

Auch das Team um Volker Canaris (1986-96) verspürte offensichtlich keine Lust, den Dichter mit seiner Stadt zu versöhnen. Dabei hatte auch Canaris sein „Federstrich-Erlebnis", nämlich als Dramaturg in der Abteilung Fernsehspiel beim WDR. Die

Kölner Inszenierung des *Luther* sollte 1972 aufgenommen werden, Canaris hatte das Drehbuch dazu geschrieben. Doch dann annullierte WDR-Intendant Klaus von Bismarck, vermutlich auf Druck der Familie Adenauer, die Fernsehaufnahme. Canaris hatte die Möglichkeit, in Düsseldorf wenigstens für einen dieser „Federstriche" Wiedergutmachung zu leisten. Tatsächlich thematisierte er mehrfach das „Müntzerstück". So bestätigt es der ehemalige Chefdramaturg Joachim Lux. Aber „jenseits des – im Übrigen bis heute – wesentlichen Themas waren wir vom Stück nicht hinreichend überzeugt." Der heutige Intendant des Hamburger Thalia Theaters meint sich zudem erinnern zu können, dass sie damals auch über Fortes *Kaspar Hausers Tod* diskutierten. Zur Aufführung kam das Stück dann nicht. Aber von Ignoranz gegenüber Forte kann jedenfalls keine Rede sein.

„Das endlose Leben" – eine Ehrenrettung der Stadt

Immerhin, eine Aufführung gab es in Düsseldorf dann doch noch: „Das endlose Leben". Und der „verlorene Sohn" kam 1991 extra dafür in „seine" Stadt, die Aufführung gefiel ihm. Aber das Düsseldorfer Volksstück ging eben nicht im priesterlich weißen Pfau-Bau am Gründgens Platz über die Bühne, sondern im kleineren Ibach-Saal des Stadtmuseums. Das wurmte ihn. Der Kraftakt aus der Off-Szene mit dem Regie-Profi Wolfgang Forester konnte Forte nicht nachhaltig besänftigen. Er haderte weiterhin mit dem aus seiner Sicht totalen Boykott des Schauspielhauses.

Im Programmheft zur Uraufführung sponnen wir – ich machte die Öffentlichkeitsarbeit – die Legende fort, dass bei Dieter Forte wieder mal eine „Prophetenverhinderungskraft" (Vera Gantner) am Werk war. Ich selbst übernahm noch 2019 Fortes Narrativ und schrieb: „Die Stadt leistete sich sogar die Frechheit, eine für die 700-Jahr-Feier Düsseldorfs in Auftrag gegebene Arbeit von Forte zu bezahlen und dann in der Schublade verschwinden zu lassen. Wer steckte da schon wieder dahinter?" (*RP*, 7. 5. 2019) Die Recherchen zeigen aber nun: Es gab gar keinen Auftrag von der Stadt. Ein alternatives Kulturzentrum steckte dahinter. Das *zakk* bestellte bei Forte im Mai 1987 ein

Stück für das bevorstehende Stadtjubiläum – und überhob sich schließlich an dem Projekt. Weshalb das fertige und bezahlte Manuskript zwei Jahre beim Kulturamt lag, bis schließlich die *Theaterinitiative NRW* die Produktion schulterte. Dass dieser Text beinahe nicht gespielt worden wäre, lag also nicht an „geheimnisvollen Verhinderungskräften", sondern an sehr realen dilettierenden Kräften der freien Szene.

Die Stadt begnügte sich mit der Rolle des Geldgebers. Von der Theateridee aus der Off-Szene überzeugt, erklärte sie sich bereit, den Autor zu entlohnen. Über die Verwaltung des *zakk* erhielt Forte 25.000 Mark. Kein schlechtes Salär für einen Propheten, der im eigenen Land nichts gilt. Es waren auch Vertreter der Stadt, die das 1988 so kläglich gescheiterte Projekt retteten. Nachdem das *zakk* sich aus der Rolle des Produzenten zurückgezogen hatte, suchten die Kulturamtsleiterin Barbara Kisseler und die SPD-Stadträtin Gertrud Hanke mit Nachdruck neue Partner für Fortes Volksstück. Die „städtischen Kreise" zeigten sich hier also kooperativ.

Die Idee zu einer Stadtgeschichte, von unten erzählt, hatten der Grafiker Thomas Bernhardt und der freie Regisseur Peter Fischer bereits 1986. Sie baten den Intendanten des Schauspielhauses um Unterstützung, und der zeigte wohlwollendes Interesse. „Canaris war offen für solche

*Das Auftragsstück „Das endlose Leben"
verschwand zunächst in der Schublade.
Ein Kulturzentrum hatte sich an dem Projekt überhoben.*

Ach, „Strouxi", möchte man seufzen, hättest du 1968 doch nur einen Bruchteil dieser 25.000 Mark an den ehrgeizigen Jungdramatiker gezahlt, das Drama Forte/Düsseldorf wäre anders gelaufen.

Kraftakt aus der Off-Theaterszene: Werbeflyer für „Das endlose Leben", 1991 (Design Manfred Spies)

Ideen", bestätigte mir Bernhardt, betonte aber auch, dass dieses Proletarierstück „im gerade im Bau befindlichen *zakk*-Neubau" in einer ehemaligen Fabrikhalle aufgeführt werden sollte. Aber nach dem Desaster mit dem *zakk* zeigte Canaris kein Interesse, das Forte-Stück selbst zu stemmen. Jenseits des Stadtjubiläums fand er das Drama für seine Bühnen wohl nicht interessant genug. In der Tat ist *Das endlose Leben* zwar gut gebaut, eine effektvolle Revue über deutsche Politik des 19. und 20. Jahrhunderts. Aber es erzählt doch sehr in traditionellen Mustern.

Ach, „Strouxi", möchte man seufzen, hättest du 1968 doch nur einen Bruchteil dieser 25.000 Mark an den ehrgeizigen Jungdramatiker gezahlt, das Drama Forte/ Düsseldorf wäre anders gelaufen. Forte wäre in deiner ruppig-freundlichen Umgebung geblieben, der Verlag der Autoren hätte den Vertrag mit Düsseldorf gemacht. Und was wäre das für eine krachende Eröffnung des neuen Hauses geworden. Nach dem zwölften Vorhang hättest du ihm eine Flasche Whisky genüsslich über dem Kopf ausgeschüttet, so wie du es schon mit Beelitz gemacht hattest, und hättest dem Täufling zugerufen: „Willkommen zu Hause". Ach, dieses „zu Hause" hätte Fortes Seele gut getan. Der Düsseldorfer Theatergeschichte sowieso. Aber wäre es auch richtig gewesen? Dass Stroux den „Jungen" 1968 „hängen" ließ, war doch eigentlich ein Glücksfall. Ohne den großartigen *Luther* im Gepäck wäre Forte schwerlich Hausautor in Basel geworden.

Reden wir über mich oder über Münzer?*

*Zwei Journalisten warten. Sie notieren sich
Luthers Antworten. Luther setzt sich an den Tisch.*

LUTHER: Hier ist Vieh und Stall, sprach der Teufel und trieb seiner Mutter eine
Fliege in den Hintern. *(er lacht)*
1. JOURNALIST: Herr Doktor, warum sind Ihre Schriften so ausfallend?
LUTHER: Wer in unserer Zeit ruhige Traktate schreibt, wird schnell vergessen,
und niemand kümmert sich um ihn.
1. JOURNALIST: Herr Doktor, woher wissen Sie, daß Sie auserwählt sind?
LUTHER: Ich bin gewiß, daß mein Wort nicht mein, sondern Christi Wort ist,
so muß mein Mund auch dessen sein, dessen Wort er redet.
2. JOURNALIST: Das ist Ihre Ansicht.
LUTHER: Ich werde keinem die Ehre antun, auch nicht einem Engel vom Himmel,
über meine Lehre zu richten. Wer meine Lehre nicht annimmt, der wird nicht selig.
2. JOURNALIST: Sind Sie sicher, Herr Doktor?
LUTHER: Ich habe in Worms vor Kaiser und Reich gestanden und nicht gewankt.
Ich bin der deutsche Prophet. Ganz Deutschland folgt mir, nur auf mein Wort hin.
1. JOURNALIST: Was halten Sie von den Fürsten?
LUTHER: Unser Gott ist ein großer Herr, darum muß er auch solche edlen, hoch-
geborenen, reichen Henker und Büttel haben, und will, daß sie Reichtum, Ehre und
Furcht von jedermann in Hülle und Fülle haben sollen. Es gefällt seinem göttlichen
Willen, daß wir seine Henker gnädige Herren heißen, ihnen zu Füßen fallen und
mit aller Demut untertan sind.
1. JOURNALIST: Und Ihr Fürst?
LUTHER: Ich bin mit ihm zufrieden.
2. JOURNALIST: Mit sich selbst sind Sie auch zufrieden?
LUTHER: In tausend Jahren hat Gott keinem Bischof so große Gaben gegeben wie mir.
2. JOURNALIST: Es gibt Leute, die behaupten, Sie lügen.
LUTHER: Wenn sich ein treues Herz verstellt, so ist das keine Lüge.
1. JOURNALIST: Herr Doktor, man hört jetzt überall, daß Laien mitdiskutieren wollen.
LUTHER: Kommt gar nicht in Frage. Es bleibt bei den geordneten Ämtern und Propheten.
Lehren sie nicht richtig, was geht es das Volk an. Das möchte etwas Schönes werden,
wenn einem jeder in die Rede fällt. Die Propheten reden, und die Gemeinde hört zu.
2. JOURNALIST: Herr Doktor, was halten Sie von Erasmus?

LUTHER: Erasmus ist der größte Feind Christi, wie es in tausend Jahren keinen gegeben hat. Er hat es in allen seinen Schriften nicht aufs Kreuz, sondern bloß auf einen billigen Frieden abgesehen.

1. JOURNALIST: Und von Kopernikus?

LUTHER: Der Narr will die ganze Astronomie umkehren. Aber so geht es heut, wer da will klug sein, der muß etwas Eigenes machen.

2. JOURNALIST: Herr Doktor, was sagen Sie zu den Mohammedanern?

LUTHER: Ein schändlicher, lügenhafter und grauenhafter Glaube. Ich bin entsetzt, daß Menschen sich vom Teufel bereden lassen können, solche Schändlichkeiten anzunehmen.

1. JOURNALIST: Herr Doktor, was halten Sie von Dr. Münzer?

LUTHER: Wer den Münzer gesehen hat, der hat den Teufel gesehen.

2. JOURNALIST: Er hat in Allstedt die deutsche Messe eingeführt.

LUTHER: Reden wir über mich oder über Münzer?

2. JOURNALIST: Warum führen Sie keine deutsche Messe ein?

Weil sie von Münzer ist?

LUTHER: Man muß erst sehen, ob Gott es auch haben will.

1. JOURNALIST: Ist dieser Gott Ihr Fürst?

LUTHER: Das überlaß ich Gott.

2. JOURNALIST: Wie stehen Sie zum Papst und den Kardinälen?

LUTHER: Wer den Papst gesehen hat, der hat den Teufel gesehen. Was er hat, das ist alles gestohlen. Dieser Sodomit, dieser Lecker mit seinen Hermaphroditen. Ich wünsch ihm die Pest, die Syphilis, Aussatz und Geschwüre und alle anderen Plagen und Krankheiten. Unsere Fürsten sollen zugreifen und ihm alles wegnehmen. Man soll dem ganzen Gesindel die Zunge zum Hals herausreißen und an den Galgen nageln.

1. JOURNALIST: Was halten Sie von den Juden?

LUTHER: Wer einen Juden gesehen hat, der hat den Teufel gesehen. Was sie haben, das ist alles gestohlen. Die Fürsten und die Obrigkeit sitzen dabei, schnarchen und haben das Maul offen. Die Juden sollten nichts haben, und was sie haben, das muß unser sein.

2. JOURNALIST: Was soll die Obrigkeit tun?

LUTHER: Erstens soll man ihre Synagogen mit Feuer anstecken und, was nicht verbrennen will, mit Erde zuschütten, daß kein Mensch einen Stein davon sehe ewiglich. Und das soll man der Christenheit zu Ehren tun, damit Gott sehe, daß wir Christen sind. Dann soll man ihre Häuser zerstören. Dafür mag man sie unter ein Dach oder einen Stall tun, wie die Zigeuner, damit sie wissen, sie sind im Elend und gefangen. Man soll ihnen ihre Betbüchlein nehmen und ihren Rabbinern bei Leib und Leben verbieten zu lehren. Dann soll man ihnen alle Barschaft und Kleinodien an Silber und Gold nehmen und es beiseite legen. Den jungen, starken Juden und Jüdinnen soll man Flegel, Axt, Karst, Spaten und Spindel in die Hand geben, und sie ihr Brot verdienen lassen im Schweiß der Nase. Befürchten wir aber, daß sie uns schaden, wenn sie uns dienen oder arbeiten sollen, so laßt uns bei der natürlichen Klugheit bleiben und mit ihnen abrechnen, und danach gütlich geteilt, sie aber auf jeden Fall zum Land hinausgetrieben.

1. JOURNALIST: Herr Doktor, was halten Sie von den Deutschen?

LUTHER: Wir Deutsche sind Deutsche und bleiben Deutsche, das heißt Säue und unvernünftige Bestien.

2. JOURNALIST: Und von den Ausländern?

LUTHER: Die Italiener sind arglistig. Die Franzosen sind geil, die Spanier sind wild, England spottet über uns.

1. JOURNALIST: Herr Doktor, wie ist Ihre Meinung über die Frauen?

LUTHER: Sie haben zwei Zitzen und ein Löchlein zwischen den Beinen. *(Er lacht)* Die Frau soll ihren Mann lieben, ehren und gehorchen. Wenn sich die Weiber auch müde tragen und zuletzt zu Tode, das schadet nichts, sie sind drum da. Es ist besser, kurz gesund, als lange ungesund zu leben.

2. JOURNALIST: Und die Studenten?

LUTHER: Zuchtlos, sittenlos, ungehorsam.

2. JOURNALIST: Wie sieht der Himmel aus?

LUTHER: Es wird ein großes Licht sein. Blumen, Laub und Gras, so lieblich wie ein Smaragd. Hündlein mit goldener Haut. Es wird alles in allem sehr schön sein.

1. JOURNALIST: Wie sah die Arche Noah aus?

LUTHER: 300 Ellen lang, 50 weit, 50 hoch. Ganz unten Bären und Löwen und andere wilde Tiere, die friedlichen im Zwischendeck mit dem Futter, und oben die Haustiere und das Geflügel. Es war sehr dunkel darin. Die Geschichte ist wunderbar, und wenn sie nicht in der Bibel stände, unglaublich.

2. JOURNALIST: Wann war der Sündenfall?

LUTHER: 2 Uhr nachmittags. Gott hat bis 4 oder 5 geschwiegen.

2. JOURNALIST: Wann kommt der Jüngste Tag?

LUTHER: Ursprünglich 1590. Aber er wird jetzt eher kommen. Ich habs ausgerechnet.

1. JOURNALIST: Gibt es Teufel?

LUTHER: Wir haben in Wittenberg 2 000 Teufel auf den Dächern, 40 000 sind in den Wolken. Preußen hat viele böse Geister. In der Schweiz, nicht weit von Luzern, auf einem sehr hohen Berge, ist ein See, der Pilatusteich, darin sind die Wohnungen der Teufel.

2. JOURNALIST: Sie haben sehr mit dem Teufel zu kämpfen?

LUTHER: Ich kenne den Satan gut.

1. JOURNALIST: Herr Doktor, wir danken Ihnen für das Gespräch.

(Die Journalisten ab)

Dieter Forte, Martin Luther & Thomas Münzer oder
Die Einführung der Buchhaltung,
© *S. Fischer Verlag GmbH, Frankfurt am Main 1981*

(*) Die Überschriften auf den folgenden Leseseiten stammen in der Regel von der Redaktion.

Sie brauchen nicht zu denken.
Das macht die Buchhaltung

---

*Bankier Paul kommt hinter dem Vorbau der Haupttreppe
hervor, geht an ein zweiseitiges Stehpult und arbeitet. Dunant
stürzt herein und stellt sich an die andere Seite des Stehpultes.*

DUNANT   Entschuldigung.
PAUL   Pünktlichkeit, junger Mann, Pünktlichkeit und Ehrlichkeit, Fleiß und Ordnung,
Mäßigkeit, Sparsamkeit, Sauberkeit. Tragen Sie das ein. *Er wirft ihm einige Rechnungen hin.
Dunant arbeitet. Paul schaut ihm über die Schulter.* Kapital rechts. Passiva. Passiva. Passiva.
Wie oft soll ich Ihnen das noch sagen. Herrgott im Himmel, das kann doch nicht so
schwer sein.
DUNANT   Ich denke –
PAUL   Sie brauchen nicht zu denken. Das macht die Buchhaltung. Dafür hat man sie.
DUNANT   Aber das Geld in der Kasse wird doch unter Aktiva –
PAUL   Geld ist kein Kapital.
DUNANT   Also gut, dann verbuche ich eben das Kapital aus der Kasse –
PAUL   Was Sie nicht alles können. Erstaunlich. Kapital aus der Kasse. Wie schaut denn
das aus, das Kapital?
DUNANT   Na, das Geld.
PAUL   Kapital ist kein Geld. Kein Mensch auf der Welt hat jemals Kapital gesehen. Da
wären Sie der erste. Kapital ist nur eine Zahl. Eine Zahl, Dunant. Hier in diesem Buch.
Das, was Sie in ihrer Hosentasche herumtragen ist Geld. Das hat mit Kapital soviel zu tun
wie eine Jungfrau mit einer –
DUNANT   Aber ich besitze doch das Kapital. Also Aktiva.
PAUL   Falsch. Das Kapital besitzt Sie. Also Passiva. Erste Grundregel: „Wer erhält,
der schuldet." Sie sind der Schuldner des Kapitals. Das ist seit vierhundert Jahren so.
Das wird man für Sie nicht ändern. Wenigstens nicht, solange es die doppelte Buch-
führung gibt. *Pause.* Übrigens sah ich Sie gestern aus dem Gefängnis kommen.
DUNANT   Ja.
PAUL   Was haben Sie da getan?
DUNANT   Was ich dort immer tue. Mit den Gefangenen sprechen, ihnen etwas vorlesen.
PAUL   Und was lesen Sie denen vor?
DUNANT   Reiseberichte, Berichte über Ausgrabungen.
PAUL   Sehr passend. Und worüber reden Sie?
DUNANT   Möglichst nicht über die Gesetze.
PAUL   Sie sind öfter im Gefängnis anzutreffen als in der Bank. Gefällt es Ihnen dort
besser?
DUNANT   Man hat mich dort vielleicht nötiger.
PAUL   Ich gebe ja zu, als Bankier sollte man sich beizeiten einmal ein Gefängnis
anschauen, aber wenn Sie abwechselnd aus dem Gefängnis und aus der
Bank kommen –

DUNANT Wieso?

PAUL Monsieur Dunant, man hat es mit Ihnen nicht leicht. Sie zeigen Eifer und Aktivität. Sie wären ein Juwel. Wenn Sie nicht diesen Tick mit den Menschen hätten. Es ist ein Jammer. Hat man Sie nicht aufgeklärt?

DUNANT Doch. Geldverdienen ist eine große Tugend.

PAUL Schreiben Sie eine Eins, und eine Null, und noch eine Null, und noch eine Null, und noch eine Null, und noch eine Null, und noch eine Null. Was haben Sie jetzt?

DUNANT Eine Million.

PAUL Damit Sie einmal sehen, wieviel Nullen man braucht, um eine Million zu machen.

DUNANT Sie haben Ansichten, die nicht unbedingt von Christus stammen. Jeder für sich und den Letzten holt der Teufel.

PAUL Die Firma Christus und Teufel hat bei mir kein Konto, und wer kein Konto hat, der existiert für mich nicht. Von mir aus sind Sie barmherzig, aber die Kunst besteht darin, durch Wohltätigkeit die besseren Geschäfte zu machen. Wohltaten sind Spesen, die eine geordnete Bilanz nicht stören dürfen. Wenn Sie täglich zwei Centimes nutzlos ausgeben, geben Sie im Jahr sieben Francs nutzlos aus. Sieben Francs sind der Zins für ein Kapital von hundert Francs. Sie verlieren also hundert Francs jährlich, und Sie verlieren nicht nur diese Summe, sondern alles, was Sie damit hätten verdienen können. Was auf die Dauer ein Vermögen ausmacht.

DUNANT Die Menschheit sollte –

PAUL Hören Sie auf mit Ihren Menschheitssätzen. Das ist ja nicht zum Hinhören. Sie sind Bankier und kein Almosier. Passen Sie nur auf, mein Lieber, Bankrott ist eine heilsame Strafe für bürgerliche Unfähigkeit. Wenn Sie Ihren Lebenswandel nicht schleunigst ändern, werden Sie noch einmal ein schlimmes Ende nehmen. Halten Sie sich an die Nützlichkeit. Nur was nützlich ist, ist auch vernünftig. Machen Sie sich einen Zeitplan. Zeit ist Geld. Führen Sie Buch über Ihr Leben. Notieren Sie Ihre Fortschritte auf der einen Seite, und Ihre Fehler auf der anderen Seite, so haben Sie ein sauberes Kontokorrent, was Ihren Charakter betrifft, und am Ende Ihres Lebens eine ordentliche Bilanz. Haben Sie nicht Ihren Smith gelesen?

DUNANT *sagt auf* „Nicht vom Wohlwollen des Fleischers, Brauers oder Bäckers erwarten wir unsere Mahlzeit, sondern von ihrer Bedachtnahme auf ihr eigenes Interesse. Wir wenden uns nicht an ihre Humanität und sprechen ihnen nie von unseren Bedürfnissen, sondern stets von ihren Vorteilen."

PAUL Das wichtigste Buch nach der Bibel! Vielleicht denken Sie jetzt, ich bin ein Unmensch. Aber ich hab auch ein Herz. Ich hab auch eine Familie. Ich zweifle auch an Gott. Ich bin ein Mensch, und ich meine es gut mit Ihnen. Vielleicht ist das ja alles nicht richtig. Vielleicht ist das alles sogar falsch, aber so ist es nun mal, und es mußte Ihnen einmal gesagt werden. *Er zieht seine Geldbörse.* Hier. Für Ihre Armen. *Dunant läßt seine Hand ausgestreckt, Paul legt noch eine Münze dazu.* Aber sagen Sie nicht, daß es von mir kommt. Wir sind ein renommiertes Haus.

DUNANT Wir müssen zur Börse.

PAUL *schaut auf seine Uhr* Verdammt, das hat man davon. *Beide ab.*

Dieter Forte, Jean Henry Dunant oder Die Einführung der Zivilisation.
© S. Fischer Verlag GmbH, Frankfurt am Main 1978. Originaltitel dieser Szene: „Lehrzeit"

Besuch vom Gendarm

Szene aus „Das endlose Leben – Düsseldorfer Volksstück"

Gendarm Hermann und Wilhelm vor dem Bücherregal.
Hermann macht sich Notizen in einem dicken Buch.

HERMANN: Sag, mal, Willem, warst du am Sonntag in dä Gartenwirtschaft da im Neandertal?
WILHELM: Ja.
HERMANN: Is jut, dat de dat zujibst, bist nämlich jesehn worden. Zeujenaussage.
WILHELM: Und wat soll dat?
HERMANN: War dat nich ne Versammlung von de Sozialdemokraten?
WILHELM: War 'n Ausflug mit der Frau.
HERMANN: Ausflug mit der Frau, dat is jut, dat is erlaubt.Versammlung von Sozialdemokraten wär nämlich verboten. Weißte ja.
WILHELM: Weiß ich.
HERMANN: Verdächtiger ist über Verbot informiert. Ist wichtig, Willem. Man muss sich informieren. Wat haste denn da? *(Er nimmt ein Buch aus dem Regal.)*
WILHELM: Lassalle, Zur Arbeiterfrage.
HERMANN: Is doch verboten.
WILHELM: Dat hab ich nich jewusst.
HERMANN: Verdächtiger wusste nichts, kann vorkommen . Infrage kommendes Buch war zufällig von einem Arbeitskollegen hier vergessen worden. Kann deine Frau wahrheitsjemäß bestätigen?
WILHELM: Kann sie.
HERMANN: Ja, dä Lassalle. Ich hab ihn noch jut jekannt. Hochanständiger Mann. Ich war in jeder Versammlung, die der abjehalten hat.
WILHELM: Du, Hermann?
HERMANN: Ich hab doch immer die Jeheimprotokolle für de Polizeipräsident schreiben müssen. Reden konnte der, reden, sag ich dir, man wusste am Ende jar nich, wat man ins Protokoll schreiben sollte. Unsereins verstand ja nix davon. Als Gendarm. Dä linke Kram, dat durfte ich offiziell ja jar nich zur Kenntnis nehmen. Aber Berichte darüber schreiben, Jung Jung Jung. Ja, Willem, Dienst is Dienst. Da jibt es noch ne Zeugenaussag, du hättest am Sonntag im besagten Ausflugslokal mit nem roten Tuch jewunken.

WILHELM: *(zieht sein rotes Taschentuch heraus)* Dat is doch jrün.

HERMANN: Wat für de ehnen rot ist, is für de anderen jrün. Sagen wir kariert. Dat hätten wir jeklärt.

WILHELM: Noch wat?

HERMANN: Et heißt, du hättest bedruckte rote Zettel verteilt. Wat stand denn da drauf?

WILHELM: Wat da draufstand?

HERMANN: Ja.

WILHELM: Liedertexte.

HERMANN: Lieder?

WILHELM: Ja, zum alljemeinen singen.

HERMANN: Achso, ihr wolltet 'n jemischten Chor aufmachen. Da braucht man Lieder zum singen, klar. Aber unser Zeuge jibt auch noch an, et wären sozial-demokratische Lieder jesungen worden.

WILHELM: Ich kann nur Die Wacht am Rhein.

HERMANN: Is glaubhaft. Kann man nich widerlegen. Aber anschließend hättest du in dä Laube jesessen und mit einigen stadbekannten Jenossen die Köppe zusammenjesteckt.

WILHELM: Is dat amtlich?

HERMANN: Steht so im Protokoll.

WILHELM: War ja kein Platz mehr. Und es sah nach Regen aus. Da ham wir uns eben dazujesetzt.

HERMANN: Weil in der Gartenwirtschaft kein Platz war, und Wolken am Himmel aufzogen, nahm Verdächtiger in der Laube Platz neben anderen Gästen. Wirtshaus-bekanntschaften. Wie dat so ist. Jut. Jetzt kommt nur noch, als die Polizei erschien, wurde mit den Füßen getrampelt und in die Hände geklatscht.

WILHELM: Dat is 'n Tanz. Ohne Worte. Nur so, mit dem Körper, im Sitzen.

HERMANN: Mir zwar unbekannt, aber is jlaubhaft. Und dat Buch da bringste jelegent-lich auf de Wach. Musst dich nich beeilen, Willem, hat Zeit. Wir ham schon jenug davon. Aber bis dahin stellste dat mal andersrum, mit dem Rücken nach hinten. Machs jut, Willem. Nächste Versammlung bleibste mal zu Haus. Dat wir uns da richtig verstehn. Wünsche juten Tag. *(Dunkel)*

Aus dem Typoskript der Endfassung, 1991.
Nachlass Dieter Forte, Heinrich-Heine-Institut Düsseldorf

Das Hochzeitsessen geriet ins Sagenhafte

Maria ratterte mit dem guten Hermann, der inzwischen ein Motorrad besaß und wußte, wo man Prozente bekam, von Möbellager zu Möbellager. Sie hatte eine Wohnung in Aussicht und kaufte für das Schlafzimmer zwei Betten mit Schlaraffiamatratzen, zwei Nachttischschränkchen mit dazugehörigen Lampen, eine Frisierkommode und einen viertürigen Kleiderschrank, alles massiv Eiche und für die Wohnküche einen dreiteiligen Küchenschrank aus Pitchpine mit drei Schubladen, oben und unten jeweils drei Türen, vier Stühle, einen Senkingherd mit Aufsatz, fast neu, ein Schnäppchen, das der gute Hermann vermittelte. Der Herd war ein Klotz aus Nickel und Email und sah mit seinem Aufsatz aus wie ein altmodischer Tresor, die ganze Anlage hätte einer Lokomotive als Prellbock dienen können, vier Mann konnten ihn nicht anheben, wo er stand, stand er, er hätte die Werkskantine jeder Fabrik geziert. Maria bezahlte bar, das Geld hob sie von ihrem Sparbuch ab, da hatte sich die Waisenrente und fast ihr gesamter Lohn angesammelt, sehr zum Erstaunen der Familie Fontana, bei der Sparsamkeit bisher unbekannt war.

Maria trat nun endgültig in diesen großräumigen Familienverband ein, der auf sie exotisch wirkte. Die Freiheit der Einzelnen irritierte sie, in Gelsenkirchen gingen alle immer zur gleichen Zeit schlafen, einer erhob sich, die anderen erhoben sich auch und alle krochen in ihre Betten. Wenn hier einer müde in sein Bett fiel, konnte es sein, daß ein anderer ausgeschlafen aufstand, sich feinmachte und in die Stadt ging, wobei es unerheblich war, ob das nun morgens, mittags oder abends geschah. An regelmä-ßige Mahlzeiten war keiner gewöhnt, Fin kochte, wann sie wollte, und die anderen kamen und gingen, wann sie wollten. Es war auch nie ganz klar, wer nun gerade Arbeit hatte und wer nicht, wobei Arbeit nicht unbedingt eine feste Anstellung bedeutete. Selbst Gustav, das Familienoberhaupt, schien immer mehrere Tätigkeit gleichzeitig auszuüben, die er vage mit „Ich hab da was an der Hand" beschrieb, zerschlug sich davon etwas, sah er woanders glänzende Aussichten, zu einer wirklich festen Arbeit konnte er sich nie durchringen, sie hätte im Gegensatz zu seinen anderen Interessen gestanden. Brauchte Fin Geld, suchte jeder in seinen Taschen, ob da was war, war wenig da, kam wenig auf den Tisch, war viel da, entstand ein Fest an einer überladenen Tafel, war gar nichts da, konnte man immer noch in Wilhelmines Gastwirtschaft gehen, die schrieb an und vergaß es wieder. Maria war da eine neue Farbe, ein neuer Zusammenhalt, die losehängenden Kettfäden an einem alten Webstuhl wurden neu gespannt, von einem frischen starken Schußfaden durchzogen, schien ein neues Muster zu entstehen. Und Gustav, der das so empfand, drohte Friedrich Prügel an, wenn er nicht wisse, wie er sich in Zukunft zu benehmen habe.

Maria erklärte entschlossen, daß sie nur kirchlich und nur katholisch heiraten werde, was die Kinder betreffe, so sei das auch klar, katholisch getauft. Es war der erste Machtkampf, den Maria in der Familie anzettelte, sie gewann ihn ohne Anstrengung. Kirche und Religion interessierten hier nicht, keiner erinnerte sich, jemals in einer Kirche gewesen zu sein. Die spöttisch gemeinte Frage Marias: „Sind denn Friedrich und

Elisabeth überhaupt getauft?" beantwortete Gustav mit unschuldigem Gesicht: „Ich glaube nicht." Auf die entsetzte Reaktion Marias, er müsse sich doch wenigstens an die Kirche erinnern, schüttelte Gustav den Kopf und sagte: „Ich war noch nie in einer Kirche." Maria wollte nun unbedingt die Taufurkunden sehen, Gustav saß nachdenklich auf seinem Ledersofa, fuhr sich mit der Hand über seinen kahlgeschorenen Schädel, zuckte mit den Schultern, suchte dann unter den erstaunten Augen Marias etwas im Bücherregal, erblickte unter *Vorgeschichtlicher Literatur* die Bibel, blätterte sie durch, aber Taufurkunden waren da auch nicht zu finden. Gustav schwamm in unklaren Erinnerungen, die ferner liegenden waren deutlicher, „Ursprünglich waren das alles Hugenotten", murmelte er, aber das wußten alle, die Geschichte kannte jeder, die Seidenmanufaktur in Lyon, die Fontanas in Iserlohn, die sich dort zu einem mächtigen Stamm entwickelt hatten, gewissenhafte Pastoren, ehrbare Kaufleute, stolze Fabrikbesitzer, die immer noch Messingwaren herstellten, immer noch in derselben Branche arbeiteten, die wußten sogar Genaueres von Florenz, hatten nachgeforscht und erfahren, daß die Fontanas von Florenz nach Lyon kamen, das waren dann wohl Katholische, vielleicht auch einige Waldenser. Gustav, der immer noch Verbindungen hatte zu seinen Iserlohnern, erinnerte sich, daß sie auf der Suche nach dem umfangreichen Webmuster- und Familienbuch waren, erinnerte sich nun auch, daß sein Großvater von einem Düsseldorfer Notar Papiere erhalten hatte, eine ganze Kiste voll verstaubter ungelesener Dokumente, in altmodischen Buchstaben geschrieben, vor Jahrzehnten hatte er das einmal gesehen, sich nie damit beschäftigt, vielleicht war auch das Buch dabei. Wo war die Kiste? Gustav wollte das Buch

haben. Seine Phantasie blühte auf. Ihn interessierte nur noch das verlorene Buch.

All das beantwortete nicht die Frage nach den Taufscheinen. Maria interessierte sich nicht für die Vergangenheit, sie wollte die Taufscheine sehen. Fin meinte: „Wenn Friedrich nicht getauft ist, gibt es auch keinen Taufschein, dann muß er sich eben jetzt taufen lassen, dann hat er seine Himmelsurkunde." Maria wurde wild und schrie: „Seid ihr denn alle Heiden?" Gustav schrie: „Heiden sind die tolerantesten Menschen, die es gibt, sie glauben an nichts, akzeptieren aber jeden, der glaubt." Maria begann von vorne und versuchte es mit der Schule, aber auch da war wenig Erkenntnis, Elisabeth und Friedrich hatten die weltliche Schule von Dr. Schrank besucht, die beste Schule in der Stadt, wie alle sogleich bestätigten, aber Religion interessierte auch da keinen. Maria wurde inquisitorisch und nahm sich Friedrich vor, er müsse doch wissen, ob er katholisch oder evangelisch sein. Friedrich wußte es nicht. Elisabeth wußte es auch nicht. Kommunion oder Konfirmation? Allgemeines Rätselraten, das Friedrich beendete, indem er sagte, auf dem Markt hieße er der Mohammedaner, weil er so gut handeln könnte. Maria gab auf, sie hatte Tränen in den Augen, das konnte nun Gustav wieder nicht ertragen, er muffelte: „Fragt Wilhelmine, vielleicht hat Yvonne damals etwas gemacht, ich glaube, die war protestantisch."

Wilhelmine fand dann doch noch etwas Evangelisches im Familienarchiv, die benötigten Urkunden waren vorhanden. Mit dieser geschickten Rochade verschaffte Gustav sich entscheidene Vorteile im Streit um das Hochzeitsessen, denn ob nun Barszcz-Suppe oder Zuppa pavese oder Consommé nature zu Anfang, das bestimmte den Verlauf und das Ende des gesamten Essens, das war nun wirklich Religion, da ging es um die Zivilisation. Fin war es egal, sie konnte sowieso nicht kochen, Gustav beherrschte es aus diesem Grund inzwischen und hatte eine präzise Vorstellung von einem traditionellen und würdigen Hochzeitsessen, Friedrich entwickelte zu aller Überraschung auf einmal Prinzipien, die er hartnäckig verteidigte, so daß zwischen Maria, Gustav und Friedrich ein erbitterter Kampf entstand, der nach tagelangem Verhandeln und ständigen Sticheleien zwischen Kartoffel- und Nudelessern in einem Kompromiß endete, der so aussah, daß es vor der Trauung einen polnischen Imbiß, nach der Trauung einen italienischen Imbiß und abends für die Familie ein klassisches französisches Diner geben sollte. Die Getränkefrage war für Gustav die pièce de résistance, da stand er als Rocher de bronze und diskutierte nicht über Bordeaux, Burgunder und Champagner, erklärte sich aber bereit, vor und nach der Trauung einen polnischen Wodka zu trinken, wenn er, und das nun wieder seine Bedingung, die Kirche nicht betreten mußte. Fin meinte, da könne man hingehen, der Pfarrer sei Kommunist. Gustav meinte, das sei bestenfalls ein verkappter Sozialdemokrat, diese Forderung stelle das ganze Arrangement des Hochzeitsessens in Frage. Damit war die Koalitionsfrage gestellt, der Kompromiß gefährdet, Maria mußte zurückstecken, Gustav durfte zu Hause bleiben, nun schien alles in Ordnung, jeder vertrat die Meinung, daß er sich in den wichtigsten Punkten durchgesetzt habe, keine der entscheidenden Glaubens- und Lebensfragen war für ein Linsengericht verraten worden, beide Familien konnten sich erhobenen Hauptes vereinigen.

Das Hochzeitsessen geriet ins Sagenhafte. Da jeder das Wort Imbiß auf seine Weise interpretierte, Maria zeigen wollte, was sie konnte, Gustav mit Wilhelmines Hilfe dagegenhielt, sollte eine Hochzeitstafel entstehen, gegen die die wunderbare Brotvermehrung in der Bibel eine armselige Veranstaltung war, das ganze Haus hätte tagelang davon leben können, ein Jahr lang zahlte Gustav an den Schulden, denn er benutzte die Gelegenheit und orderte im Weinhaus Mühlensiepen nur berühmteste Lagen und Jahrgänge, Hospices de Beaune war für ihn die untere Grenze.

Elisabeth feierte den Abschluß des Hochzeitskontraktes – man kann nie wissen, vielleicht kommt etwas dazwischen, vielleicht fällt die Hochzeit noch ins Wasser, vielleicht brennt die Kirche ab – sofort mit Kaffee und Kuchen, dafür war sie sowieso zuständig, das einzige, was sie in der Küche zustandebrachte, starken Kaffee kochen und große Torten backen, die sie mit Unmengen Sahne herunterschlang. Zwar gab es hier schon wieder den ersten Mißton, weil Gustav eine dunkelrote Kirschtorte mit Hilfe einer Sahnetüte in ein Kunstwerk aus Hammer und Sichel verwandelte, Maria nahm die Sahnetüte und verzierte die danebenliegende Schokoladentorte mit dem Bildnis der Heiligen Maria Mutter Gottes von Tschenstochau, aber das mußte sie erst erklären, denn die kannte hier keiner. Im übrigen sollte die Hochzeit in der Josephskirche stattfinden.

Dieter Forte, Das Haus auf meinen Schultern.
Romantrilogie, Band 1, Das Muster.
© S. Fischer Verlag GmbH,
Frankfurt am Main 1999

Die Sirenen jaulten, brüllten ihre eintönigen Melodien

Die Sirenen jaulten, brüllten ihre eintönigen Melodien, an- und abschwellende Gesänge, langgezogenes Wehklagen, tief aufbrummend, schnell hochsteigend in schmerzhafte Höhen, die in den Ohren lagen, ins Gehirn drangen, sich festsetzten, sich nie mehr aus dem Körper entfernten, so daß man sie auch hörte, wenn keine Sirene lief, wenn Stille war, aber das war selten. Da hörte man schon wieder etwas in der Ferne, und gleich danach wieder aufjaulend, aufsteigend die Sirene über einem, dieser stahlharte Ton, der sich auf das Quartier legte, es einschloß, wie die Eisenbahnschienen, die das Quartier umschlossen, ein stählernes Band durch die Luft zogen, das Quartier vom freien Himmel abschnitten, in einen Tonkäfig versetzten, aus dem kein Lebewesen herausfand, in dem die Vögel tot vom Himmel fielen. Dieses Sirenengeheul, unterschiedlich durch den Standort der einzelnen Sirenen, nicht ein einziger Ton, sondern in Sekundenbruchteilen nacheinander einsetzende Töne, diese Gefahr und Alarm und Tod signalisierende Disharmonie, die keinen gemeinsamen Klang ergab, sondern ein ständiges, leicht verzögertes Auf- und Abschwellen der Töne, die in der Ferne nach unten absackten, während die Heulboje der nächsten Sirene ihren monotonen Gesang wieder nach oben jagte, und während sie absinkend Atem holte, erklang in der Ferne ein gellendes, jammerndes Klagen, ein ständiges unaufhörliches Auf und Ab, begleitet von den Sirenen der Polizei, der Feuerwehr, der Krankenwagen, die durch ihre rasche Bewegung das Geheul verstärkten und wieder abschwächten, begleitet von Lautsprecherdurchsagen, deren unverständliche Stimmen sich vom Geheul der Sirenen nicht unterschieden, Nebentöne eines unmenschlichen Konzerts. Ehe die Luft durch die Bomben zerplatzte, zerriß sie unter dem schmerzhaften Stöhnen der Sirenen, Voralarm, Vollalarm, Entwarnung, Voralarm, Vollalarm, Entwarnung gingen ineinander über, so dass manch einer die Orientierung verlor, wahnsinnig wurde, bei Vollalarm aus dem Keller wollte, bei Entwarnung in den Keller stürzte, und man mußte ihn fast totschlagen, damit er wieder zu Verstand kam, den eigentlich keiner mehr hatte, weil das neue Zeitsystem nicht mehr Tag und Nacht hieß, nicht mehr Morgen und Vormittag und Mittag und Nachmittag und Abend und später Abend und späte Nacht, sondern Voralarm, Vollalarm, Entwarnung, Voralarm, Vollalarm, Entwarnung, bis das alles in den Daueralarm überging.

Der Ablauf der Zeit wurde zuerst zerstört, weil Tag und Nacht nicht mehr existierten, nur noch die verschiedenen Alarm- und Entwarnungsstufen, die ineinander übergingen, denn die Bomber kamen, wann sie wollten, und die Jagdbomber kamen später ohne jede Pause, und oft fielen die Bomben noch vor dem Voralarm oder in die Entwarnung hinein, so daß man einen Todessinn entwickelte und oft schon in den Keller lief, bevor Alarm gegeben wurde, oder bei

Entwarnung doch noch lieber im Keller blieb, denn auch die Sirenen verloren den Zeitsinn und jammerten nur noch wahllos in die Bombenangriffe hinein, in die Luftminen, Sprengbomben, Brandbomben, Phosphorkanister, die man an ihren Geräuschen schnell unterscheiden lernte, die verschieden starken Druckwellen der Luftminen und Sprengbomben, den kurzen Knall der Brandbomben und das Rauschen der Phosphorkanister, dieses ausgeklügelt zusammengefügte Muster der Bombenteppiche, die alles zudeckten und zerstörten. Und so sah man auf zu den Lichtzeichen, die ruhig über der Stadt schwebten, den Menschen unter ihnen den Tod verkündeten, horchte in den Himmel, um am tiefen Brummen über den Köpfen der Menschen die Zahl der Flugzeuge und die Stärke des Angriffs abzuschätzen, suchte mit den Scheinwerfern, die durch das Dunkel hin und her jagten, den Himmel ab, so wie man ihn früher nach Sternen abgesucht hatte, aber da war nur eine totale Mond- und Sonnenfinsternis. *Guter Mond, du gehst so stille, Weißt du, wieviel Sternlein stehen, Sonne, Mond und Sterne,* das war vor vielen tausend Jahren, ehe die Menschen anfingen, die Sterne zu erkunden, jetzt donnerten da fliegende Festungen, die tiefer kamen, das Brummen ging in ein Dröhnen über, das die Trommelfelle betäubte und alle zum Schweigen brachte, denn die einzelnen Stimmen waren unter diesem Dröhnen nicht mehr zu verstehen, und wenn dann die schwere Flakbatterie aus dem Volksgarten loslegte, ihre Granaten heiser bellend in die Luft schickte, öffnete man schnell den Mund und hielt die Hände vors Trommelfell, sah sich mit aufgerissenem Mund, halb zugedrückten Augen und den Händen auf den Ohren gegenseitig an, zog sich in den Keller zurück, denn was die Flak jetzt nicht vom Himmel herabholte, das kam durch und würde alles abladen, und jeder wußte in diesem Moment, daß er getötet werden sollte, daß man ihn, ja genau ihn, zerfetzen, verbrennen und ersticken wollte, und jeder ging auf seinen Platz in seinem Keller und ergab sich in sein Schicksal, der Boden schwankte und rüttelte, die Kellerwände bewegten sich, Mörtel und Stein wurden herausgedrückt, die Eisentüren bogen sich durch, das Licht erlosch, die Kellerluft verwandelte sich in Staub und Gase, in eine erstickende Hitze, das krachende, berstende Detonieren der Bomben kam immer näher, kam rasend näher in betäubenden Explosionen, lief auf das Haus zu, in dessen Keller in dem Moment die einzigen Menschen der Welt saßen, die wußten, daß sie jetzt sterben mußten, zerfetzt, verbrannt, erstickt, in diesem Weltuntergang, der über dem Haus zusammenschlug in einem einzigen, nie zuvor gehörten und niemals beschreibbaren Geräusch, das aus dem tiefsten Inneren der Erde kam – und sich entfernte, eine kurze, ohnmächtige Stille hinterließ, eine Totenstille, so ruhig wie nie zuvor, weil die Stille nach diesem Geräusch die größte Stille war, die ein Mensch geschenkt bekam, die Stille, die um einen ist, wenn man aus dem Grab auferstehen darf, eine Stille, die den Jungen ein Leben lang begleiten wird, weil er in dieser Stille, für immer unvergeßlich, seinen Atemzug hört und weiß, daß er lebt, daß es sein Atem ist, und der tastend erfährt, daß er nicht alleine überlebt hat in einer schwarzen, tiefschwarzen Nacht, aus der er nichts erfährt, außer daß um ihn noch andere Stimmen sind, Stimmen, die in der Dunkelheit fragen, ob das Haus noch steht oder ob es über ihnen zusammengebrochen ist, sie daher eingeschlossen sind, Stimmen, die fragen, ob die Straße noch da ist, die Stadt, die Welt, die Menschen, Stimmen, die auf ihre Fragen keine Antwort erhalten, die nicht einmal sagen können, wo sie sich genau befinden, die nur wissen, daß hier einige hilflose, wehrlose, leicht zu tötende Menschen ohne jeden Schutz in einem dunklen Loch in der Erde hocken, die wieder verstummen, weil die nächste Bombenwelle heranrauscht, sich schnell nähert, dröhnend, krachend, berstend über ihnen zusammenbricht, und danach wieder die Stille, in der man ohne nachzudenken spürt, was das ist, Leben, was das ist, Tod, und erfährt, wie man sich danach sehnt, weiterzuleben, und eine, die das nicht verkraften kann, wimmert vor sich hin, schreit los, schlägt um sich, will raus, will in den Tod, und einer wirft sich auf sie, und das Schreien geht wieder in ein Wimmern über, das aufhört, als die nächste Bombenwelle sich berstend nähert, die Explosionen, auf die man sich konzentrieren muß, die Luft ist zum

Ersticken, der Boden bebt unaufhörlich, die Wände rütteln und brechen ein, und der Moment ist da, wo man sich lieber doch den Tod als so ein Leben wünscht, und wieder stürzt die Welt über einem zusammen, das ist jetzt wohl der Weltuntergang, da draußen lebt kein Mensch mehr, und das hier ist vielleicht der einzige Keller in der Stadt, in dem noch Menschen apathisch hoffen, langsam ersticken, in der Glut vergehen, mit blutendem Körper und zerbrochenen Gliedern auf ihr erlösendes Ende warten, stundenlang, tagelang, nächtelang, bis einer das Kellerfenster oder die Außentür aufreißt und, umgeben von Rauch und Flammen, schreit: „Rauskommen!" Die Auferstehung vom Tod zum Leben, für wenige Stunden und ohne Hoffnung, denn die hat man verloren, für immer verloren, von ferne hört man ein schweres Brummen, die Sirenen ertönen, der nächste Bombenangriff, ehe alle aus dem Keller sind, kriechen sie wieder hinein, der Tod ist ihnen gewiß.

Dieter Forte, Das Haus auf meinen Schultern.
Romantrilogie, Band 2, Tagundnachtgleiche.
© S. Fischer Verlag GmbH,
Frankfurt am Main 1999

Ein Brief kam an

Ein Brief kam an, der erste Brief kam an. Ein Briefträger, ein vergessener Beruf, kam in einer Uniform, aus der alle Hoheits- und Rangabzeichen herausgeschnitten waren, in einem löcherigen, geflickten Dunkelblau die Straße herauf und gab einen Brief ab in einer Wohnung ohne Namensschild, in einem Haus ohne Hausnummer, in einer Straße ohne Straßenschild. Eine Sensation. Denn all die vielen Menschen, die vor dem Krieg emsig Großstadt spielten, waren verschwunden und noch nicht wieder aufgetaucht. Die Zivilisation bestand darin, daß Friedrich in einem Keller einen isolierten Draht an ein Kabel angeschlossen hatte, eine funkenstiebende Waghalsigkeit, die ein schwankendes Licht erzeugte. Es gab keinen, der bei ihnen Gas- oder Wasseruhren oder Elektrizitätszähler ablas, weil sie das immer noch nicht hatten. Es gab keine Mülltonnen, weil es keine Müllabfuhr gab. Es gab keine Straßenreinigung und keine Straßenbeleuchtung. Es gab einige holpernde Eisenkästen, die sich Straßenbahnen nannten und selten fuhren, weil entweder die Gleise oder die Oberleitung oder die Straßenbahn defekt waren oder der Fahrer vor Hunger halb ohnmächtig auf dem Boden saß und apathisch zusah, wie Fahrgäste mit verkniffenem Mund die Straßenbahn weiterfuhren, an einer Ecke, die ihnen paßte, absprangen und die Bahn den Fahrkünsten anderer überließen.

Der Brief, an Maria gerichtet, hatte vor vielen Wochen an einem unweit entfernten Ort seinen Stempel auf Briefmarken erhalten, die sie nicht kannten, es waren Briefmarken einer Gemeinde, Notausgaben, die darauf schließen ließen, daß man an verschiedenen Orten dabei war, die Briefmarken neu zu erfinden. „Vielleicht erfindet auch wieder einer das Telefon und den Telegraf", sagte Gustav. „Vielleicht auch wieder die Badewanne mit warmem Wasserhahn", sagte Elisabeth. Der Brief lag auf dem Küchentisch, wegen seiner Marken und seines Stempels bewundert, ruhte sich von seiner Reise aus und wurde vor Schreck über diesen unerhörten Vorgang von keinem angerührt. Alle rätselten in pausenlosen Monologen, sich gegenseitig ins Wort fallend, was in diesem Brief stehen könnte, verstiegen sich in die ungeheuerlichsten Geschichten, die je nachdem tragisch, aber auch wieder gut ausgingen, bis Friedrich sich mit einem Küchenmesser an dem Ding vergriff mit der Begründung, einen Brief müsse man lesen.

Maria hielt schützend ihre Hände über den Brief, war dagegen, ihn zu öffnen. Sie hielt mehr vom Hörensagen, vom Ungewissen, das Raum für Hoffnungen ließ, das Schriftliche war ihr zu endgültig. Sie hing ihren unguten Ahnungen nach, was sollte schon in einem Brief stehen heutzutage, sicher war einer gestorben, aber wer war gestorben, und wer hatte geschrieben: ein Toter hatte geschrieben, ein Lebender war geblieben – aber Friedrich wollte ja wissen und nicht ahnen und riß endgültig den Brief auf, und es stellte sich heraus, daß Marias Ahnungen stimmten.

Onkel Martin, das Oberhaupt der Lukacz-Familie und Marias Stiefvater, berichtete aus der Stadt im Kohlenrevier, die immer noch Heimat der Lukacz' war, in großen, umständlich hingesetzten Buchstaben, auf der

Rückseite einer Abrechnung über Deputats-
kohle, daß die Zeitläufte schlecht seien,
keiner aus der Familie könne sich an so
schlechte Zeiten erinnern. Soweit seien aber
alle gesund, man fahre wieder in die Zeche
ein, und er möchte einen Besuch abstatten
in Angelegenheiten der Familie, betreffend
das Schicksal von Polka-Paul und Tante
Josephine. Beide seien zwangsweise in einer
Krankenanstalt verschwunden und dort
angeblich sofort verstorben, das wäre nicht
nach Recht und Gesetz zugegangen, nur
habe man damals unter Hitler nichts
ausrichten können. Beide hätten kein Grab,
und die Klarinette von Polka-Paul und
der Schmuck von Tante Josephine wären
spurlos verschwunden wie sie selbst. Alles
Weitere mündlich. Dann folgte eine andere
Handschrift, die knapp mitteilte: „Onkel
Martin ist aus der Bierwirtschaft gekommen, unter die Straßenbahn gefallen und
schon begraben. Erste Straßenbahn, die
wieder fuhr. Der Brief wird abgeschickt.
Gruß Tante Martha."

Da war langes Schweigen. Keiner wollte
den Unglücksbrief haben. Onkel Martin tot.
Polka-Paul und Tante Josephine für immer
verschwunden, Asche in einem Krematori-
um. Für immer verschwunden auch die
geliebte Klarinette, die viele Jahre zum
Tanz aufspielte und so vielen Menschen
Freude bereitet hatte. Für immer verschwunden der wertvolle Schmuck, lange
ersparter Besitz der Familie. Er nahm den
Brief an sich, schrieb einen Beileidsbrief
und fragte nach einem Foto von Onkel
Martin, zurück kam ein schweres, umfang-

reiches Couvert. Es war der erste direkt
an ihn gerichtete Brief. Er enthielt einen
Packen alter Fotografien.

Auf dunklem Karton aufgezogene Grup-
penfotos in einem bräunlichgrauen,
leichenhaften Farbton: Hochzeiten, Famili-
enbilder, wenige Einzelfotos, meist große
Gruppen, feingemacht und herausgeputzt,
vom Fotografen arrangiert, ein Paar in der
Mitte, alle anderen seitlich aufgestellt, wie
eine Artistengruppe, die auf dem Seil eine
Pyramide ausbalanciert; Ältere mumienhaft
auf Holzstühlen, daneben die Kinder, steif
und unbehaglich und ein bißchen trotzig
den Fotografen ansehend. Dunkle Anzüge,
weiße Binder, Handschuhe und Zylinder
locker in der Hand, Uniformen mit glänzenden Pickelhauben, durch Rüschen und
Spitzen aufgebauschte Kleider, weiße
Schühchen kokett unter dem Rocksaum
vorgestellt, die Mädchen mit langen,
offenen Haaren Blumen streuend, die
Jungen in strammer Haltung, der eine
oder andere unscharf, weil er sich doch
bewegt hatte.

Kleiderpuppen vor einer Landschaft
mit antiken Tempeln und steil ins Meer
abfallenden Felsen, in schloßähnlichen
Räumen mit Spiegeln, einem Marmorkamin
und einer verlockend offenstehenden
Glastür, die auf eine Palmenterrasse führt;
Kulissen, die nur für einen Teil der Gruppe
reichten, an der Seite die Ziegelsteinmauer
des Fotoateliers freigaben – und dazwischen Maria, sieben oder acht Jahre alt,
in einem langen, weißen Seidenkleid, mit

einem in die aufgelösten Haare geflochtenen Blumenkranz, vor dem dunklen Wall der ernsten Erwachsenen, lachend mit strahlenden Augen.

Momentaufnahmen, die das Leben von zehn, zwanzig Personen und ihre Verbindung untereinander für die Ewigkeit festhalten sollten, in großen Zeitabständen fotografiert, hier noch Kind, da schon Ehefrau, da schon Großmutter. Würdevolle, ernsthafte Gesichter, ihm direkt in die Augen sehend, weiße Totengesichter einer vergangenen Welt, die in der Sekunde, in der der Fotograf auf den Auslöser drückte, so lebendig waren wie er, an ihr Leben dachten, an ihre Pläne glaubten, Menschen, die ihr Ende noch nicht ahnten und die nun schon lange in den Gräbern ordentlich geführter Friedhöfe lagen. Menschen ohne Geschichte, von denen er nur wußte, daß sie gelebt hatten, daß sie gestorben waren, auch wenn sie noch so feierlich dastanden. Tote, die seine Vorfahren waren, die die Welt erschaffen hatten, in der sie alle lebten, von denen trotzdem nichts blieb als diese Fotografien, vergangenes Leben, vergessene Schicksale.

Maria hatte auch diesen Hang zu Staatsfotos. Sie schleppte ihn – ordentlich angezogen und gekämmt, als würden sie dem Bürgermeister vorgestellt – zu einem Fotografen, der in einem Keller mit Autoscheinwerfern, die an einer Batterie hingen, und einer selbstgebauten Kamera ein Fotoatelier eröffnet hatte, um ein Foto von ihnen beiden anzufertigen, als Geschenk für Friedrich. Eine Stunde saßen sie

vor dem großen Holzkasten mit dem Trauertuch, immer wieder rückte sie der Fotograf ins Licht, hatte hier noch etwas, da noch etwas zu korrigieren – Maria fiel dabei zu seinem Schreck ohnmächtig von der Holzkiste, auf der sie plaziert worden war, fiel lautlos nach hinten, weil sie an dem Tag noch nichts gegessen hatte. Sie lag wie tot auf dem Boden, er riß in wahnsinniger Angst an ihr, bis sie sich wieder bewegte, er wollte kein Foto mehr, aber sie bestand eisern darauf. Man mußte alle paar Jahre ein richtiges Foto anfertigen, vor diesem Totenkasten, der bezeugen sollte, daß sie lebten.

Das Bild besaß er jetzt. Er legte es zu den Fotografien der Familie und wußte in diesem Moment, daß auch sein Foto mit Maria, in einem bestimmten, genau erinnerten Moment ihres Lebens aufgenommen, mit dem Todesschreck als unvergeßlichem Hintergrund, in gar nicht langer Zeit wie die anderen Fotografien von fremden Menschen ratlos angesehen werden würde. Menschen, die nicht wußten, wer sie waren, die das Foto wegwarfen, weil da keine Erinnerung mehr war an sie und auch ihr Leben endgültig vergessen war.

Dieter Forte, Das Haus auf meinen Schultern.
Romantrilogie, Band 3, In der Erinnerung.
© S. Fischer Verlag GmbH,
Frankfurt am Main 1999

Der Handelsvertreter

Der Handelsvertreter erkundigte sich hustend als erstes nach dem Raucherzimmer, winkte ab, als er den Gong erklären wollte, er kannte die Chose, wie er hustend sagte, war schon in vielen Sanatorien gewesen, rannte hustend mit flatternden Hosenbeinen und in einer sich um seinen Oberkörper faltenden Jacke über den Flur, fühlte sich hustend immer noch als dicker Mann, der er wohl einmal war, als Generalvertreter, der anderen die Bedingungen stellte: Davon kann ich Ihnen nur hundert Stück liefern, zwanzig Stück akzeptiere ich nicht, wo bleibt da meine Provision.

Der Handelsvertreter blieb lange, er war zäh, war mit der Krankheit aufgewachsen, und er konnte hustend lachen über diese ganze Scheiße, wie er das Leben nannte – er akzeptierte nie einen anderen Begriff dafür –, konnte hustend lachen, daß das Bett wackelte, hustend lachen, daß er tatsächlich aus dem Bett fiel, auf dem Boden weiter hustend lachen, bis er in seinem Hustenlachen fast erstickte, Husten und Lachen endgültig eins wurden, nicht mehr zu unterscheiden, so daß der besorgte Zuhörer nicht wissen konnte, wie schlecht es ihm ging, ob er mehr hustete oder lachte, lachend hustend würde er sterben, schrie er dann in atemlosen Tönen, im Sarg würde er noch lachen, und im Grab würde er so lange husten, bis es ein Erdbeben gäbe, und alle diese Hühner, wie er den Rest der Menschheit nannte – und auch hier akzeptierte er keinen anderen Begriff –, von ihrer Stange fielen. Er war vielleicht nicht sehr gebildet, aber er war nicht dumm oder einfältig, den Begriff »gesunder Menschenverstand« hätte er verächtlich abgelehnt, dafür hatte er zu viele Menschen kennengelernt, und weil er

so viele Menschen und Lebensgeschichten in seinem Kopf hatte, konnte man sein Wissen eher als eine enzyklopädische Menschenkenntnis bezeichnen. Er betrachtete die Welt als eine ziemlich miese Theatervorstellung mit verlogenem Text und geheuchelten Gefühlen, eine Welt, die in schäbigen Kostümen und heruntergekommenen Kulissen abgeleierte Zugaben spielte, sich selber da capo zuschrie, unter dem Deckmantel des eigenen Beifalls ständig neue Gastspiele plante, die aber immer nur den letzten Auftritt wiederholten. Der Handelsvertreter sah diese ganze Bagage beim Abschminken hinter dem roten Samtvorhang im verstaubten Goldplüsch, hohle Gesichter, feiste Körper, fade Gesten, die sich unerkannt und verlegen aus dem Bühneneingang in die Dunkelheit schlichen, weil ihre Worte und Taten im Rampenlicht der Bühne mit ihren Handlungen im Leben nicht übereinstimmten. Die schmachtend Liebende ging fremd, der edle Held war korrupt, die Heroine eine Denunziantin, der Heldenvater ein gewissenloser Bürokrat. Er hatte seine Erfahrungen gemacht und fand, die einzig angebrachte und gerechte Haltung zu diesem Theaterstall sei das Lachen darüber. Er war wohl in jungen Jahren Schauspieler gewesen, weil er im Theater mit dem Überschwang der Jugend die Wahrheit vermutete, sprach aber ungern darüber, wich aus: Sein oder nicht sein, das ist hier die Frage, da steh ich nun, ich armer Tor und bin so klug als wie zuvor, nun, o Unsterblichkeit, bist du ganz mein, du strahlst mir, durch die Binde meiner Augen, o, wer sich einmal auf den Kopf sehen könnte, das ist eins von meinen Idealen, die Pfosten sind, die Bretter aufgeschlagen, und jedermann erwartet sich ein Fest. Er erhielt bei diesen Darbietungen spontanen Beifall, der ihn unbeholfen machte, es war für ihn ein abgetanes und vergangenes Leben, von dem nur kunstvolle Worte geblieben waren, das Leben selbst hatte sich in Luft aufgelöst.

Zusammengesunken auf der Bettkante sitzend, die Hände tief herabhängend, den Kopf wie ein allzu schweres Gewicht auf der Schulter, hatte der Handelsvertreter nach diesen Monologen ein so leeres Gesicht, daß man Angst bekam, Christus am Kreuze, verknöchert, unrasiert, ungekämmt, mit einem schiefen offenen Mund; eine weggehängte Marionette. Er lebte nur, wenn er anderen etwas vorspielte. Allein auf der Bettkante kamen ihm oft Tränen, er weinte krampfartig, verdeckte es mit seinem hysterischen Lachen, so daß man nicht wußte, kamen die Tränen vom Lachen, oder war es ein Lachen über die Tränen. Sein Lachen über die Welt konnte auch ein Weinen über sie sein, das er schauspielerisch maskierte, mit dem er sich aufrecht hielt, um nicht in einem Amoklauf zu enden. Übergangslos sagte er einmal: Ich habe noch keinen Menschen getroffen, der es wert war, ein Mensch zu sein. Nach diesem endgültigen Urteil schwächte er den Schuldspruch wie ein Komödiant wieder ab: Es sei denn, er hätte geschwiegen, aber welcher Mensch schweigt? Und schon lachte er wieder darüber, weinte darüber, lachte, weinte, eine tanzende Marionette zerstörter Gefühle, dann wieder für Stunden das leere, ausdruckslose Gesicht. So schlief er ein, schwankte schlafend mit dem Oberkörper, wachte in einem Hustenanfall auf, lachte, weinte, hustete.

In der Abenddämmerung der länger werdenden Tage eines frühen Sommers, der die Menschen zum Erzählen bringt, weil er Hoffnung auf das ferne Leben weckt, eine klare, helle Stimmung, die die Gedanken ins Freie läßt, auch wenn der Körper noch eingesperrt ist, legte der Handelsvertreter sich mit dem Kopf ans Fußende seines Bettes, um den Himmel im offenen Fenster zu beobachten, die Schönheit dieser nicht endenden Tage zu genießen:

Im Krieg wurde ich einmal in ein Erschießungskommando abkommandiert. Frauen und Kinder vor einer Grube. Der Hauptmann mit Helm, wie vor einer großen Schlacht. Die Frauen und Kinder hatten nur Lumpen an, standen da ohne Schuhe und Mantel im Matsch. Hinter sich die Grube. Wo war der Feind? Ich war Soldat. Wo waren die Soldaten der anderen? Ich trug eine Uniform. Wo waren die Uniformen der anderen? Was sollte diese dumme Schießerei auf Bettler? War so ein Tag wie heute. Blauer Himmel mit kleinen weißen Wölkchen. Milder Wind wie Abendhauch. Blumen auf einer Wiese. Ein Pferdegespann vor einem Dorf. Früher hätte man so etwas gemalt. Ich bin aus dem Glied getreten, hab mich geweigert mitzumachen. Schöne Tage hatte ich. Schöne Tage, sag ich dir. Strafversetzt. Das erzähl ich dir nicht, man soll nicht die Schrecken der Welt in eine junge Seele setzen, aus dieser Saat entsteht nur Blut und Gewalt, obwohl, ich war neunzehn. Der Handelsvertreter machte eine lange Pause, in der er seine Augen nicht von einer vorbeiziehenden Wolke ließ: Nach dem Krieg bewarb ich mich bei einer dieser ganz alten, ganz großen Firmen. Wer sitzt da vor mir als Personalchef? Mein Hauptmann. Ohne Helm. Aber schon wieder im Dienst. Da wurde meine Strafe nach dem Krieg fortgesetzt. Und nicht auf Bewährung.

Meinst du, ich hätte eine Anstellung in einem nennenswerten Unternehmen bekommen? Unsere Ehre heißt Treue, wenn du verstehst, was ich meine. Der Handelsvertreter gab sich der Beobachtung der nächsten Wolke hin, wartete, bis sie aus dem Fensterrahmen verschwand: Der Krieg ist nicht vorbei. Die Kerle führen immer noch Krieg. Die schlagen jetzt die Entscheidungsschlacht. Operation Wirtschaftswunder. Das ist ein Deckname. Keiner weiß, was dahintersteckt. Keiner weiß, was dabei herauskommen wird. Was hat ein Wunder mit Wirtschaft zu tun? Gott der Gerechte erkläre mir die Welt. Die Fabrikation und der Verkauf von Waren ein Wunder. Dieses Wirtschaftswunder ist die Fortsetzung des Krieges mit anderen Mitteln. Es kommt aus dem Krieg. Wo wird es enden? Nichts was aus dem Krieg entstand, hat je den Frieden erschaffen. Aber ich sage dir, die Menschen wollen den Krieg, sie wollen ihn. Die große Schlacht, das ist ihr Traum, der Frieden, das ist nur ihr langweiliger Alltag.

Eine Weile gab der Handelsvertreter sich dem vergoldeten Blau des Sommerabends hin, das wie auf einem mittelalterlichen Bild über dem Haus stand, der Farbpalette eines Malers entsprungen, der Harmonie, Weisheit und Glück darstellen wollte: Aber ohne mich. Wer damals nicht mitgemacht hat, der macht auch heute nicht mit. Es herrscht Krieg. Die Menschen treten sich für Geld in den Dreck. Damals mitmarschiert. Heute mitmarschiert. Die Angestellten befolgen die Befehle ihrer Vorgesetzten wie eine gutgedrillte Armee. Als Handelsvertreter ist man frei, ein großes, würdiges, ehrliches Leben, ein König Ohneland reist mit dem Gefolge seiner Waren von Sommer zu Sommer, um den Untertanen in seinem Reich zu einmaligen Vorzugs- und Sonderpreisen die Scheiße anzudrehen, die sie unbedingt haben wollen, ohne die sie nicht leben können und nicht zufrieden sind. Laß die anderen an ihr Wunder glauben. Sie bauen keine Dome mehr, sie bauen hohe Häuser mit sich drehenden Restaurants im 198. Stock. Beim heiligen Feuer eines flambierten Bœuf Stroganoff werden sie auf die Dome herabsehen und fragen, was sind denn das für vertrocknete Ameisen? Der Mensch will auf der Erde glücklich sein. Das ist ihm nicht zu verdenken. Und deshalb traut sich keiner ihm zu sagen, daß man auf der Erde nur unglücklich sein kann. Alles Streben ist vergebens, alles Hasten ohne Sinn, die Hoffnung lächerlich. Der Weihrauch des Kaufens verflüchtigt sich rasch, zurück bleibt nur der graue Stein der leeren Städte. Gott ist unsichtbar. Kein Frommer hat ihn je gesehen, und sollte er jeden Tag gläubig in die Kirche gehen und ihn anbeten, noch nie ist er erschienen. Und der Pastor hat wie der Handelsvertreter die Aufgabe, diese kosmische Abwesenheit durch Worte zu füllen, die die Hoffnung entgegen dem Wissen aufrechterhalten, den Glauben an das nie Gesehene rechtfertigen, die Erlösung immer wieder aufs neue versprechen, dermaleinst. Und so redet auch der Handelsvertreter wie der Pastor, und seine Worte erwecken den Glauben, das abwesende Glück komme mit der neuen Ware, auf daß man der Welt vertraue, die so wunderbare Sachen fabriziert. Leider ist die Welt ein Abgrund aus Angst und Furcht, Haß und Neid, Gewalt und Lüge, absolut nicht vertrauenswürdig, aber das weiß jeder, trotzdem hofft er, entweder kommt dann der nächste Handelsvertreter oder der Pastor.

Lebhaft und aufgedreht fuhr er fort: Ein Verkaufsgespräch baut man wie eine Sonntagspredigt. Auch ein Pastor muß jahrein, jahraus etwas verkaufen, was im Grunde genommen keiner haben will. Wer will schon gut und anständig sein, ein ehrliches Leben führen und niemals lügen? Wer? In Worten jeder, aber im Leben? Da heißt es zupacken, da heißt es losschlagen. Wer erst die guten Taten vor Augen hat, der wird niemals reich. Und reich werden wollen doch alle. Wie ist egal. Wer Geld hat, der hat auch den Segen. So herum ist das Leben zu ertragen, wenn man es auch dabei verliert, das ist eben der Preis dafür. Umsonst ist der Tod, den will keiner haben. Da zahlt man lieber mit dem Leben. Also, wer zögerlich den Laden betritt, ist schon verloren. Das erste Wort ist: Nein, brauchen wir nicht. Recht haben die Leute, aber es muß trotzdem verkauft werden. Dann folgt: Unser Lager ist voll. Aber nicht mit dem neuen Modell, Madam. Schöner und preiswerter als das alte und mit einem zusätzlichen Schaltvorgang – der ist zwar überflüssig, aber wer spricht davon? Es ist neu neu neu und hält fast ewig, während das Modell davor bald auseinanderfällt. Also zugreifen, ehe die Konkurrenz kauft, da müßte ich erst nachbestellen, wer weiß, ob es dann nicht schon teurer ist, vielleicht sogar vergriffen. Frisch die Tür aufgerissen, strahlend wie der junge Tag in den Laden, die Ware wie ein kostbares Geschenk auf die Theke, der Chefin in die Augen geschaut und bei allen Heiligen der Schwur, sie werde jeden Tag jünger, und schon ist man am Drücker. Der Schwur ist bedeutungslos. Sie weiß, daß ich lüge, ich weiß es, und doch glaubt sie daran. Warum auch nicht? Ich glaube es ja auch, würde ich sonst

schwören? Chefin, es ist die Wahrheit, jeden Tag jünger. Sie lächelt, wäre es doch nur wahr, Freude, Liebe, Zärtlichkeit, wie schön ist so ein Leben. Ein Traum. Und dann präsentiert man die Ware, reell und bescheiden im Preis und mit großen Worten für ihren wahren Wert, Worte so alt wie die Menschheit, sie wirken immer, die Menschen hungern nach großen Worten. Tausendmal gehört. Tausendmal verführt. Jugend, Schönheit, Glück, strahlendes Leben im Glanz der Sonne; für einen solchen Traum aus Worten zahlt man gerne. Der Preis spielt keine Rolle mehr. Der fällt erst am nächsten Tag auf, wenn es wieder heißt, im Schweiße deines Angesichts sollst du dein Brot verdienen.

Mit dieser Methode bin ich gereist, auf Rabatt und Kredit, mit Armbanduhren und Reiseweckern, Dampfbügeleisen und Dampfkochtöpfen, Klopfstaubsaugern und Heißluftöfen, Allesrührern, Allesschneidern, Allesklebern. Und immer wurde gefeiert. Bei mir immer fideles Haus. Bei jedem Abschluß: Darauf einen Dujardin. Asbach Uralt: Der Geist des Weines. Ist das Leben nicht so schön, kannst du in die Kneipe gehn. Beim König Ohneland, da heißt es lustig sein.

Und schon schwenkte der Handelsvertreter seine an einem Kleiderbügel hängende Krawattensammlung, bunte Wimpel einer unbesiegbaren Fröhlichkeit.

Dieter Forte, Auf der anderen Seite der Welt. Roman. © S. Fischer Verlag GmbH, *Frankfurt am Main 2004*

Der Narr vom Kohlenberg

Der Kohlenberg, eine finstere Direttissima durch Fegefeuer und Hölle hinauf in den hellen Himmel, ein steiler Weg durch die Irrtümer des Lebens und alle Todsünden zu einem Paradiesgärtlein göttlicher Ruhe und erkennender Reinheit, eine aus der Stadt aufsteigende, enggebaute Treppengasse, schwarze Häuser ohne Licht, rastlose Menschen in Dreck, Lärm, Gestank und Geschrei, fluchend und lachend, weinend und tanzend.

Lebendige Welt, leibliche Welt, spielende Welt: Damen und Herren, hier sehen Sie die Rotwelschstraße der Gaukler und Vaganten, der Falschspieler und Münzfälscher, der desertierten Landsknechte und kunstvoll verkrüppelten Bettler, den Berg der städtischen Henker, der willigen Damen und der unwilligen Juden. Menschen aus Phantasie und Realität, Schicksal genannt, Kameraden bis zum Hängen, ehrbar bis zum Meineid, ein Handschlag gilt hier mehr als der längste Vertrag unter Bürgern. Eine Welt voller Schlupfwinkel, Hohlräume und Rattenlöcher, mit einer eigenen, allen anderen unverständlichen Sprache, einer eigenen Gerichtsbarkeit, die keine Fehlurteile kennt, denn Verbrecher und Richter sind gleichermaßen sachverständig und gehen Arm in Arm zum Galgen.

So mancher Bürger stieg hinauf aus Neugier, entdeckte illuminierte Schenken mit unfrommen Damen und gezinkten Würfeln, trank mit Neppern und Baldowern süffigen Punsch, fand ihr Leben beneidenswert, erlebte ihre Erzählungen als Abenteuer, verwandelte sein Geld in Vergnügen, hatte hinterher alles vergessen. Manch einer stieg hinauf, um der ruhenden Ehrbarkeit zu entfliehen, um im kostümierten Leben zu erwachen, in einem herrlichen Sündenpfuhl, in einem trommelnden und pfeifenden Totentanz. Und manch einer stieg hinauf aus Notwendigkeit, um bei einem Juden Geld auf Zins zu leihen, der natürlich immer zu hoch war. Gottverfluchter Teufelswucher.

Viele lernten so die Abschüssigkeit des Lebens kennen. Denn oben und unten waren hier wörtlich zu nehmen, bedeuteten Treppen über Treppen und steilsten Weg, bedeuteten Aufstieg oder Abstieg, der Aufstieg mühsam und anstrengend, der Abstieg leicht und geschwind. Schlage sich hier einer durch den Tag, ohne tödlich zu straucheln, kämpfe sich hier einer durch die Nacht, ohne zu verzweifeln, nur der darf vom Leben reden, alles andere ist nur eine Sonntagspredigt. Denn ein Umweg ist nicht vorhanden, kein Seitenweg ermöglicht die Flucht, auch ein Ausweg fehlt, nur diese Stufen führen zu Gott, es gibt da keine Wahl.

Hoch über den Dächern der Stadt aber weht der reine Geist: Prof. Prof. Dr. Dr. Stingelin, Rector der universitas magistrorum et scholarium, Dekan der facultas theologica, Direktor der bibliotheca adademiae, procuratores der teutschen nation, genannt *Der Rabe vom Kohlenberg* wegen seines scharf geschnittenen Gesichts mit der großen Hakennase und den schwarzen Augen. Er thront im innersten Gehäus eines Labyrinths aus Wiegendrucken und Inkunabeln, hebräischen, aramäischen und syrischen Schriftrollen, gälischen, lateinischen und griechischen Erstdrucken, sie stützen seine Gedanken und bewachen seine Ruhe.

Geheime Türen führen zu staubigen, engen Gängen mit verbotenen und zensierten, nichtkanonischen und apokryphen Schriften, die er alle auswendig kennt und frei zitiert, er, der alles wusste, geschätzte 146 Jahre alt, die Weisheit der Stadt, hoch über dem Kohlenberg der Sünde.

Er sitzt in seinem Lehnsessel, betrachtet in einem Handspiegel seinen eigenen Schädel, nennt sich laut krächzend einen Kerl von unendlichem Humor und lacht, weiß Gott, er lacht. Es war der Tag, an dem er, wie er durch seinen Diener erfuhr, wegen seiner unorthodoxen Vorlesungen von der Universität gewiesen werden sollte. Er lachte und lachte und besah sich weiterhin seinen Schädel, in dem sein gesamtes Wissen versammelt war.

Für die Menschen vom Kohlenberg war der Rabe Gott, nicht der liebe Gott, einfach Gott. Wenn er auf seinem Weg zur Universität den Kohlenberg hinabstieg, reichte man ihn von Arm zu Arm weiter, mit dem Bedauern, dass der Straßendreck so hoch liege, man hoffe auf Regen, fragte auch bei diesem oder jenem Galgenurteil nach seiner Meinung, er empfahl in der Regel Gnade vor Recht in letzter Minute, das sei immer sehr eindrücklich für den Delinquenten. Er stimmte auch gerne den zuvorkommenden Damen zu, die der Meinung waren, die Sünden seien von der Religion erfunden worden, um ihnen Angst zu machen, aber wenn man auf dem Kohlenberg wohne, habe man längst alle Angst verloren. Was bei seinen Begleitern die Frage auslöste: Wozu man noch eine Hölle im Jenseits brauche, wenn es sie schon auf Erden gebe. Worauf er maliziös antwor-

tete: Der Papst braucht sie. Aber viele wollten wissen: Weshalb überhaupt diese Geschichte mit dem Teufel? Da nickte er verständnisvoll und sagte: Die Geschichte mit dem Teufel hätten sich die Menschen selber eingebrockt. Da sei nichts mehr zu machen, die Geschichte sei in der Welt, erzählt ist erzählt, die Leute glaubten daran. Das sei mit den Geschichten so, wären sie erst einmal in den Köpfen der Menschen, wären sie die Wirklichkeit. Also gäbe es den Teufel. Verwunderlich sei allerdings, dass der ungläubige Teufel eine so gewitzte und scharfsinnige Person sei, während die meisten Gläubigen ja recht schlicht durchs Leben pilgerten.

So kam er immer heiter und durch neue Gedanken belebt in der Unterstadt an. Beim Aufstieg setzte man ihn in eine Karre und zog ihn hinauf, denn seine Beine waren mit der Zeit schwach geworden, was man von seinem Kopf nicht sagen konnte, der sah die Welt immer schärfer. Manchmal trank er einen für ihn ungepanschten Wein im Teufelhof, in dem gelegentlich Tänzerinnen ein Programm darboten. Der Wirt sang dann einige Couplets, die er Bank nannte und die wenig Schmeichelhaftes über die hohen Herren der Stadt aussagten. Der Rabe klatschte heftig und zustimmend, so dass die Anwesenden sich mit ihrer Meinung halbwegs sicher fühlten. Bevor es orgiastisch wurde, verließ er das Lokal und ließ sich vom Henker, den er als klugen Gesprächspartner schätzte, den Berg hinauftragen.

So hatte die Heiterkeit, mit der er seinen Schädel betrachtete, einen närrischen Sinn, war Erkenntnis eines langen studierenden

Lebens, denn inzwischen war er der Meinung, dass der größte Irrsinnswitz der Menschheit und damit auch seines Lebens der sei, eine gültige Definition für das Existieren des Nichtexistierenden zu finden, für das eine unaussprechbare Wort, die Abstraktion der Abstraktionen. Der Gelehrteste der Gelehrten, der Weiseste der Weisen, auf dem Gipfel seines Wissens eine wandelnde Bibliothek, sprach schon seit einiger Zeit mit großer Zuneigung und Liebe über das ewige Nichts, in dem der Mensch lebt, weil der Mensch erst versteht, wenn er nichts mehr versteht, was ihm von der Fakultät als Altersstarrsinn, als beginnender Wahn ausgelegt wurde.

Zum Entsetzen der Fakultät verkündete er aus den Actus Vercellenses die Worte Jesu: ‚Die mit mir sind, haben mich nicht verstanden.' Diese Worte erläuterte er folgendermaßen: Die Menschen halten es mit Gott nur aus, wenn sie ihn nicht verstehen, sich aber einreden, sie hätten ihn verstanden, das genüge zu einem angenehmen Leben mit einem guten Gewissen. Man lebe in der Selbsttäuschung, ein gläubiger Mensch zu sein, der Gottes Gebote befolge. Würde man sie in Wahrheit befolgen, müssten alle ein anderes Leben führen, aber das sei in dieser Welt, wie sie nun einmal geordnet sei, unvorstellbar.

Nach solchen Vorlesungen erging er sich gerne in seinem kleinen Paradiesgärtlein, verneigte sich vor den Blumen, kniete vor den Bäumen nieder, sang mit hoher Greisenstimme Kinderlieder und erfreute sich an den Vögeln, die sich sogar auf seine ausgestreckte Hand setzten. Oft musste ihn sein Diener aber auch auf seinen ausdrücklichen Wunsch hin auf einen alten Karren setzen, worauf er den abschüssigen Kohlenberg

hinunterrasselte und ‚Heureka!' schrie, dann schoss er mit großer Geschwindigkeit unter die Bauern des Saumarktes und lachte sein meckerndes Lachen.

In der Fakultät, die ihren Ruf wahren wollte, nannte man ihn jetzt nur noch ‚Der Narr vom Kohlenberg', und als er des Henkers Töchterlein heiraten wollte, schloss ihn sein Nachfolger auf dem Lehrstuhl unter dem stummen Kopfnicken aller Professoren in der Bibliothek ein. Sein Diener fand ihn am nächsten Tag vor seinem Lesepult in einem gnädigen lächelnden Tod versunken. Auf dem Pult lag die Polyglotte, die in Syrisch, Lateinisch, Hebräisch, Griechisch und Chaldäisch gedruckte Mehrsprachenbibel, er besaß eines der wenigen Exemplare, die der Inquisition entgangen waren. In seinen Armen hielt er die Totentanzbilder des Hans Holbein.

Die Universität sorgte für ein Ehrengrab in der Kathedrale direkt neben einer tragenden Säule, als besondere Verbeugung vor dieser Stütze des Glaubens. Nur seltsam und nicht zu erklären, dass diese Säule bald darauf einen langen Spalt aufwies, ein Riss, der nicht zu beheben war und zu Interpretationen Anlass gab, zu Deutungen unheilvoller Art, bis die Domherren aus Ärger über diesen Unfug die Leiche ausgruben und in die Sakristei verlegten. Als die schwere Grabplatte fiel, versanken Teile der Stadt in einem Erdbeben.

Dieter Forte, Das Labyrinth der Welt. Ein Buch. © S. Fischer Verlag GmbH, *Frankfurt am Main 2013*

Das Universum des Menschen

Als der Himmel noch nicht benannt war
und die Erde noch ohne Namen,
als es noch keine Götter gab
und die Schicksale noch unbestimmt ...

Enuma Elish, babylonische Schöpfungs-
geschichte, viertausend Jahre vor unserer
Zeit, sagte der Bibliothekar, der ihm
einige schwere Folianten auf den massiven
Refektoriumstisch legte, an dem er schrieb.
    Und was schreibt Milton im „Verlorenen
Paradies":

Umschauend sahen sie, ach,
das Paradies in Glut und Flammen
untergehn.
Doch offen lag die Welt vor ihnen
und ihrem neuen Leben.
Sie gingen langsam Hand in Hand,
einsam ihren stillen Weg.

    Eine unglaubliche Geschichte, sagte
der Bibliothekar und setzte sich in einen
zerschlissenen Voltaire. Die großartigste
Erzählung, die man in dieser Welt hören
kann. Und sie ist noch nicht beendet.
Wir leben noch in ihr. Es ist unsere
Geschichte. Uruk, Babylon, Ninive,
Weltstädte in einer Pracht, wie man
sie nie wieder sah. Goldene Städte der
Architektur, der Kultur und der Wissen-
schaft mit den größten Bibliotheken ihrer
Zeit. Die Zivilisation des Menschen. (...)
    Der Bibliothekar erhob sich aus seinem
Sessel: Die Zeitalter vergehen wie Asche
im Wind, die Bücher bleiben. Und wenn
auch die Bibliotheken von den Blindgläu-
bigen zerstört werden, die Bücher verbrannt und die Autoren verbannt, ein
Buch genügt, um das Wissen der Welt zu
bewahren. Lukrez. De rerum natura. Zur
römischen Zeit geschrieben, unterdrückt
und verleumdet, über Jahrhunderte vergessen. Bis ein neugieriger Leser in einer
abgelegenen Klosterbibliothek das letzte
Exemplar fand. Ein Buch, das unser Leben
und unser Denken verändert hat, das die
Menschen von den Göttern befreite und
die Welt mit Vernunft erklärte.
    Er stand leicht schief wie ein alter Baum,
der sich wieder der Erde zuneigt, ein
Mann aus Jahrhunderten, durch die Bücher
mumifiziert. Weiße Haarsträhnen hingen
in seine Stirn, ein in die Weite sehender
Blick über einem verstehenden Lächeln. In
seinem schwarzen Samtanzug, an dem er
gekonnt den Staub der Bücher abwischte,
sah er aus wie einer dieser Einsiedler, die
die Welt hinter sich gelassen haben. Ein
wahrhaft Wissender. Er sagte oft: Man kann
immer in diesem Haus bleiben. Alles, was
auf der Welt geschieht, landet hier. Viele
meinten, er sei blind, man merke es nur
nicht, weil er alle Bücher im Kopf habe und
mit diesem Kompass wie ein Schiff durch
den Nebel fahre.
    Er breitete die Arme aus. Es ist der
Mensch, der die Welt wieder verlässt. Die
Bibliothek ist die Ewigkeit. Das hier ist der
Sternenhimmel des Menschen, es ist sein
Universum, so unendlich wie das Weltall.

Dieter Forte, Als der Himmel
noch nicht benannt war.
© S. Fischer Verlag GmbH,
Frankfurt am Main 2019

Basel, Erasmus und Das Labyrinth der Welt

Von Martina Kuoni

Er erlaubte sich einen kleinen Spass, als er vor mehr als 500 Jahren zum ersten Mal nach Basel kam. Erasmus von Rotterdam wollte den Drucker kennen lernen, in dessen Offizin der herausragende Druck seiner *Adagia* angefertigt worden war. Diese Sammlung von antiken Sprichwörtern und Redensarten, im Jahr 1500 in Paris erstmals veröffentlicht, war bis anhin sein populärstes Werk und verbreitete sich schnell. Zahlreiche Raubdrucke waren in Umlauf; derjenige aus der Werkstatt von Johannes Froben in Basel aber überragte in seiner handwerklichen Sorgfalt alles, was dem Gelehrten bisher in die Hände gefallen war. Erasmus stellte sich dem tüchtigen Drucker als ein Freund des Erasmus vor. Er habe von diesem den Auftrag erhalten, mit Froben über die Herausgabe seiner Schriften zu verhandeln. Er habe alle Befugnisse, geniesse uneingeschränktes Vertrauen und zudem sehe er dem Gelehrten so ähnlich, dass, wer ihn sehe, eigentlich den Erasmus sehe. Belustigt schilderte Erasmus in einem Brief von Ende September 1514 an einen Bekannten, wie Froben und er nach der Enthüllung der Täuschung gelacht hätten (1). Dieser kleine Spass war der Auftakt zu einer lebenslangen Freundschaft und äusserst fruchtbaren Zusammenarbeit. Entgegen seiner Absicht, innert Kürze wieder den Rückweg nach England anzutreten, fügte

Erasmus im erwähnten Brief hinzu: „Es kann schon sein, dass ich den Winter über hier bleibe bis Mitte März" (2) – tatsächlich blieb er noch einen zweiten Winter: Für seine Arbeit hatte er in der Person von Johannes Froben den idealen Drucker, in Basel die ideale Stadt gefunden.

Ahnte Dieter Forte, wie viele Winter er in Basel bleiben würde, als er im Herbst 1970 nach Basel kam? Kein Raubdruck führte ihn hierher, sondern die Uraufführung seines Theaterstücks *Martin Luther & Thomas Münzer oder Die Einführung der Buchhaltung*. Nicht ins Theater jedoch, sondern ins Kunstmuseum führte den Autor sein erster Gang in Basel. Er wollte die Alten Meister sehen, die Porträts, die Lucas Cranach von Martin Luther angefertigt hatte, die Bilder des Erasmus von Rotterdam, von Hans Holbein dem Jüngeren, die Drucke von Albrecht Dürer und andere Schätze mehr. Nach dem Besuch führte ihn der Weg, vorbei am alten Stadttheater, vom Barfüsserplatz über eine lange Treppe hinauf zum Leonhardskirchplatz. Von diesem Plateau aus sah er ein erstes Mal über die Dächer der Altstadt bis hin zu den Türmen des Münsters. Von hier aus überschaut man mit einem einzigen Rundblick mehrere hundert Jahre Stadtgeschichte.

Lesen, denken, schreiben: Hans Holbein d. J., Porträt des Erasmus von Rotterdam, Duplikat, 1523, Kunstmuseum Basel. Wikimedia Commons/The Yorck Project

Dieter Forte blieb nicht nur einen oder zwei Winter in der alten Stadt am Rhein, er blieb für immer. Aufgewachsen im kriegszerstörten Düsseldorf, musste ihn der Blick auf diese unversehrte, in ihrem Jahrhunderte währenden Kontinuum von Geist und Geld erblühte Stadt beinahe unwirklich anmuten. In dieser Stadt, in ihrer Geschichte sollte

Forte viele Jahrzehnte später sein *Labyrinth der Welt* verankern: „(…) die Stadt, von der wir berichten, entstand aus den jahrtausendealten Ansiedlungen vieler Völker, eine kleine, sehr alte Stadt, an einem großen Fluß gelegen, inmitten eines ebenso alten Kontinents, zwischen den Grenzen neu entstehender Nationen. Da sie nie Haupt-

Dieter Forte blieb nicht nur einen oder zwei Winter in der alten Stadt am Rhein, er blieb für immer. Vom ersten Tag an muss er gespürt haben, welchen Nährboden ihm Basel bieten würde.

stadt eines Reiches wurde, war sie auch nie die Weltausstellung einer großen Zeit, die Metropole einer sich selbst feiernden Zivilisation, erlebte sie nie die revolutionären und umstürzlerischen Menschheitsideen. Der Vergangenheit zugewandt, war sie von alten Kulturen geprägt, mit deren Bedeutung sie sich beschäftigte (…), für einen Geschichtenerzähler also der ideale Ort." (*LdW*, S. 45/46)

Der Geschichtenerzähler Dieter Forte knüpft in Basel an eine Geistesgeschichte an, die 1460 mit der Gründung der Universität ihren Anfang nahm. Wenige Jahre zuvor hatte Johannes Gutenberg in Mainz ein Buchdruckverfahren mit beweglichen metallenen Lettern erfunden. Wenige Jahre danach wurde in Basel die erste Druckwerkstatt eingerichtet. Um 1500 zählte man bereits rund 70 Druck-Offizinen, Basel hatte sich als ein geistiges Zentrum Europas etabliert. Diese Stadt vermochte Erasmus von Rotterdam in ihren Toren zu halten; fast 500 Jahre später verfiel ihr Dieter Forte in Liebe. Vom ersten Tag an muss er gespürt haben, welchen Nährboden ihm Basel bieten würde.

Schon beim ersten Besuch vor Ort weiss er, welche Wege einzuschlagen sind: „Als ich das erste Mal nach Basel kam (…), ging ich zum Grab des Erasmus (…) und hatte dort ein stilles Zwiegespräch. Der Mann war mir immer Vorbild, ich wollte ihm meine Reverenz erweisen. Auch das Haus Frobens wollte ich sehen, in dem Erasmus sich in der Druckerwerkstatt immer die schwarzen

Fingernägel holte, die Holbein gewissenhaft festhielt." (3) Die schwarzen Fingernägel – Erasmus war Kopf und Hand, Denker und Arbeiter. Schon allein dadurch gewann er die Freundschaft des Autors. Die schönste Reverenz hat Forte seinem Vorbild viele Jahre nach dem Besuch des Grabmals im Münster erwiesen. Sein Text *Der schreibende Erasmus von Rotterdam* ist eine Hommage auf den grossen, weit gereisten Humanisten. Eines der zahlreichen Porträts, die Hans Holbein der Jüngere von Erasmus malte, trägt ebendiesen Titel „Der schreibende Erasmus von Rotterdam". Das Bild ist 1523 in Basel entstanden, hat die Stadt niemals verlassen und ist heute, zusammen mit zahlreichen weiteren Holbein-Bildern, im Kunstmuseum zu besichtigen. Darauf ist die Druckerschwärze unter den Fingernägeln des Porträtierten jedoch nicht zu sehen. Vielmehr schmücken mehrere kostbare Ringe die linke Hand – Forte deutet sie in seinem Text als Garanten für die Unabhängigkeit, „auch in schlechten Zeiten, wenn Staat und Kirche, Herrscher und Bürger dem Autor mal wieder drohen und seinen Freund Thomas Morus köpfen." (4)

Forte fügt dem gemalten Erasmus-Porträt von Holbein also rund 500 Jahre später sein geschriebenes Porträt hinzu – Erasmus in Bild und Wort. Um diese Pole – die Bilder, die Sprache – baut Dieter Forte sein Labyrinth der Welt. Und wie er es baut! Wer nimmt uns Leserinnen und Leser da eigentlich an die Hand und führt uns ins Labyrinth? Ist es ein Rabbi aus ferner Zeit oder ein Basler Gelehrter? Ein Vagabund oder ein Mystiker, ein Chronist oder gar ein Weiser, der die Narrenkappe trägt? Bevor wir auch nur die Ahnung einer Antwort haben, stecken wir längst mitten im Erzählkosmos. Der Autor taucht als Figur auf, schaut dem Kollegen Comenius über die Schulter, der ein Buch mit dem Titel *Das Labyrinth der Welt* verfasst. Er spricht den Leser direkt an, kommentiert das Erzählte, versteckt sich dann wieder hinter einer neutralen Erzählinstanz, mimt den Chronisten, Tagebuchschreiber oder Zeitungsredakteur.

Woran liegt es, dass einem beim Lesen die Geschichten, die Verbindungen zwischen ihnen, die Zeitebenen, Erzählräume, Figuren leicht abhanden kommen? Je tiefer man einzutauchen vermeint, desto flirrender und verwirrender gestaltet sich die Lektüre. Die Überzeugung, bei diesem oder jenem Kapitel nun tatsächlich zum Kern des Ganzen vorgedrungen zu sein, relativiert sich stets aufs Neue. Von Kapitel zu Kapitel, bei jeder Richtungsänderung im Labyrinth, verschieben sich die Gewichte. Ist nicht im Disput zwischen dem Prediger als dem Vertreter des Glaubens, dem Kustos als dem Vertreter der Bilder und dem Bibliothekar, der für die Bücher steht, am präzisesten fokussiert, was den Autor bewegt und was im Buch verhandelt wird? Im Laufe des Streitgesprächs um die Bedeutung ihrer angestammten Ressorts – Glaube, Bild, Sprache – werfen sich die drei Herren folgende Fragen zu: Was ist denn Wahrheit? Was ist denn Glaube? Was ist denn Schönheit? (*LdW*, S. 71) Die Antworten auf diese

gewichtigen Fragen spiegeln sich in der Skizze, die ein Maler, zufälliger Zeuge des Disputs vor seinem Atelierfenster, von den dreien anfertigt: als rabenschwarze, aufgeplusterte Vögel fallen sie übereinander her. Bildlegende: *Drei Narren auf dem Markt*. Was keine Disqualifizierung ist, im Gegenteil: Die Narren sind bei Forte immer wieder die eigentlich Wissenden, Klugen, Souveränen; und so pendelt das Erzählen weiter, tiefgründig und federleicht. Der Maler spricht mit seinem Schüler über den Urgrund aller Schöpfung, er reklamiert die Malerei als diejenige Kunst, die die Welt erst erschaffe. Nur der Farbe – und nicht dem Wort – sei es möglich, die Schrecken der Welt wie auch deren Schönheit darzustellen.

Beiläufig werden hier Fragen und Denkräume eröffnet, mit denen der Mensch seit jeher ringt: Wahrheit? Glaube? Schönheit? Woraus speist sich schöpferische Arbeit? Welche Kunst – die Malerei? die Musik? die Baukunst? das Erzählen? – erschafft die Welt? Wir sind mit diesen Fragen und mit diesen drei Herrschaften im Zentrum des Buches. Wir sind es aber mit jeder anderen Geschichte ebenso. Ist es nicht vielmehr der Narr vom Kohlenberg, der wie keine andere Figur alle Belange dieses Buches auf sich vereint? (*LdW*, S. 51 ff.) Universalgelehrter mit Basler Namen, wohnhaft hoch über dem bunten, lauten Treiben am Fuss des Berges, dem Tummelplatz der Gaukler, Dirnen, Vaganten und Bettler, Hüter eines Labyrinths aus Wiegendrucken, Inkunabeln, Schriftrollen, Erstdrucken, verbotenen, zensierten, nichtkanonischen und apokry-

Wer führt uns da ins Labyrinth? Ist es ein Rabbi aus ferner Zeit oder ein Basler Gelehrter? Ein Vagabund oder ein Mystiker, ein Chronist oder gar ein Weiser, der die Narrenkappe trägt?

phen Schriften: In dieser Figur, in dieser Geschichte scheinen alle Fäden und Intentionen zusammen zu laufen, verschmelzen Phantasie und Realität, der Erzählfuror des Autors und Ereignisse der Basler Geschichte. Historischer Stoff und die unbändige Fabulierlust verbinden sich und malen Bilder im Kopf des Lesers. Man sieht den Narren, wie er seiner schwachen Beine wegen von Arm zu Arm den Kohlenberg hinuntergereicht wird, unterwegs zur Universität, nach rechts und links Brauchbares verkündend zu Fragen nach dem Teufel, der Hölle, dem Papst, und auch zu den Geschichten, die – einmal erzählt – für immer in der Welt seien: Erzähltheorie eingebettet in eine burleske Szene, auch dies ein Merkmal von Fortes Erzählen, wo in beiläufigen Äusserungen wesentliche Bedingungen und Folgen des Erzählens genannt werden.

Mit jeder Figur und jeder Geschichte verdichtet sich der Erzählkosmos. In diesem selbst wie auch innerhalb der Kapitel, die oft keine klar umrissene Einheit sind, werden laufend kleine und grössere Motive aufgenommen und ausgeworfen, ähnlich den Kieselsteinchen, die im Labyrinth zur Orientierung beitragen sollen. Folgerichtig also, dass unser Narr vom Kohlenberg über einer Polyglotte stirbt, einer mehrsprachigen Bibel, wie sie auch von Froben gedruckt wurde. Nicht erstaunlich auch, dass er in seinen Armen die Totentanzbilder von Hans Holbein hält und eine Grabstätte bekommt, die in Wahrheit Erasmus erhalten hat: ein Ehrengrab im Münster „direkt neben einer tragenden Säule" (LdW, S. 56). Der Tod des Narren über der Schrift, im Arm die Bilder des Totentanzes: Innerhalb eines Kapitels, und mehr noch im übergeordneten Bogen von Kapitel zu Kapitel, verzahnt sich das grosse Thema Schrift und Bild immer wieder neu. Als Reissverschluss hat der Autor das Kompositionsprinzip bezeichnet, ein Bild für das Verzahnen dieser beiden Motivstränge.

Manche Kapitelüberschrift lässt eine eindeutige Zuordnung erwarten: *Der Stadtmaler*, *Das Selbstbildnis* oder *Das weiße Bild* scheinen vom einen, dem Bild, *Das Leben* und die *Gedanken einer Schriftstellerin* oder *Handbüchlein des Weltwissens des Kaufmanns Jean-Jacques Passavant* vom anderen Motivstrang, der Schrift, zu handeln. Selbstverständlich unterläuft der Autor diese Erwartung. In allen Geschichten, in jeder Anekdote berühren sich die Fragen um Bilder und Bücher, um das Lesen und das Schreiben, um gültige Darstellungen und erzählte Wahrheiten. Der Stadtmaler antwortet auf den Vorwurf, er verfälsche in seinen Bildern die Wahrheit, mit dem Bild eines zerfallenen Puzzles, das ein zerfallenes Puzzle darstellt, das wiederum ein zerfallenes Puzzle zeigt. So sehe die Wahrheit aus, Bruchstücke eines Mosaiks, Fragmente eines Fragments, ein Puzzle in seinen Teilen (*LdW*, S. 211).

Zu ähnlicher Erkenntnis kommt ein anderer Maler, der sein gültiges Selbstbildnis zu malen versucht (*LdW*, S. 219 ff.). Keine Technik, kein Material, keine Farbe lässt er aus, um sein Ziel zu erreichen. In jedem Portrait aber findet er zwar sein eigenes, zugleich aber auch ein ihm fremdes Gesicht. Auch das Bild des Menschen ist ein Puzzle aus unzähligen Selbstbildnissen, das Ich als erfassbare Grösse eine Hochstapelei. Versucht man der Wahrheit Schicht um Schicht näher zu kommen, wie beim Schälen einer Zwiebel, entdeckt man unter jeder Schicht alte Bilder und alte Geschichten. *Die* Wahrheit ist nicht zu erlangen, ebenso wenig wie *das* Bild oder *die* Geschichte. Alles bleibt Fragment. Dem Menschen ist das ewige Suchen, Erzählen, sich Erinnern auferlegt. Alles, was Dieter Forte geschrieben hat, kreist um diese Erkenntnis. Nirgends aber breitet er sie so souverän und mit solcher Verspieltheit und Leichtigkeit aus wie im *Labyrinth der Welt*.

Der Stadtmaler antwortet auf den Vorwurf, er verfälsche die Wahrheit, mit dem Bild eines zerfallenen Puzzles, das ein zerfallenes Puzzle darstellt, das wiederum ein zerfallenes Puzzle zeigt.

Dass ihm dies gelungen ist, scheint den Autor selbst am meisten erstaunt zu haben, wie er im Gespräch wiederholt äusserte. Nicht nur waren die äusseren Bedingungen seines Schreibens schwieriger denn je, im Grunde genommen war der Stoff, den er sich vorgenommen hatte, nicht zu meistern. Dennoch – oder vielleicht gerade deshalb – verzichtete Forte auf einen ,Bauplan'. War er bei seinen früheren Texten stets wie ein Architekt vorgegangen und hatte zunächst Pläne, Strukturen, die Form, das Drehbuch festgelegt, suchte er nun die grösstmögliche Freiheit. Ohne Verlagsvertrag, ohne vorgängige Angaben zum entstehenden Buch, mit Abstand zu seinem Lektor und ohne Fristen liess er sich nochmals ganz neu auf das ,Abenteuer schreiben' ein. Aus dem lebenslangen Schreiben war längst die Erkenntnis erwachsen: Nicht die Geschichte, nicht die Chronologie, nicht der Plot sind wichtig, was allein zählt ist die Sprache. Die Sprache trägt, ist ein selbständiges Medium, dem man sich hingeben kann. Alles entsteht erst im Schreiben, Forte nennt es eine Art Schreibdenken. Im Schreiben ist hohes Wissen, hohe Intelligenz verborgen, der Text schreibt sich aus den eigenen Erinnerungen und Assoziationen. Dieter Forte kennt das Staunen von Julien Green, wenn dieser äussert, dass er einmal den kennen lernen wolle, der seine Romane geschrieben habe.

Dem eigentlichen Schreiben geht bei Dieter Forte das Sprechen voraus. Aufgrund von handschriftlichen Notizen, die nur teilweise ausformuliert sind, beginnt Forte sein Erzählen – bei laufendem Diktiergerät. Die Textfassung entsteht aus dem mündlichen

**Ein Büchernarr. Holzschnitt aus dem „Narrenschiff"
von Sebastian Brant, erstmals erschienen 1494 in Basel.**
Wikimedia Commons

Erzählen heraus, das Diktiergerät ersetzt ihm nach eigenen Worten das einstige Lagerfeuer. Das Erzählen gehe weit über die schriftlichen Notizen hinaus, es quelle aus ihm hervor, er wisse nicht, woher es komme, er wisse nur, dass es aus der Sprache komme. Dieses eruptive Arbeiten, diese sprudelnde Quelle verlangt aber sehr wohl nach Gestaltung. Viele Jahre hat Forte am *Labyrinth der Welt* gearbeitet. Auch die handschriftlichen Notizen kennen viele Stadien, Verwerfungen, Erweiterungen. Als grösste Herausforderung bei diesem Buch erwies sich die Anordnung der kleinen Erzählungen, Porträts, Bilder, der philosophischen Einwürfe, Dialoge und Mini-Essays. Simultaneität statt Linearität, das wäre Forte lieber gewesen, ein Erzählen, das alles gleichzeitig und umfassend abbildet.

Für die Abfassung seiner Theaterstücke und Romane nutzte Dieter Forte jeweils eine Handbibliothek, die sich während der Arbeit dem Thema entsprechend konstituierte und erweiterte. Für das *Labyrinth der Welt* hingegen brauchte er seine ganze Bibliothek: Lexika und Wörterbücher, philosophische wie kulturhistorische Werke, Bildbände und Klassiker, moderne Prosadichtung und Lyrik – *Das Labyrinth der Welt* spiegelt das Geistesleben seines Autors. Und es spiegelt dessen Liebe zum Leben, zu den Menschen, ihrem unermüdlichen Treiben. So braucht der Basler Aufklärer Isaak Iselin nur einen kurzen Blick aus dem Fenster der Lesegesellschaft zu werfen, um auf dem Platz der Kathedrale im Markttreiben den Reigen der Figuren zu erspähen, von denen jede auf ihre Weise mit dem Leben zurecht zu kommen versucht: die Moritatensängerin, der Geschichten erzählende Araber, der Astrologe, die Zigeunerin, der reisende Buchhändler, der Dompteur, der Hypnotiseur, der Seilläufer und andere Gestalten mehr. Auch der Prediger, der Bibliothekar und der Kustos mischen sich erneut unters Volk. Jede dieser Figuren reflektiert Aspekte des menschlichen Daseins, wie Forte sie in einem Gespräch, das 20 Jahre zurückliegt, charakterisiert hat: „Über die Jahrhunderte gesehen stolpert der Mensch ja von einer Katastrophe in die andere. Die Erde ist doch nur ein grosser Friedhof. Der Mensch errichtet seine Grabsteine und weint und lacht und beginnt von vorne. Und mit welchem Lebensmut. Und mit welcher Anhänglichkeit an das, was vorher war. Im Glauben und im Wissen. Deshalb ist die Erinnerung auch so zentral und lebensbewegend im Ablauf eines Menschenlebens, in der Abfolge der Generationen. (…)" (5)

Nur ein Erzähler wie Dieter Forte vermag die Fülle seines Stoffes auf diese Weise, zugleich gelehrt und leichtfüssig, zu bändigen. Kein Zettelkasten, kein Tagebuch, kein Archiv sind die Quellen, aus denen er schöpft. Sein Schreiben speist sich aus dem Schatz seiner Lektüre, aus einem das ganze Leben andauernden Nachdenken, aus der Schreiberfahrung in allen literarischen Genres – und aus der unerbittlichen Konzentration auf eben dieses Schreiben. Dass die Bändigung des weitschweifigen Stoffes gelang, blieb selbst dem Autor ein Rätsel. Nach der Abgabe des Manuskripts äusserte er im Gespräch, er sei bei allen widrigen Umständen wie ein Eisbrecher durch die Eisschollen gepflügt, unaufhaltbar, es habe nur diesen einen Weg gegeben. Das Ungeheuerlichste sei, dass er keinem Menschen hätte sagen können, was es werde. Er habe es selbst nicht gewusst. Er habe zwar gewusst, was er wolle, aber nicht, was es werde und schon gar nicht, ob es gelingen könne. Es sei wie ein Schiff, das immer auf Kurs geblieben sei. Dass es geklappt habe, sei für ihn ein Rätsel. (6)

Gelingen kann ein so weitgreifendes Unterfangen wie *Das Labyrinth der Welt* wohl nur, wenn Humor mit im Spiel ist. Dieser findet sich im Buch reichlich, in allen Schattierungen, der schwarze Humor ebenso wie Schalk und Ironie. Dieter Fortes Sympathie für Erasmus von Rotterdam ist nicht zuletzt dessen Sinn für Humor geschuldet. Die erste Begegnung zwischen Erasmus und seinem Drucker Froben illustriert diesen Sinn für Humor im Kleinen. Im Grossen mag dafür die Schrift *Das Lob der Torheit* stehen, die Erasmus bei Johannes Froben in Basel vor 500 Jahren drucken liess. Erst wenige Jahre hingegen liegt die Drucklegung von Fortes *Das Labyrinth der Welt* zurück. Ob man in 500 Jahren noch von diesem Werk sprechen wird? Was immer das Schicksal dieses Buches sein wird: Es hat sich bereits in die Historie eingeschrieben, und zwar am 11. Februar 2013. In dreifacher Hinsicht ist dies ein denkwürdiges Datum: Aus freien Stücken kündigt Papst Benedikt XVI. seinen Rücktritt an. Ein historisches Novum, der Rücktritt des Papstes ist in der Kirchenordnung nicht vorgesehen, die Position des göttlichen Stellvertreters kann nicht gekündigt werden. Frivole Koinzidenz: Auf den 11. Februar fällt in eben diesem Jahr 2013 der Rosenmontag, Höhepunkt des rheinischen Karnevals. Im Karneval wird die Welt auf den Kopf gestellt, die gesellschaftliche Ordnung wird ausser Kraft gesetzt, Hierarchien, Regeln, Alltagsrituale zählen nichts mehr während des Ausnahmezustands am Niederrhein. Und Dieter Forte schliesslich hält an ebendiesem Tag das erste Exemplar seines Buches *Das Labyrinth der Welt* in der Hand, gebunden, mit Schutzumschlag,

Wegweiser durch das Labyrinth: Blick auf Fortes Bücher. Foto: Jürgen Hosemann

bereit, in die Welt entlassen zu werden. In der Biografie eines Autors ist dieser Tag immer ein historischer Tag. Wie amüsierte es den Autor, dass die Rücktrittsankündigung des Papstes, der Rosenmontag in seiner Heimat und ‚die Geburt' seines Buches auf ein- und denselben Tag fielen! Diese Koinzidenz der Ereignisse illustriert ja geradezu sein Buch, in dem die Narren ebenso ihren Platz haben wie die Fragen nach Obrigkeit und Ewigkeit, nach der Wahrheit und dem rechten Leben und nach den Bedingungen des ewigen Spiels, das sich ‚das Leben' nennt.

(1) Wilhelm Ribhegge: Erasmus von Rotterdam, Darmstadt: Primus Verlag 2010, S. 121 / 122
(2) Zitiert nach David Marc Hoffmann / Barbara Piatti: Europa erlesen – Basel, Klagenfurt: Wieser Verlag 2006, S. 47

(3) Dieter Forte: Gedanken zum Jubiläum der Allgemeinen Lesegesellschaft, in: Ein Haus für Bücher und Menschen. 225 Jahre Allgemeine Lesegesellschaft in Basel, 2012, S. 10

(4) Dieter Forte: Der schreibende Erasmus von Rotterdam, in: Jürgen Hosemann (Hg.): „Es ist schon ein eigenartiges Schreiben…" Zum Werk von Dieter Forte, Frankfurt a. M.: S. Fischer Verlag 2007, S. 11-13; abgedruckt auch im vorliegenden Band, S. xxx

(5) Dieter Forte: „Alles Vorherige war nur ein Umweg". Gespräch mit Volker Hage. In Hosemann 2007. S. 72
(6) Gespräch am 4. 11. 2012

Fortes Nachlass und was er über die penible,
viele Stufen durchlaufende Arbeitsweise
des Romanautors verrät

Vom Handmanuskript zum fertigen Buch

Von Enno Stahl

Der Nachlass Dieter Fortes – den das Heinrich-Heine-Institut der Landeshauptstadt Düsseldorf 2002 erwarb (1) – ist in verschiedener Hinsicht ungewöhnlich. Der Anteil an Korrespondenzen ist eher klein, da Forte sehr zurückgezogen lebte, anscheinend nicht allzu viel Kontakte pflegte. Ausgesprochen penibel hingegen kümmerte er sich um seine Werkmanuskripte. Von jedem Werk sammelte er diverse Arbeitsstufen – angefangen vom Handmanuskript über mehrere maschinenschriftliche Fassungen, das erste Lektoratsmanuskript bis hin zur letzten Fassung, auf welcher der Buchdruck dann beruhte. Forte hielt genauestens fest, um welche Stufe es sich handelte, bisweilen hat er die Einzelmanuskripte mit den jeweiligen Entstehungsdaten versehen. Der Autor verrät damit ein – unter Nachlassern nicht besonders häufiges – Bestreben, es der kommenden Literaturwissenschaft möglichst leicht zu machen, und er verrät damit zugleich, dass er mit deren zukünftigem Interesse auch rechnet.

Im Detail sieht das so aus: Vom Roman *Das Muster* liegen vor – ein Handmanuskript mit erklärenden Notizen, drei fragmentarische Hand-Manuskripte, der erste Durchschlag,

der sich in einer Mappe befand, die beschriftet war mit: „Stand März 92 [letzter Stand])", dazu eine handschriftliche Notiz Fortes („Teil III am 26.3.92 abgesendet") und ein Hinweis für den Lektor Uwe Wittstock; zuletzt das Verlagsmanuskript mit letzten Korrekturen und Strichen des Autors (329 Seiten, die Seiten 84-90 fehlen). Einen genaueren Überblick über die Textgenese zu bekommen, ist nicht leicht und eher Aufgabe einer umfassenden editionskritischen Arbeit (auch weil Fortes Handschrift schwer zu entziffern ist) – das kann an dieser Stelle nicht geleistet werden, daher hier nur ein paar Anmerkungen.

Das umfangreichste handschriftliche Manuskript ist von Forte mit „erstes Handmanuskript" beschriftet. Am Anfang stehen einige konzeptuelle Blätter. Dabei die Kopie eines Borges-Zitates, offensichtlich aus der Literaturzeitschrift *Akzente*, das dem Roman vorangestellt wurde, dann sehr genaue Angaben zur Titelei: anscheinend Millimeterangaben, wo der Name und Romantitel platziert werden sollen („18 –" und „73 –", was die Horizontale angeht) sowie die vertikale Höhe („Zeile 15"). Sodann sind die Widmung „Für Marianne" und für die nächste Seite das Inhaltsverzeichnis („Zeile 10"), dahinter das erwähnte Borges-Zitat auf Seite 4, gefolgt vom Kapitel „I Titel". Auf einem weiteren Blatt sind die Kapitel vermerkt, jeweils mit Kugelschreiber, zunächst mit arabischen Ziffern, die dann mit rotem Slimliner durch römische Zahlen ersetzt wurden. Das wird oben auf der Seite als „Arbeitsanordnung" ausgewiesen, tatsächlich stimmen die Kapiteltitel aber fast alle mit dem Druck überein: „I Chronik und Erzählung", „II Das Leben geht weiter" [durchgestrichen: „Die Zeit bleibt stehen"], „III Die Zeit bleibt stehen" [durchgestrichen: „Das Leben geht weiter"] – Forte hatte also erwogen, die Titel für II und III genau umgekehrt zu setzen. Im Buch dagegen heißt das Kapitel III „Die Zeit steht still". Auf dem Konzeptzettel wird dann noch ein viertes Kapitel „Karneval und Aschermittwoch" aufgeführt, das im Buch nicht existiert.

Ein weiteres Blatt (Kopie) enthält in Stichworten die Anfangspassage des Romans, beginnend mit „Von Luoyng nach Changang über Lou Zhou und Dun Huang nach Lop-Nor …", ohne dass hier schon wirklich ausformulierte Sätze vorlägen – das Ganze ist zudem stark mit Streichungen und Überschreibungen versehen. Dann beginnt das eigentliche Manuskript, schwer lesbare Blätter (Originale), die wohl nur auf Basis eines sehr intensiven Studiums konkreten Stellen im Buch zuzuordnen sind. Es handelt sich allem Anschein nach nicht um ein durcherzähltes Manuskript, teilweise sind die Blätter nur ansatzweise beschriftet, mit vielen An- und Durchstreichungen, was nach Fragmenten von Textpassagen aussieht. Dazu passt, dass die Blätter mit Zahlen, Buchstaben oder „x" als Einfügungszeichen versehen sind, sodass dieses Konvolut mehr wie ein Materialsteinbruch wirkt, nicht wie eine erste kohärente Textfassung.

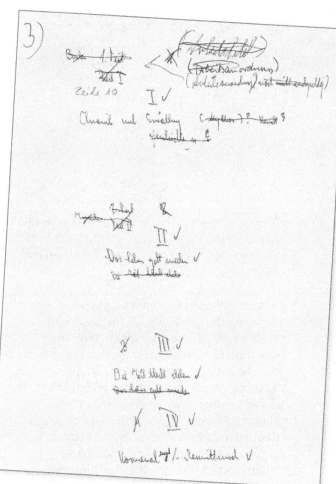

Arbeitsblatt mit Kapitelüberschriften für den Roman „Das Muster"
Nachlass Dieter Forte,
Heinrich-Heine-Institut Düsseldorf

Die anderen handschriftlichen Manuskripte sind zwar sehr viel schmaler, eines ist ausgewiesen als „zweiter Teil", ein anderes als „lückenhaftes Handmanuskript (altes + neues noch dazu)", jedoch bringen sie durchaus bereits ausformulierte Textpassagen, in ihnen sind also spätere, wenn auch bruchstückhafte Fassungen zu vermuten. Leider sind die Handschriften sämtlich undatiert, dem „lückenhaften Handmanuskript" liegt ein Briefumschlag vom SWF bei, auf dem Forte diese Information notiert hat. Dieser Brief trägt den Poststempel 2. 5. 1991 – was natürlich kein Beleg dafür ist, dass

Auf einem Konzeptblatt zum Roman
„Das Muster" taucht ein viertes Kapitel
„Karneval und Aschermittwoch" auf,
das im Buch nicht existiert.

Forte das Manuskript zu dieser Zeit erstellt hat (die Notiz könnte er ja nachträglich hinzugefügt haben) – es wäre aber immerhin möglich.

Am 26. 3. 1992 dagegen hat er, wie ein Beilagezettel an seinen Lektor Uwe Wittstock verrät, das fertige Manuskript als Computerausdruck nebst zweier Disketten bereits an den Verlag abgeschickt. Dieser Text trägt noch den – schon durchgestrichenen – ursprünglich geplanten Titel „Das Licht des Lebens". Mit Bleistift ist auf dem Titelblatt vermerkt: „Stand Febr. 92" (durchgestrichen), „März" (durchgestrichen), und „März 92". Ebenfalls informiert er Wittstock darüber, dass die handschriftlichen Korrekturen, die in diesem Ausdruck angebracht sind (es sind nicht sehr viele), von ihm bereits in die Textdatei eingearbeitet worden sind. Mit rosa Textmarker sind Stellen säuberlich markiert, die im Buch kursiv erscheinen sollen. Dieser Text entspricht bereits (soweit eine stichprobenartige Überprüfung ergab) weitgehend wörtlich der Buchfassung. Das Verlagsmanuskript enthält dementsprechend nur minimale Bleistift-Korrekturen des Lektors (vermutlich Wittstocks) und Streichungen von Forte mit Rotstift (unter anderem auch Stellen, die er nach eigener Angabe, siehe oben, bereits in der Datei geändert haben wollte). Es ist also beim Roman *Das Muster* nicht komplett zu klären, wie die Genese des Werks von der sehr unübersichtlich wirkenden Handschrift zur schon endgültig durchkomponierten, durchkorrigierten Fassung, die der Autor an den Verlag sandte, abgelaufen ist.

Das ist bei *Tagundnachtgleiche* anders: Das Buch war zunächst unter dem Titel *Der Junge mit den blutigen Schuhen* erschienen (wiewohl *Tagundnachtgleiche* auch zu Anfang Fortes Wahl gewesen war), in den gesammelten Fassungen des Zyklus kam Forte wieder auf den Ursprungstitel zurück. Neben dem „Handmanuskript", das ähnlich aussieht wie bei *Das Muster*, existiert eine „Erste Fassung", ein 360-seitiges Typoskript mit handschriftlichen Korrekturen, das große Unterschiede zum gedruckten Text aufweist. Daneben gibt es eine zweite Fassung, einmal das Manuskript, wie es der Autor an den Verlag geschickt hat und sodann dieses selbe Typoskript mit handschriftlichen Korrekturen vom Autor (rot) und dem Verlag (Bleistift), das mit 314 Seiten schon deutlich kürzer ist. Diese Version nähert sich, gerade wenn man die nachträglichen Korrekturen in Anschlag bringt, dem gedruckten Buch schon stark an. Interessant ist daran, dass man hier die Eingriffe und Bearbeitungen von Seiten des Lektors und Fortes Reaktion darauf unmittelbar nachverfolgen und so den Einfluss des Lektorats auf den Text rekonstruieren kann. Als Letztes nun gibt es eine dritte Fassung, eine Reinschrift, in die die Korrekturen komplett eingearbeitet zu sein scheinen – sie ist mit 267 Seiten bedeutend kürzer als alle vorherigen Manuskripte.

(Die blutige Geburt) gab ihren ersten Schrei von sich,
der sich mit den Schüssen unter dem Geflirr der
zerflatternden Tauben und einem neuen Glockenschlag
mit einem in den Straßen widerhallenden Todesschrei
in einem ersten Atemzug verband, während die Augen
noch nichts sahen, die Ohren noch nichts hörten, nicht
die Todesschreie, nicht die Schüsse, nicht die
Glockenschläge, die über den Särgen von Potsdam
ertönten und in die Stadt am Rhein herüberhallten,
in der man auf Särge schoß, in denen die auf den
Straßen der Stadt Erschossenen lagen, und die Toten
in ihren Särgen wurden noch einmal durchlöchert, die
Trauernden hinter den Särgen fielen blutend in ihre
Beileidskränze, so daß man sie mit ihren Kränzen auf
die Särge warf, sie im Trab, hinter den Särgen Deckung
suchend, zum Friedhof fuhr, und da ihnen keiner, das
eigene Leben riskierend, die Augen schloß, starrten
sie auf dem Friedhof mit aufgerissenen Augen in die
schwarzen, nachtkalten, für die Särge ausgehobenen
Gräber, in die man sie vorerst warf, begraben unter
ihren eigenen Beileidskränzen.
Tagundnachtgleiche, Frühjahrsanfang, Mittagszeit,
die Märzsonne stand an ihrem astronomisch exakten
höchsten Punkt, der Säugling schrie immer kräftiger,
die Glocke holte zu ihrem letzten Schlag aus, zögerte
noch einen Moment, Maria Fontana wartete auf den
Schlag, vielleicht dauerte es deshalb eine Ewigkeit,
bis die Glocke noch einmal mit Wucht zuschlug, in
die Welt dröhnte, sehr lange brauchte, um auszuklingen.
Die Tauben besetzten wieder die Schallöcher, und auf
den grüngestrichenen Wänden des Kreißsaals verblaßte
das Sonnenlicht, auf der Straße, vor den weißen
Fenstern, rumpelte eine Straßenbahn, folgte
menschenleer ihren Schienen, der Fahrer lag im
Führerstand auf dem Boden und hielt den Atem

Typoskriptseite des Romans „Tagundnachtgleiche" mit Korrekturen von Forte
Nachlass Dieter Forte, Heinrich-Heine-Institut Düsseldorf

Noch mehr Versionen liegen vom dritten „Düsseldorf"-Roman *In der Erinnerung* vor: wieder ein Manuskript von Fortes eigener Hand (ca. 300 Blatt), dazwischen kleinere Zettel und Einschübe, die erste Typoskript-Fassung, 252 Seiten, mit zahlreichen handschriftlichen Korrekturen, eine zweite Fassung, doppelseitig bedruckt (248 Seiten) mit nur wenigen handschriftlichen Korrekturen, in diesem Fall datiert (Dez. 1997) eine zweite korrigierte Fassung ab der Seite 93, mit wenigen handschriftlichen Korrekturen und (schon im Januar 1998) wieder eine unvollständige dritte Fassung, Typoskript (nur die Seiten 5 bis 179). Die vierte Fassung enthält wiederum handschriftliche Korrekturen des Fischer-Lektors Uwe Wittstock (Bleistift) und Fortes darauffolgende Eingriffe (roter Filzstift); dann eine fünfte und letzte Fassung, Typoskript (245 Seiten), in welche die bisherigen Korrekturen eingearbeitet wurden, die nun erneut mit Anmerkungen des Lektors versehen wurden. Forte hat hierzu handschriftlich u. a. vermerkt „1. Diskette am 11.2. an Verlag geschickt (falsch), 2. Diskette am 13. 2. abgespeichert, 3. am 16. 2.1998 (richtig aufruft)". Anscheinend hat Forte in diesem Zeitraum hier die wenigen von Wittstock noch hinzugefügten Verbesserungen eingearbeitet (und dann zunächst eine Diskette im falschen Format geschickt, dann im richtigen, nämlich als Rich Text Format). Wieder lässt sich daran also das Ineinanderwirken von Autor und Lektorat nachvollziehen, auch zeigt sich in den Datierungen, wie schnell die Arbeit in diesem Fall vonstattenging – zwischen Dezember und Mitte Februar wurde aus einem mit zahlreichen Anmerkungen versehenen Manuskript ein druckfertiger Text.

Noch spektakulärer, noch aussagekräftiger sind die Materialien im Heine-Institut bei anderen Büchern Fortes, insbesondere dem vierten Teil der Tetralogie *Auf der anderen Seite der Welt* – die Manuskripte und Typoskripte illustrieren hier die komplette Entstehungsgeschichte des Romans, alle Versionen sind mit handschriftlichen Korrekturen versehen, und in einigen Fällen sind zahlreiche Einschübe und alternative Passagen über ein kompliziertes Klammerungssystem mit Dutzenden von Einzelbüroklammern in der Manuskriptstruktur verankert. (2) Neben zwei eigenhändigen Manuskripten liegen hier insgesamt acht Typoskripte vor: die ersten drei Fassungen von Juni 1999 bis August 2000 (24 Seiten, 64 Seiten und 72 Seiten), die dritte bis vierte Überarbeitung von Oktober / November 2000 (125 Seiten), die erste Komplettfassung von Februar bis April 2002 (279 Seiten mit zahlreichen Einschüben und Ergänzungen), dazu verschiedene, handschriftlich bearbeitete Passagen, jeweils geklammert, ein mehrfach korrigiertes Typoskript (November 2002 bis 18. Juni 2003, 379 Seiten), dann ein Ausdruck vom 21. August 2003 (so, nach einer handschriftlichen Anmerkung Fortes, mit demselben Datum an den Fischer Verlag geschickt, 369 Seiten), zuletzt die Endfassung (Kopie, 379 Seiten), die ebenfalls noch handschriftliche Korrekturen und Verweise enthält und von Forte am 20. Februar 2004 an den Verlag gesandt wurde. Man sieht, dass der Autor hier sehr nachdrücklich sämtliche Versionen, jeweils genau datiert, behalten hat. Diese erhöhte Sorgfalt könnte nicht zuletzt auf die Nachlassverhandlungen mit dem Heine-Institut (2002) zurückzuführen sein.

Mit Dutzenden von Büroklammern fügte Forte Korrekturen und Einschübe in die Manuskripte ein.

Lassen sich an den anderen drei Romanmanuskripten über einen minutiösen Versionsabgleich sicher noch weit genauere Aufschlüsse über die Textgenese erlangen, als es hier nur andeutungsweise möglich war, verspricht die Bearbeitung der Archivalien zu *Auf der anderen Seite der Welt* wirklich außergewöhnlich detaillierte Erkenntnisse zu Fortes spezifischem Schreibprozess. Die interessierte Forscherschaft mag dies gerne als Auf- und Herausforderung nehmen.

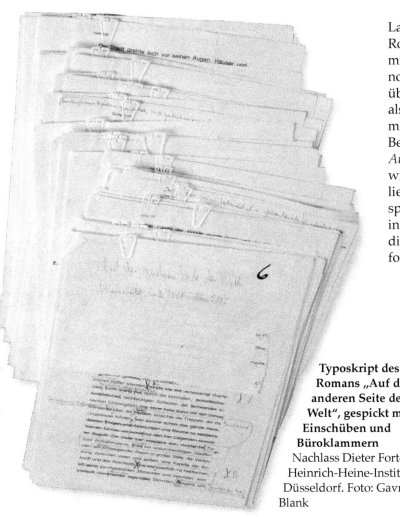

Typoskript des Romans „Auf der anderen Seite der Welt", gespickt mit Einschüben und Büroklammern
Nachlass Dieter Forte, Heinrich-Heine-Institut Düsseldorf. Foto: Gavril Blank

(1) Nach Abschluss des Ankaufs wurden zunächst 2002, dann 2005 erste Materialien von Forte an das Institut übergeben. Darin waren bereits alle Unterlagen (Werkmanuskripte, Notizen, Konzeptblätter sowie Sammlungsmaterialien) der großen Theaterstücke, der Tetralogie und zahlreicher Fernseh- und Hörspiele enthalten. Dieser Part wurde bereits verzeichnet und ist in der Datenbank D:Kult abrufbar: „https://emuseum. duesseldorf.de/objects/135903/vorlass-dieter-forte/related/3". Der Rest, der Archivalien zu den Arbeiten nach 2005 enthält, inklusive der Arbeitsbibliothek, wurde nach Fortes Tod vom Heine-Institut im Oktober 2019 übernommen.

(2) Bei der Verzeichnung wurde dieses Klammersystem vollständig erhalten, die Rostfraß-gefährdenden Metall-Büroklammern wurden durch archivtaugliche Spezialklammern aus Plastik ersetzt.

„Auf der anderen Seite der Welt":
Dieter Fortes Roman erzählt von einer unumkehrbaren Reise
an die Grenzen des Lebens

Im Haus der verlorenen Geschichten

Von Olaf Cless

Vielleicht sollte man ein solches Buch gar nicht besprechen, sezieren, notdürftig resümieren. Man sollte einfach sagen: Da, Leute, lest, lasst euch erschüttern, hier habt ihr was fürs Leben, und fürs Sterben auch. Setzt euch dem Atem dieses Textes aus, seinem Ernst und seiner Illusionslosigkeit, und erkennt euch selbst. Wenn nicht, lasst es bleiben ... Aber die Gepflogenheiten sind andere, wir befinden uns auf dem Literaturmarkt, da erwartet der Interessent handliche Information. Nun denn.

Mit einem Abschied beginnt Dieter Fortes neuer Roman – der sich auch als Fortsetzung seiner Trilogie „Das Haus auf meinen Schultern" lesen lässt –, und diese Abschiedsstimmung will bis zum Ende nicht weichen, ja sie wird nur noch bezwingender. Der junge, lungenkranke Protagonist verlässt seine Heimatstadt, in welcher der Leser bald Düsseldorf wiedererkennt, reist per Eisenbahn und Schiff gleichsam ans Ende der Welt, in ein düsteres Inselsanatorium in der Nordsee. Als er dort, nach mehrmaligem Umsteigen, endlich eintrifft, ist sein großer, schwerer Koffer bereits so ramponiert, dass er für eine Rückkehr kaum mehr in Frage kommt. „Es war alles getan, das Leben war nun vorbei, er brauchte hier nur noch zu sterben."

Doch vorerst sterben andere. Wie der Alte im Nachbarbett des kargen Doppelzimmers, der in langen nächtlichen Monologen, die sich mit dem Meeresrauschen draußen vor dem Fenster vermischen, sein Leben erzählt. Wie der Kaufmann, der noch immer Börsentelefonate führt und eifrig Zahlen notiert. Wie der Rechtsanwalt, der heftig protestiert: „Er krank? Er? Nie! Niemals!"
Je länger der Aufenthalt in diesem Haus der verlorenen Geschichten, dieser Schule der Vergeblichkeit und der Demut währt, desto

Nächtliche Monologe, die sich mit dem Meeresrauschen draußen vor dem Fenster vermischen.

endgültiger entfernt sich der namenlose junge Mann auch innerlich von der wichtigtuerischen Betriebsamkeit des sogenannten normalen Lebens, das drüben, hinter dem Meer, gerade mal wieder mächtig auf Touren kommt. Die „Wirtschaftswunder"-Zeit hat begonnen, die Menschen stürzen sich ins trügerische Konsumglück und zugleich in Schulden, die neu hochgezogenen Städte verlieren ihr Maß und Gedächtnis in uniformen Glas- und Betonfluchten, alles huldigt der allein selig machenden Gottheit Deutsche Mark.

Der Patient auf seinem entrückten Eiland erinnert sich zurück an die Nachkriegsjahre in seiner Stadt, an Sternstunden in Jazzkellern und Kunstateliers, an eigene Gelegenheitsarbeiten, Geldnot und eine niederschmetternde Kündigung, an Weggefährten, die unter die Räder des neuen Zugs der Zeit gerieten, an Emporkömmlinge und Sonderlinge, Konjunkturritter und gescheiterte Genies. Es ist ein Panorama und Panoptikum des beharrlich um sich selbst kreisenden Lebens und Strebens, und unweigerlich geht es mehr und mehr in einen Totenreigen über. Wer mit den Akteuren noch einmal Zwiesprache halten will, muss sich auf den Friedhof begeben. Sofern kein Flugzeug, keine Schnellstraße die Ruhe übertönt, mag er dort wispernde Geschichten vernehmen. Die kann er aufschreiben, für einen Moment dem Vergessen entreißen. Solange er dies tut, lebt er.

Das Gefühl, ein großes Gedicht gelesen zu haben

Lieber Dieter Forte,

heute nachmittag vor genau zwei Monaten erwachte ich in einem Kinderwagen, das dunkelgrüne Verdeck war hochgeklappt, in der Öffnung erschien bildfüllend das freundliche Gesicht eines Mannes, er lächelte, schien sehr zufrieden zu sein und sagte: „Es hat alles wunderbar geklappt." – „Die Narkose?" – „Nein, die Operation."

Der Arzt hatte sich, wie man das bei Frischoperierten so macht, dicht über mein Gesicht gebeugt, er trug noch die Operationshaube, hatte nur den Mundschutz abgenommen; das wurde mir sehr schnell klar; aber die Kinderwagen-Vision ist erhalten geblieben, deutlich, überlebensgroß und eigentümlich erheiternd.

Später dann, als alle Schläuche, Katheter, Bauchbinden, Klammern entfernt waren, als ich wieder lesen konnte, brachte meine Frau mir *Auf der anderen Seite der Welt*. Der Patient im anderen Bett, ein höflicher, offenbar wohlhabender Kaufmann aus Aachen, las unentwegt Zeitungen, die er in größeren Mengen mitgebracht hatte; unterdessen wurde ich in ein seh-, hör-, riech-, körperlich spürbares Sprachkunstwerk verstrickt, immer tiefer; lauter eigene Erlebnisse, präzise Erinnerungen, ganz persönliche, konkrete, an Ereignisse, die in meinem Leben nie wirklich vorgekommen sind, die aber genau so handgreiflich wie die anderen, die es realiter gab, auftauchen;

lauter Bilder, die gleichzeitig von enormer realistischer Schärfe sind und so befremdlich wie Träume; mir fiel ein, daß der „Theorie"-Begriff vom selben Verbum abgeleitet ist wie das Wort „Theater", während ich las; und das scheint mir ein wichtiger Hinweis zu sein auf die gedanklichen Dimensionen des Textes; darüber gäbe es viel zu sagen, aber zuvor muß ich noch etwas anderes loswerden: am Ende hatte ich das Gefühl, ein großes Gedicht gelesen zu haben, nicht nur weil es Gedanken als Bilder sichtbar macht, sondern auch weil diese Prosa, die ohne alle vordergründige Artistik auskommt, auf eine ganz unauffällige Weise musikalisch ist, als würde sie selber Musik machen; man nimmt es bewußt nicht wahr, man wundert sich nur über die eigentümliche Klanglichkeit, die beim Lesen entsteht, leise, aber unüberhörbar, selbst wenn der Zimmernachbar gelegentlich heftig rascheln muß beim Umblättern der großformatigen Frankfurter Allgemeinen Zeitung oder der kleinerformatigen Aachener Nachrichten ...

Unterdessen beschäftigte mich die Frage, wieso Philosophen gelegentlich dazu neigen, Fragen daraufhin zu untersuchen, ob sie überhaupt richtig gestellt seien; die geläufige, meistens mit großem Ernst gestellte Frage nach dem Sinn des Lebens scheint mir in dieser Weise fragwürdig zu sein, mindestens wenn man zu fragen beginnt, durch was sie eigentlich entsteht, wer sie aufgebracht hat; zweifellos ist sie untrennbar gekoppelt an unser modernes individuelles Bewußtsein, von dem in ernst zu nehmenden Theorien behauptet wird, es sei eine kulturelle Eigenschaft, keine biologisches Phänomen, es sei eher so etwas wie eine Erfindung, die es uns ermöglicht, unser Leben, unsere gesellschaftliche Existenz besser zu überblicken, zu durchschauen, im voraus zu bedenken, anhand eben dieses theoretischen Modells, das wir allerdings längst verinnerlicht haben, als Theorie längst nicht mehr wahrnehmen, weil wir darin aufgewachsen sind. Das wäre dann aber nicht etwa ein Argument gegen dieses Bewußtsein, gegen seine Tauglichkeit, die sich ja doch bewährt hat, auch nicht gegen seine Entwickelbarkeit, Differenzierbarkeit, ganz und gar nicht; nur wird dabei, meine ich, ziemlich unübersehbar, daß auch die Sinnfrage Modellcharakter hat, weil sie zur Projektion dazugehört, zum Entwurf, zur Lebensplanung, der individuellen, oder auch kollektiven, eben zum theoretischen Modell; eigentümlicherweise aber tritt sie immer mit einem selbstverständlichen Absolutheitsanspruch auf, den ihr die meisten Fragenden, nein Gefragten dann auch nicht streitig machen: die Sinnfrage als Urphänomen? Eben nicht.

Das ungefähr ist meine Lesart dieses Aspektes; und dann kam da das leuchtende Luftschiff aus Düsseldorf, als wollte es mir zunicken, bestätigend, nehme ich ganz unbescheiden an. Ach, lieber Dieter Forte, es ist bei nur etwas genauerer Betrachtung

einfach nicht möglich, daß wir einander nicht schon begegnet sind, mindestens höchst unwahrscheinlich ist das! In allen diesen Düsseldorfer Örtlichkeiten habe ich mich doch auch fortwährend aufgehalten und umgetan; mit allen den Leuten war ich bekannt, hab ich geredet, gelabert, diskutiert und musiziert, nächtelang, jahrelang; nebenbei war da mein Werbejob, nächtliche Malerei, Chansonsingerei ... nein, hier nicht weiter; dieser Weg führt endgültig in die Geschwätzigkeit!

Trotzdem noch ein paar Minimalandeutungen, die den Krieg, die Nachkriegszeit betreffen: den Angriff, bei dem der Bomber auf den Oberbilker Markt stürzte, habe ich, Luftlinie etwa zwei Kilometer entfernt, im Luftschutzkeller erlebt, wir hörten das Flugzeug brummen, dicht über unserem Haus, Bombeneinschläge immer näher kommend, wie Erdbeben, plötzliche Dunkelheit, die gewaltige Detonation; die Stille, die Erwachsenen wurden hektisch, hackten den Durchbruch auf, dabei war unser Haus verschont geblieben, zufällig, Engerstraße in Flingern.

Mehrere Verwandte von uns wohnten in Oberbilk, manche kamen um, manche wurden ausgebombt. Auf der Markenstraße wohnte Familie Vitt, Onkel Karl, der im Hof Kaninchenställe hatte, vom Küchenfenster im 3. Stock konnte ich auf den großen Rangierbahnhof mit den Dampflokomotiven sehn, vor dem Fenster ein Blumenkasten mit kleinem Gemüse, und so weiter. – Sehr viel später dann wohnten wir selbst am Oberbilker Markt im Haus von Doktor Alvermann, zwischen Josefkirche und Christuskirche,

Diese Prosa, die ohne alle vordergründige Artistik auskommt, ist auf eine ganz unauffällige Weise musikalisch.

kannten die Familie, waren befreundet mit einigen von ihnen. – Und nun ist es tiefe Nacht geworden, morgen werde ich weiterschreiben ...

Aber nicht über Erinnerungen, die sich ja auch nur immer vordrängeln, weil das Epos, hier ist die Rede von der Trilogie, aus vielen ähnlichen Details, Gesamtansichten, Querbezügen, aus bekannten abgründigen Ängsten, aus irrwitzigen Grotesken einen gedanklich begehbaren Kosmos herstellt, der verbindlich ist. Was kann man über Literatur eigentlich noch besseres sagen? Weiß ich nicht.

Diesen Brief wollte ich gleich schreiben, wenn ich aus dem Krankenhaus käme, dachte ich mir. Aber da machte die Seelenlage ihre Rechnung auf; irgendwann konnte ich wieder radieren und kupferstechen, was die Konzentrationsfähigkeit beförderte, aber die rechte Hand ein bißchen schreibunlustig machte; man kann es hoffentlich trotzdem lesen, was hier steht; schreibmaschinen kann ich nicht, früher tippte meine Frau sowas freundlich ab, aber uns ist die alte Reise- "Olympia" hoffnungslos senil geworden; und P.C. und sowas? Wenn man selbst in die Jahre gekommen ist? Jedenfalls muß der Brief jetzt erst mal auf die Reise gehen, es hat schon viel zu lange mit ihm gedauert! Ganz herzliche Grüße. Wenn in Düsseldorf, unbedingt klingeln. Ihr Dieter Süverkrüp

29. XI. 2004

Unser Viertel vor dem Umzug.
Eine Radierung von Dieter Süverkrüp, die dieser an Forte schickte.

Wir müssten uns da schon über den Weg gelaufen sein

Basel, 19. Juni 2012

Lieber Dieter Süverkrüp,

Briefe, die einem wichtig sind, beginnen immer mit einer Entschuldigung, weil man sie eben nicht so nebenbei beantworten will. Man verfügt auch nicht mehr über die Zeit wie früher, da sind gewisse Beschwerden, die mal mehr oder weniger heftig auftauchen, die Krankheit meiner Frau mit ihren unberechenbaren Abläufen kommt hinzu, ausserdem wollte ich, musste ich *Das Labyrinth der Welt*, an dem ich nun so lange geschrieben habe, fertig stellen, der Verlag wartet. Vor einigen Tagen nun habe ich das letzte Kapitel geschrieben, in den nächsten Tagen will ich einmal aufatmen, ehe das Geschriebene wie ein Bumerang wieder auf meinen Schreibtisch zurückfliegt, Sie kennen das ja. Ausserdem, Sie werden lachen, habe ich erst jetzt wieder Ihren langen, langen Brief, den sie vor Jahren geschrieben haben, vor mir. In früheren Jahren war ich immer sehr lange in Davos, da habe ich jeweils wichtige Akten, Manuskripte und Briefe in einen Tresor geworfen, den ich jetzt vor zwei Wochen erst wieder einmal geleert habe, und da lag dann eben auch Ihr Brief inmitten anderer Briefe vom Bundespräsidenten und vom Ministerpräsidenten von Nordrhein-Westfalen usw. Nun ist wieder alles beisammen.

Zunächst einmal habe ich zu danken für die CD-Kassette. So einiges kannte man und konnte es mitsummen und hatte es auch in Erinnerung, aber dass Sie so viele Lieder geschrieben haben, wusste ich nicht, werden die meisten nicht wissen, die Kassette ist also nicht unwichtig. Dann Ihre Graphiken, das sind doch sehr meisterhafte Stiche, ich bin tief beeindruckt. Dieses sardonische Lachen, das in all den Figuren steckt, diese hinterlistige Heiterkeit, dieses satirische Grinsen, es ist beeindruckend. Auch handwerklich ganz erstaunliche Blätter, ich bin richtig verblüfft, so meisterhaft abgeklärt, in ganz verrückten Perspektiven unglaublich schön gestochen. Mir fehlen richtig die Worte diese Stiche zu beschreiben, aber da gibt's halt den Volksmund, ein Bild sagt mehr als tausend Worte, ein Spruch, der stimmt. Die Stiche stehen vor mir, ich wechsle jeden Tag ein Blatt aus und bin beglückt. Es ist fast ein zu grosses Geschenk, und ich danke Ihnen wirklich sehr.

Ihr Brief nach dem langen Krankenhausaufenthalt – nach so einem längeren Spitalaufenthalt sieht man die Welt immer ganz anders, das ist wohl wahr – war und

Briefe, die einem wichtig sind, beginnen immer mit einer Entschuldigung.

ist mir sehr wichtig, weil er doch einen sehr persönlichen, aber eben auch genauen Eindruck meiner Romane gibt. Zur Schärfe der Beobachtung trägt eben wohl auch bei, dass Sie diese Zeit in Düsseldorf miterlebt haben. Man liest so einen Text dann doch ganz anders, das habe ich oft in Düsseldorf erfahren, von Lesern, die das Buch fast als Lebenshilfe mit vielen Lesezetteln unter dem Arm tragen. Dass Sie auch die Musikalität des Textes sehr stark empfunden haben, freut mich natürlich ganz besonders, Sie können das ja wohl am besten beurteilen. Auch Ihre langen Ausführungen zum Sinn des Lebens teile ich. *Das Labyrinth der Welt*, das Sie hoffentlich bald lesen können, dreht sich Seite für Seite um diese Frage aus der Erkenntnis heraus, dass wir die absoluten Wahrheiten niemals kennen werden und uns nur die Fragen übrig bleiben. In diesem Buch werden Sie alle Ihre Gedanken ausführlichst wiederfinden, weil sie eben auch die Altersfragen eines zerstörten Lebens sind.

Sehr schön fand ich auch Ihre knappen Kindheitserinnerungen aus Oberbilk und von Dr. Alvermann. Wir müssten uns da schon über den Weg gelaufen sein, denn ich habe oft im zerstörten Josefs-Krankenhaus mit anderen Kindern Krieg gespielt, wohlgemerkt schon in der Nachkriegszeit, aber der Krieg war in uns Kindern und ist da auch geblieben. Später kannte ich Sie sehr

wohl, mit Ihrem Banjo bei den hochverehrten Feetwarmers sitzend, dann war da der bekannte Süverkrüp der rebellischen Lieder (was für eine Zeit!), da waren Sie dann schon sehr berühmt. Man stiess sich in die Rücken, wenn Sie mit einer Graphik unter dem Arm über den Karlsplatz hasteten: „Da geht der Süverkrüp!" Und jetzt schreiben Sie mir Briefe und schenken mir wertvolle Kupferstiche. Ich glaube, es war für beide ein verrücktes Leben. Wir haben uns halt so durchgehangelt. Chancen hatten wir wenige, aber wir hatten doch viele Möglichkeiten im Kopf.

Ganz herzliche Grüße aus meinem Zufluchtsort Basel, auch an Ihre Frau, die fleissig Mitlesende, auch an Olaf Cless. Ich freue mich sehr, dass Sie es übernommen haben, in der Alvermann-Ausstellung aus meinem Roman zu lesen. Ich könnte das nicht mehr, umso dankbarer bin ich für Menschen, die sich dazu bereiterklären.

Ganz ganz herzlich

Ihr Dieter Forte

PS: Natürlich sollte das alles mit der Hand geschrieben werden, entschuldigen Sie noch einmal. Aber es geht schneller, wenn ich das meiner Frau Kuoni diktiere, sie schreibt das immer sehr schön.

… dass wir die absoluten Wahrheiten niemals kennen werden und uns nur die Fragen übrig bleiben.

Ein junger Mann,
gelegentlich still lächelnd

Lieber Dieter Forte,

immer hatte ich gehofft, wir könnten noch einmal miteinander reden. Telefonieren wollte ich nicht. Und nun muss ich aufschreiben, was ich noch zu erzählen gehabt hätte.

1957 spielten wir, die *Feetwarmers*, einen Monat lang im *New Orleans*. An der rechten Wand gab es eine sehr niedrige Balustrade mit kleinen Tischchen und Stühlen – und freiem Blick auf die Bühne. (Das war einer der skurrilen Einfälle des Horst Geldmacher, bekannt unter seinem Scherz-Namen Flötchen. Der hatte die gesamte Einrichtung des Lokals entworfen.)
Von der Bühne aus sah man das Gewimmel der Tanzenden in seiner schönen Unentwirrbarkeit. Beruhigend überschaubar der Blick auf die kleine Balustrade. Fast alle, die zuvor dort gesessen hatten, waren, als unser Jazz wieder los ging, auf die Tanzfläche geflohen, um dort mitzuwimmeln. Nur einer war sitzen geblieben und hörte aufmerksam zu, was wir da so spielten. Ein junger Mann mit vollem Haupthaar, Typus des neugierigen Intellektuellen, Brille und lustig-listige Augen, gelegentlich still lächelnd, sich offenbar wohlfühlend. Während ich halb schläfrig meine Gitarren-Akkorde schrubbte, konnte ich ihn unbemerkt beobachten.

Und dann in einer längeren Musikpause schlurfte ich über die verödete Tanzfläche und nickte ihm zu, als ich an dem kleinen Flachbalkon vorbeikam. Er nickte zurück, stand auf, wir kamen ins Gespräch. Und das nicht nur einmal, denn er besuchte das *New Orleans* des öfteren. Dann wartete ich die nächste Pause ab, hoppste von der Rampe – und wir setzten unsere Dialoge fort, über Kunst, Musik und Literatur, vor allem aber über Krieg und Nachkriegszeit, über Luftangriffe, Hunger, Trümmer-Elend ... Ach, das wissen Sie ja selber, mein lieber Dieter Forte! Mir fiel es erst ein, nach Ihrem Tode wieder ein, Entschuldigung! Das geschah, als im Heine-Institut einige wichtige Dinge aus Ihrem Nachlass präsentiert wurden. Plötzlich wurde mein persön-

Plötzlich wurde mein persönliches Erinnerungs-Mosaik wieder vollständig, und nur das wollte ich an dieser Stelle mitteilen.

liches Erinnerungs-Mosaik wieder vollständig, und nur das wollte ich an dieser Stelle mitteilen.

Gleich wird Olaf Cless hier eintreffen. Er möchte diesen kleinen Text für dieses Buch haben. Vielleicht kann er ihn gebrauchen. Wenn nicht, kommt er irgendwann ins Archiv des Heine-Institutes, denn auch mein Nachlass soll da dereinst gebettet werden; das

ist schon festgelegt und vereinbart. Vielleicht kommen dort Ihre Briefe an mich und dieser hier miteinander ins Gespräch wie wir damals im *New Orleans*. Wer weiß! Aber wir werden es nicht erfahren, denke ich.

In sanfter Neugier Ihr Süverkrüp

Oktober 2019

Die „Feetwarmers"
mit (von links oben)
Erich Schilling, Heino Ribbert,
Jürgen Buchholz, Dieter Süverkrüp und
Klaus Doldinger. Aufnahme aus den 50er Jahren

„Sprache ist Kritik"

Dieter Forte im Gespräch mit Olaf Cless für das
Düsseldorfer Straßenmagazin *fiftyfifty*, anlässlich der
bevorstehenden Veröffentlichung des Buches
Das Labyrinth der Welt

**Herr Forte, es scheint, dass Basel doch
ganz und gar Ihre Heimat geworden ist.
Sie leben schon über 40 Jahre hier.**
FORTE: Heimat nicht. Heimat ist Düsseldorf. Das bleibt so. Aber eine Wahlheimat
vom geistigen Hintergrund her ist Basel für
mich. Diesen Hintergrund habe ich eigentlich von Anfang an gesucht. Schon in der
Vorbereitung von *Luther & Münzer* bin ich
hierher gefahren, um die Stadt zu sehen und
die Bilder von Friedrich dem Weisen und
von Erasmus von Rotterdam, die hier
hängen. Basel ist natürlich das absolute
Gegenteil von Düsseldorf , in der gesamten
Lebensweise, der Denkart, bis hin zum
Karneval: Was in Düsseldorf leicht ist und
leichtsinnig, ist hier ernsthaft und bedächtig.
Düsseldorf lebt in der Zukunft, kaum in der
Gegenwart, lebt in der Planung dessen, was
alles noch schöner wird; hier lebt man in der
Vergangenheit, und die ist unglaublich alt.
Basel ist eine merkwürdige Stadt, auch im
Verhalten ihrer Einwohner. Aber wenn man
sich mit diesen zweieinhalbtausend Jahren
Geschichte beschäftigt, merkt man: Die
haben sich immer so verhalten, so etwas
närrisch, etwas abseitig. Sie sind ja auch nie
militärisch besetzt worden. Sie haben sich
immer herausgehalten. Dass hier Bücher
wie das *Lob der Torheit* von Erasmus von
Rotterdam oder *Das Narrenschiff* von
Sebastian Brant erschienen sind, spielt eine
große Rolle im Denken. Das „vernünftige",

„zeitgemäße" Denken ist hier unbeliebt.
Man spinntisiert sich lieber irgendwelche
altertümelnden Dinge zurecht und befasst
sich mit der Vergangenheit.

**Und das kommt Ihnen in gewisser
Weise zupass.**
Ja, es ist für mich eine Insel, die aus der
Zeit ist.

**Und wenn Sie aus der Ferne an Ihre
Heimatstadt Düsseldorf denken, ist Ihnen
dann auch „wunderlich zumute"?**
Ja. Doch. Den Vergleich würde ich schon
akzeptieren. Ich denke sehr oft daran, und
die Sprache ist mir immer noch vertraut.
Wenn ich in Düsseldorf aus dem Haupt-
bahnhof komme und ins Taxi steige, und die
reden da in ihrem Singsang – da lebe ich auf.
Und vor allem: Bis man im Hotel ist, hat
man eine ganze Lebensgeschichte gehört.

**Haben Sie jemals erwogen, wieder
nach Düsseldorf zurückzukehren?**
Bis zu einem gewissen Zeitpunkt schon.
Dass sich das mit Basel realisierte, hatte ja
auch etwas Zufälliges – dass *Luther &
Münzer* hier am Theater uraufgeführt wurde
und ich gleichzeitig Hausautor wurde.
Dürrenmatt ging und ich wurde sein
Nachfolger. Das hat sich gleich in den ersten
Wochen der Theaterproben so ergeben. Der
Intendant sagte: So lange ich hier bin, bist

du Hausautor. Das wurden dann schon mal fünf Jahre, und die nachfolgenden Intendanten haben es locker fortgesetzt. Bis ich so weit war, dass ich wusste, ich werde meine Familien-Tetralogie schreiben. Da war eine große ästhetische Entscheidung fällig. Ich hatte immer zuerst ans Theater gedacht. Jetzt wurde klar: Ich musste an die Prosa ran.

Im März erscheint Ihr neues Buch. Ist es eine Fortführung der vier vorausgegangenen Romane?
Gedanklich ja, im direkten Zeitzusammenhang und den Personen nicht. Es ist das intellektuelle und sprachliche Resümee dieser ganzen Arbeit.

Eine Art Schlussstein?
Es ist der Schlussstein eines Gebäudes. Das habe ich dem Verlag auch so geschrieben. Deshalb musste das Buch unbedingt fertig werden, trotz aller Widrigkeiten, die bei mir privat herrschen. Es beleuchtet das Werk rückwirkend auf ganz eigene Art.

Als Sie für Ihre ersten Bände so intensiv in die eigene Kindheit zurückstiegen, in die Kriegs- und Nachkriegsgeschehnisse, war das eine strapaziöse Erinnerungsarbeit – Sie haben sich mehrfach darüber geäußert. War die Arbeit am neuen Buch mit ähnlichen Strapazen verbunden?
Das war sogar noch strapaziöser, weil die Sprache noch höher ausgestellt ist. Der Lektor sagte: Man liest eine Seite, aber die Seite

beinhaltet immer sofort noch eine Seite, weil jeder Satz in sich noch einen Satz hat, den man mitdenken muss. Das Buch wird man also oft lesen müssen oder man wird es gar nicht recht verstehen, so dicht ist es geschrieben. Das war eine schwere Arbeit, aber sie ist auch aus dem Ansatz gekommen, dass ich mich ganz der Sprache überließ. Ich hatte keinen Ablieferungstermin, keinen Vertrag mit dem Verlag, die wussten lange nicht, worum es überhaupt geht, ich habe keinem etwas gesagt. So hatte ich Zeit. Das Projekt stand auch ein paar Mal vor dem Abbruch, durch Krankheit, ich dachte schon, ich schaffe es nie, aber es sollte nun doch sein.

Verraten Sie uns ein wenig über den Inhalt?
Ich entwerfe kaleidoskopartig eine Geschichte der Zivilisation des Menschen, und zwar aus der Perspektive der Bücher und Bilder, die er geschrieben und gemalt hat. Es ist eine Geschichte, die das Unübliche erzählt, also keine Stationen, wie man sie im Sachbuch findet. Und alles ist eingebunden in erfundene Geschichten, die zugleich etwas Philosophisch-Essayistisches haben. Langsam kommt dann Basel ins Spiel. Die Stadt ist in der europäischen Kultur derart zentral angesiedelt, da kann man als Schriftsteller dankbar sein, man hat es als Hintergrund und kann damit spielen.

Das Stichwort Luther ist schon gefallen. Über den Reformator wird wieder viel diskutiert und publiziert. Es gibt neue Veröffentlichungen, die das alte, verklärende Bild zurechtrücken. Da denkt man sofort an Ihr Stück *Martin Luther & Thomas Münzer oder Die Einführung der Buchhaltung*, das vor über 40 Jahren Furore und Ärger gemacht hat. Offenbar ändert sich jetzt doch etwas. Wäre es nicht an der Zeit, dass das Stück auf die Bühne zurückkehrt?

> *Ich hatte immer zuerst ans Theater gedacht. Jetzt wurde klar: Ich musste an die Prosa ran.*

Der Skandal um „Luther & Münzer" wurde politisch herbeigeredet. Politiker empörten sich, meist waren sie noch nicht mal in der Vorstellung gewesen.

Die Theater haben ein Elefantengedächtnis: Da hat es doch damals einen Skandal gegeben! Wobei man gar nicht genau weiß, was da eigentlich war. *Luther & Münzer* war ja ein erfolgreiches Stück, es war spielbar auf jeder Bühne, es wurde auch viel übersetzt. Der Skandal wurde politisch herbeigeredet. Politiker empörten sich, meist waren sie noch nicht mal in der Vorstellung gewesen, aber Gläubige hatten sie vielleicht angerufen: Hören Sie mal, sowas kann man doch nicht zulassen! Und der „Skandal" wurde dann tatkräftig geschürt. In der Berliner Volksbühne gingen die Störer geschlossen in die Vorstellung und veranstalteten auf mitgebrachten alten Schlüsseln ein Pfeifkonzert, von Anfang an. Sie wollten den Abbruch erzwingen, aber die Schauspieler haben durchgespielt. In Köln stand die Familie Adenauer auf, und pflichtgemäß folgte ihr das Bürgertum zu den Ausgängen.

Dabei dreht sich Ihr Stück keineswegs nur um die Religion.
Wer nicht über die *Einführung der Buchhaltung* reden will, der hat das Stück nicht verstanden. Es zeigt ja auch, dass schon damals, mit den großen Kaufmannsfamilien, der Monopolkapitalismus begann und die Globalisierung, über die wir heute immer als neuestes Thema reden. Das Fuggersche Imperium war so groß, dass es die heutigen dreißig deutschen Dax-Unternehmen zusammen an Wert übertraf. Fugger hat denn auch einem Kaiser die Krone gekauft, keinem Geringeren als Karl V., dem Kaiser Europas. Und er hat sich von ihm ein Statut geben lassen, dass er das Monopol innehat auf sämtliche Rohstoffe. Das ist eigentlich das Thema des Stücks: Die Bibel tritt als Buch der Bücher ab, und als neues Buch der Bücher, bis zum heutigen Tag, tritt auf die Buchhaltung. Was haben wir im Moment? Ärger mit den nationalen Buchhaltungen, die alle im Minus sind. Die Kaufmannssprache ist in die Politik gewandert. Die Staaten werden wie kaufmännische Unternehmen geführt. Und das begann damals.

Eine Düsseldorfer Gesamtschule trägt Ihren Namen. Haben Sie Kontakt dorthin?
Das ist eine sehr enge Verbindung. Da bin ich im Unterricht stark vertreten, nicht nur im Deutschunterricht, wo sie meine Romane immer wieder durchnehmen. Sie haben viele meiner Sachen, auch Hörspiele, dramatisiert und aufgeführt. Sie haben sogar eine Biografie anhand meines Werkes geschrieben und auf die Bühne gebracht. Abgesehen davon: Jede Abiturklasse schreibt mir, jeder einzelne Schüler – da kommt immer ein ganzes Paket an –, was er sich vom Leben erhofft, wovor er Angst hat. Ich antworte auch einzeln darauf. Ich habe auf diese Weise ein ganz anderes Bild von der „Jugend von heute", als es die Zeitungen vermitteln. Diese jungen Menschen sind sehr ernsthaft, sehr bemüht, sehr klar, sie machen sich viele Gedanken.

Erstaunlich, dass sie sich Ihnen so anvertrauen.
Ja, seitenweise! Und wenn ich mal persönlich da bin, dann ist das für die Kinder staunenswert, besonders für die ganz jungen. Ich habe auch vielen schon geholfen

Denken ist kritisches Denken,
ich weiß gar nicht, wie es anders gehen soll.

in Krisensituationen. Da hat mir dann die Schulleitung geschrieben, das und das wäre nützlich, und ich habe als Namenspatron Dinge ermöglicht, die sonst nicht möglich gewesen wären. Das hat auch zu Briefen von größter Dankbarkeit geführt. Und wenn ich dann plötzlich in der Schule war, fiel mir so ein Mädchen, dem ich geholfen hatte, weinend um den Hals. Ihr Leben hatte auf der Kippe gestanden, die Mutter hatte sich umgebracht – es gibt manchmal furchtbare Familienverhältnisse.

Ging es nicht auch einmal um die Psychologenstelle an der Schule?
Ja, es gibt eine Psychologin dort. Die brauchen sie auch. Da kriegt schon mal ein Mädchen mit fünfzehn ein Kind. Vor ein paar Jahren, in der Zeit der CDU-Landesregierung, gab es eine Sparwelle und die Psychologin bekam plötzlich eine Kündigung. Da habe ich – ich weiß noch, es war kurz vor Weihnachten – einen geharnischten Brief, wie man das manchmal so hinkriegt, an die Kultusministerin geschrieben. Später berichtete mir die Psychologin, die Ministerin habe eingegriffen und die Kündigung rückgängig gemacht.

Sie kennen ja ein wenig unser Straßenmagazin *fiftyfifty*. Seit rund 18 Jahren gibt es uns. Das ist ein Erfolg, aber wir kämpfen auch manchmal mit Akzeptanzproblemen und schwankenden Verkaufszahlen. Unsere kritischen Beiträge gefallen nicht jedem. Finden Sie es trotzdem richtig, dass wir mit dem Magazin versuchen, eine etwas andere Öffentlichkeit herzustellen?
Das finde ich ja nun unbedingt. Es gibt so viele „Gleichheitsblätter", die Presselandschaft ist doch sehr abgestimmt. Ich kann mich noch erinnern, wie die Zeitungen nach dem Krieg lizenzmäßig eine nach der anderen entstanden. Da war das Spektrum sehr weit. Man kaufte an der Bude mehrere Zeitungen und wusste von vornherein, man kriegt auch andere Meinungen. Das hat sich später kontinuierlich verengt. Es muss doch auch eine andere Farbe, eine andere Stimme geben. Es ist doch überlebenswichtig, dass man eine zweite und dritte Stimme hat. Wir reden immer über Demokratie, aber Demokratie ist ja nur dann, wenn man sich auseinandersetzt mit verschiedenen Meinungen. Mich hat eine andere Meinung nie gestört. Und ich finde auch: Man *kann* doch nur *kritisch* denken. Denken ist kritisches Denken, ich weiß gar nicht, wie es anders gehen soll. Man schreibt in der Sprache, man kann sich auch nicht selbst belügen, die Sprache neigt zum kritischen, genauen Beschreiben, sonst merkt man, dass man Mist schreibt. Sprache ist Kritik. Und das macht das Leben überhaupt erst interessant.

Das Gespräch fand im November 2012 in Basel statt. Dieter Fortes Buch *Das Labyrinth der Welt* erschien dann im März 2013.
Siehe dazu ausführlich Martina Kuonis Beitrag auf Seite 98.

Schülerinnen und Schüler der Dieter-Forte-Gesamtschule nach ihrem Auftritt im Rahmen der Gedenkfeier für Forte im Basler Theater, Juni 2019. Sie spielten dort eine eigens entworfene Szene zum „Atemlosen Schreiben".
Foto: Nicola Gries-Suffner

Schülerinnen und Schüler schreiben an den Autor, er antwortet.

„Ich füge noch ein Foto von mir bei, wo ich als Dieter Forte verkleidet bin"

Eine Collage, zusammengestellt von Nicola Gries-Suffner aus den Briefen eines Leistungskurses Deutsch der Städtischen Dieter-Forte-Gesamtschule, Düsseldorf, und dem Antwortschreiben aus Basel

Düsseldorf, im Februar 2012
Lieber Herr Forte,

auch in diesem Jahr wendet sich mein Leistungskurs Deutsch mit einigen Briefen an Sie, um Ihnen einen kleinen Einblick in die Gedankenwelt einer Abiturientin / eines Abiturienten, die/der an „Ihrer Schule" lernt und lebt, zu gewähren.
Nicola Gries-Suffner

Basel, 14. Mai 2012
liebe Abiturientinnen und Abiturienten!

125

„Die Welt in der man aufwächst, wird zum Maßstab für die ganze Welt. Wohin einer auch geht, wie lange er auch lebt, und sollte er dreimal die Erde umreisen, diese Maßstäbe bleiben, es sind die Grundlagen des menschlichen Zusammenlebens." Laut Google ist das ein Text von Ihnen. Bekannter Weise wächst man den größten Teil seines Lebens in der Schule auf. Laut Zitat wäre die Schule dann ja eine Grundlage menschlichen Zusammenlebens, und wenn man es so nimmt, steht eine der Grundlagen unter Ihrem Namen. Wer kann sonst schon behaupten, Namensträger einer solchen Schule zu sein? Mit dieser Schule haben Sie eine „gefunden", an der jeder Schüler eine Geschichte zu erzählen hat. Die meisten Schüler hätten jetzt auch sonst wo sein können. Ich selber, aus „Äthiopien" stammend, hätte auch wassertragend den Berg hinunterlaufen können. Stattdessen sitze ich im Deutschunterricht von Frau Gries und versuche zu begreifen, warum Woyzeck am „Rad dreht" und warum „Tauben im Gras" nicht nur Tauben im Gras bedeutet. All diese Geschichten von vielen verschiedenen Schülern finden sich hier wieder zusammen. Hier an der Dieter-Forte-Gesamtschule: All diese Geschichten haben einen Zwischenstopp an Ihrer NAMENSTRAGENDEN Schule gefunden. Und all diese Geschichten – wohin Sie auch gehen, wie lang Sie auch leben, und sollten Sie dreimal die Erde umkreisen –, diese Maßstäbe bleiben.

von Samrout Segedom

Samrout schreibt über mein Zitat, dass die Welt, in der man aufwächst, einem die Maßstäbe und die Grundlagen des menschlichen Zusammenlebens für immer beibringt. Sie macht die Schule dafür verantwortlich, weil sie so viel Zeit in der Schule verbracht hat, aber ich denke, das Elternhaus und die Umgebung, in der man aufwächst, ist doch einer der grundlegenden Maßstäbe unseres späteren Verhaltens. Das merkt man allerdings erst, wenn man älter wird, wie maßgeblich doch die Eltern waren.

Omar Porcar schreibt auch über ein Zitat von mir, das ihm wichtig wurde, über die Schwierigkeiten der Kinder von Migranten, die ich in einem Artikel verteidigt habe. Ich finde tatsächlich, dass bei allem unnützen Gerede immer wieder vergessen wird, welche unglaubliche kulturelle Anstrengung es ist, sich in einem anderen Land, in einer anderen Sprache, in einer anderen Kultur zurechtzufinden. Ich bin ja selbst auch in der Schweiz einer von diesen verdammten Ausländern.
Lange habe ich das beigelegte Foto studiert, wo du den Herrn Forte spielst. Die Schreibhaltung ist schon sehr exakt. Man ahnt etwas von der Hingabe des Schreibenden an sein Manuskript. Danke dafür.

Was mich mit Ihnen verbindet, Herr Forte, ist, dass ich Sie zur 40-Jahr-Feier „gespielt" habe. Das Stück nennt sich „Atemloses Schreiben" – dabei habe ich einige Zitate von Ihnen aus einem Ihrer Interviews vorgetragen. Das hat mir sehr viel Spaß bereitet. Ich füge deshalb zum Brief noch ein Foto von mir hinzu, wo ich als Dieter Forte verkleidet bin. Auch wenn man es nicht direkt erkennt, sind auf den zweiten Blick vielleicht einige Ähnlichkeiten zu sehen. Erinnern Sie sich noch an Ihre Worte: „Nehmen wir uns Zeit für die Mühen der Integration, die eine kulturelle Leistung von hohen Graden ist. Schwer zu bewältigen, am schwersten für Kinder, die in einer anderen Kultur aufwachsen. Man sollte sie nicht bestrafen oder wegschicken, weil es Schwierigkeiten gibt. Schwierigkeiten sind die natürlichen Begleiterscheinungen kultureller Wandlungen." Es sind sehr kluge Worte, die einen Menschen wie mich mit spanischen Wurzeln auch sehr zum Nachdenken bringen. In meiner Schullaufbahn habe ich sehr viele verschiedene Persönlichkeiten, Charaktere und Kulturen kennengelernt. Dies ist für mich eine großartige Erfahrung. Das Schönste an meinem Jahrgang ist, dass wir so multikulturell sind und wir sehr viele Nationen der Welt vertreten.

von Omar Choulay Porcar

Ich muss ehrlich sein: In der Einführungswoche hatte ich wirklich Zweifel. Doch irgendetwas hielt mich dann davon ab, mich gegen die Dieter-Forte-Gesamtschule zu entscheiden. Heute, nach drei Jahren, bin ich froh, auf dieser Schule zu sein. Durch die Schule habe ich viele tolle Menschen kennengelernt. Während meines Besuches bin ich ein Stück erwachsener geworden. Ich bin froh darüber, diesen Abschnitt meines Lebens in einer „multi-kulturellen" Atmosphäre verbracht zu haben. Wenn mich demnächst jemand fragt, ob diese Schule gut ist, werde ich schmunzeln und sagen: „Geh auf diese Schule! Das ist das Beste, was du machen kannst."
von Tolgahan Umdu

Lieber Tolgahan Umdu, das hat mir Spaß gemacht, dass du meine Schule so sehr empfiehlst. Wenn ich in Düsseldorf lebte, würde ich oft gerne als Werk verkleidet in der letzten Reihe erscheinen, um euch zuzusehen und zuzuhören. Viel Spaß klingt aus deinem Brief heraus, das ist schön.

Zurzeit gibt es bei mir nur ein einziges Thema: „Die zentrale Prüfung". Man macht sich große Sorgen. Viele machen sich große Sorgen und demotivieren andere, so dass man manchmal sehr verunsichert ist und nicht recht weiß, wann man mit den Vorbereitungen anfangen soll. Die Schulzeit ist wirklich eine Zeit mit negativen und positiven Momenten. Es ist so, als sei man eine große Familie, die sich streitet, aber auch wieder versöhnt. Ich würde sogar sagen, dass ich meine Schulkameraden öfter sehe als meine Familie, und das ist echt witzig, wenn man sich so etwas vorstellt. Ich hoffe auch, dass meine zweite Familie nach dem Abitur einen neuen und guten Lebensabschnitt beginnt, trotz der Tatsache, dass man von nun an auf sich alleine gestellt ist.
von Leona Boakye

Liebe Leona Boakye, dass die Abiturprüfung so zentral und damit auch so abstrakt geworden ist, finde ich auch nicht gut. Aber Schriftsteller werden von den Ministerialbeamten bei solchen Änderungen nie gefragt, das haben wir bei der Sprachreform erlebt. Die lange Wartezeit davor ist wahrscheinlich am schlimmsten, wenn erst mal die Prüfungen laufen, geht es ja schon. Das ist halt wie vor einer Vorstellung, wenn man dann wirklich auf der Bühne steht und seinen Text sagt, ist die Aufregung vorbei, und hinterher versteht man sie gar nicht mehr. Ja, die Schule wird man erst vermissen, all die Freunde und Freundinnen, aber es kommen neue Menschen, und die können dann auch sehr wichtig werden.

Erst einmal möchte ich Ihnen sagen, dass ich Menschen wie Sie bewundere, die mit geschriebenen Worten andere Menschen erfreuen können. In den Deutsch-Leistungskurs bin ich gegangen, weil ich Wörter schätze, besonders wenn sie in einem Buch als Geschichte zusammengefasst sind. Doch leider haben diese Lektüren mich enttäuscht, da ich es nicht zeitgemäß finde, dass wir Schüler nur alte Literatur wie Goethe, von Kleist, Mann, Koeppen, Büchner oder Schnitzler lesen müssen. Dass die deutsche Literatur vielseitig ist, ist toll. Doch wäre es meiner Meinung nach besser, auch etwas Neues in den Unterricht zu bringen. Doch hier ist das Schulministerium schuld – nicht unsere Lehrer/innen.
von Lisa Otremba

Liebe Lisa Otremba, also Goethe, Kleist, Mann, Koeppen, Büchner und Schnitzler sind wirklich nicht so schlecht. Ich verstehe deinen Wunsch, mehr Neues kennenzulernen. Aber ob das Neue besser ist, das ist noch sehr die Frage. Und da es in der Literatur – da irren viele – gar nichts Neues gibt, geben viele Alte einen guten Maßstab ab. In den Künsten gibt es keinen Fortschritt. Wir können nur die alten Fragen immer wieder neu stellen. Schon ein Sophokles schrieb in einem seiner Theaterstücke: „Was ist der Mensch? Wie ungeheuer groß ist der Mensch und doch wie ungeheuer schrecklich ist er." Das ist eine lesenswerte Strophe.

Liebe Marion, du schwankst zwischen verschiedenen Berufen, die Schauspielerei käme in Frage, aber auch das Schreiben von Szenen, also die Autorschaft, da hast du dir die zwei schwersten Berufe ausgesucht. In beiden Berufen wird man nur weiterkommen, wenn man sehr stark von dem Wunsch beseelt ist, entweder zu schreiben oder zu spielen, das muss schon vorhanden sein, sonst hält man es nicht durch, weil beide Berufe sehr viel von einem Menschen verlangen. Als Moderatorin eines Modejournals im Fernsehen siehst du dich auch, das hat einen gewissen Flair, man darf nach Paris und Mailand fahren, Voraussetzung ist nur, dass es ein solches Modemagazin noch gibt. Als ich beim Fernsehen war, gab es das, sehr erfolgreich übrigens und gern gesehen. Ich habe damals viele Modesendungen gesehen, das war durchaus interessant, wenn da die Taille höher oder tiefer gesetzt wurde. Man sieht auch immer schöne Frauen, hat auch keiner was dagegen. Dann versuche mal dein Glück.

Die Tatsache, dass ein ganzer Abschnitt meines Lebens zu Ende geht, macht mich sehr nervös, aber gleichzeitig freue ich mich auch auf etwas Neues, neue Erfahrungen und neue Abenteuer auf dieser Reise, die mein Leben ist, zu erleben. Auf dieser Schule habe ich sehr viel erlebt, unter anderem unvergessliche, lustige Momente im Unterricht, unsere Literaturkursfahrt und unsere Studienfahrt nach Italien. Ich habe viele neue Leute kennengelernt und sehr gute Freundschaften geschlossen.
Obwohl ich viel für die Schauspielerei übrig habe, vor allem in dem Bereich, wo man selbst Szenen schreibt, sehe ich mich in Zukunft dennoch im Bereich der Medien arbeiten, als Moderatorin oder auch Journalistin eines Modemagazins. Ich habe übrigens auch gelesen, dass Sie in der Fernsehspielabteilung des Norddeutschen Rundfunks in Hamburg tätig waren. Ich werde im Sommer ein Praktikum bei einem Fernsehsender absolvieren, worauf ich mich sehr freue.
von Marion Majas

Manche Briefe handeln vom Abschied nehmen, was natürlich verständlich ist. Auch für mich heißt es dann Abschied zu nehmen, von meinem Deutschkurs, von Menschen, mit denen ich gerne gearbeitet habe, die alle so unterschiedlich und interessant mit ihren verschiedenen Charakteren, ihren Auffassungen und Ideen sind, die mir auch ans Herz gewachsen sind. Wenn ich darauf zurückblicke, weiß ich genau, was mir meine Arbeit bedeutet, was es heißt mit so vielen jungen Menschen jeden Tag in einen lebhaften Austausch zu gelangen."
von Nicola Gries-Suffner

Ich wünsche Ihnen alles Liebe und bleiben Sie uns gesund. Ich wünsche Ihnen für das weitere Leben alles Gute und viel Gesundheit und Erfolg. Ich freue mich sehr auf Ihre Antwort und wünsche Ihnen weiterhin alles Gute. *Alle*

Mit freundlichen Grüßen

*Samrout Segedom, Omar Choulay Porcar,
Leona Boakye, Tolgahan Umdu, Marion Majas,
Lisa Otremba, Nicola Gries-Suffner*

Ich hoffe, ich habe alle erwähnt und wünsche für das weitere Leben, das ja nun ganz ernsthaft daherkommt, viel Glück, aber auch viel Spaß und Freude an den Dingen, die ihr tun werdet. Das wird schon. Meistens wird man ja ganz etwas anderes als man sich vorgenommen hat, aber das kann auch sehr spannend sein und zu Erfüllung führen. Denn Erfüllung sollte man in einem Beruf ja finden.

Herzliche Grüße
vom Autor der Schule

Dieter Forte

Das Leben – ein Liebesdienst

Von Vera Forester

Es begann 1990 mit dem Vorgespräch für eine Uraufführung. Dieter Forte hatte zwei Jahre zuvor in offiziellem Auftrag zum Siebenhundertjahrjubiläum ein Volksstück über seine Heimatstadt Düsseldorf geschrieben. Mit Witz und Ernst beschwört es den bewegten Lauf der Geschichte von Napoleon bis zum Einmarsch der Amerikaner 1945 herauf. Und eine Oberbilker Arbeiterfamilie, die ihr Leben tapfer durch schlimmere und bessere Zeiten, durch Besetzungen, Kriege, Revolutionen, Frieden, Freude und Elend rettet. Düsseldorf: ein deutsches, ein europäisches Bei-Spiel. Und wenn gar nichts mehr geht, wird dem Volk wieder in einer Groß-Ausstellung die schönere Zukunft vorgegaukelt.

**Die Proben für „Das endlose Leben" standen unter einem guten Stern:
Arbeit an einer Tanzszene, 1991.** Foto: Sonja Rothweiler / Theatermuseum Düsseldorf

Das ursprünglich interessierte Düsseldorfer Schauspielhaus hatte dem pünktlich eingereichten Stück eine herbe Abfuhr erteilt, wie zuvor und danach allen, wirklich allen Dramen des immerhin berühmten Autors. Die Aufführungsrechte schubste man kurzerhand an Forte zurück. Der springlebendige Text fror kaltgestellt im Kulturamt. Bis zwei Jahre später angesichts dieser Peinlichkeit der Imperativ laut wurde, er müsse nun doch noch irgendwie, aber wie? aus dem Eiskeller der Missachtung hervorgezogen werden. So kamen schließlich Wolfgang Forester und ich mit unserer ‚Theaterinitiative NRW' ins Spiel und zur ehrenvollen Aussicht, die Uraufführung eventuell als freie Produktionsgruppe in Düsseldorf zu realisieren.

In der Hoffnung, wir könnten Dieter Forte trotz der verfahrenen Situation für die Idee erwärmen, trafen wir ihn und seine Frau Marianne in Basel. Zwei aufgeschlossene, enorm beeindruckende Menschen. In den letzten Jahren hatten wir Fortes Erfolgsstück *Martin Luther & Thomas Münzer* an zwei Theatern inszeniert, der Forte-Duktus war uns vertraut, das neue Projekt begeisterte uns. So öffneten sich wie von selbst die Schleusen zu einem temperamentvollen Gedankenaustausch – und einem gemeinsamen Projekt.

> *Zwischen ihren Worten spürten wir wie ein zartes Grundmotiv die Absicht, ihren Mann zu beschützen.*

Sehr aufmerksam nahm Marianne Forte an allen Arbeitsgesprächen teil. Sie war eine dunkelblonde, auf uneitle Art hübsche, liebenswürdige Frau. Ihre Bescheidenheit fiel uns auf, und ihr leiser Humor. Wenn sie etwas sagte, wirkte es sachlich, nüchtern, an der Machbarkeit orientiert. Zwischen ihren Worten spürten wir wie ein zartes Grundmotiv die Absicht, ihren Mann zu beschützen. Alles von ihm fernzuhalten, was ihn irritieren konnte. Die Beziehung der beiden mit ihrer starken Aura wirkte nicht nur als symbiotische Ehe, sondern weit darüber hinaus – und voller Geheimnis – als existentielle Notwendigkeit.

Für das neue Stück fanden wir gemeinsam den Titel *Das endlose Leben – Düsseldorfer Volksstück*. Wolfgang Forester und ich, Regisseur und Dramaturgin, stürzten uns in die Vorarbeiten. Die Proben standen unter einem guten Stern. Zur Premiere am 12. Oktober 1991 im Stadtmuseum kamen die Fortes nach Düsseldorf, mittenhinein in den Uraufführungstrubel mit den vielen Begleitterminen, die Forte wahrnahm, soweit es seine offenbar empfindliche Konstitution erlaubte. Die Inszenierung gefiel ihm zu unserer Freude sehr, wie auch die Resonanz. Jedoch – die Enttäuschung über den Totalboykott seiner Werke durch das Schauspielhaus der Vaterstadt konnte natürlich nicht von einer noch so erfolgreichen freien Produktion gelindert werden. Marianne tat über die Jahre das Menschenmögliche, ihn zu trösten. Aber die Verletzung heilte nicht mehr. Nie.

Wir vier blieben noch eine Weile privat, manchmal auch beruflich in Verbindung. Dass wir uns nicht aus den Augen verloren, ist einer Besonderheit zu verdanken: Dieter Forte lebte als Düsseldorfer in Basel, ich als Baslerin in Düsseldorf. Aus familiären Gründen reiste ich regelmäßig rheinaufwärts und war auch öfter bei den Fortes

„Allen Beteiligten ein herzliches Toi Toi Toi (über die richtige Schulter) und ein schönes endloses Leben" wünschte Forte einige Wochen vor der Düsseldorfer Aufführung. Das Kartenmotiv zeigt Ernst Ludwig Kirchners Gemälde „Davos mit Kirche" (1925). Hier verbrachten Marianne und Dieter Forte über viele Jahre die Sommermonate. Die Davoser Luft tat gut.
© Kunstpostkarte: Dr. Wolfgang und Ingeborg Henze, Campione d'Italia

zu Besuch. Dieter prägte dafür den Begriff „Basler/Düsseldorfer Gemeinschaft". Zwei Rheinstädte, heimatlich vereint durch die Kraft menschlichen Zusammenseins – wunderschön, der Gedanke!

Die Fortes residierten mit unscheinbaren Möbeln und imposanten Bücherwänden in ihrer Etagenwohnung unweit des Platzes, wo seit dem Mittelalter der berühmte Basler Totentanz triumphierend seine sterbenswunde Pracht entfaltet hatte, als Wandmalerei auf der Predigerkirchhofsmauer. Sie wurde 1805 niedergerissen und in Stücke gehauen – rabiate Basler Spätfolge der Aufklärung.

Es waren herrliche Nachmittagsstunden in der Sommergasse. Das Forte-Ingenium beherrschte wie ein Kometen-Streiflicht die Szene. Scharfzüngig, klug, originell und freimütig. Diese Gespräche gehören zu meinen kostbarsten Erinnerungen. Marianne gesellte sich dazu als freundlich-zurückhaltende, dafür umso wachsamere Beobachterin, nachdem sie uns mit Kaffee und Süßigkeiten bewirtet hatte. Zwischen die Besuche spannten sich Anrufe und eine ausführliche Korrespondenz.

*Bewusst und ohne Gesichtsverlust machte Marianne
aus der Berufung, mit diesem Mann zu leben, ihre Profession.*

Allmählich gewann ich einen tieferen Eindruck von Mariannes immenser Bedeutung im Forte-Kosmos. Das Geheimnis lichtete sich langsam, denn zunächst erschien sie fast ein wenig wie aus der Zeit gefallen. Typus Künstlergattin längst vergangener Epochen, als sich die Frauen auf Gedeih und Verderb ins Ehejoch zu fügen hatten. Künstlergattin: so wurden leicht ironisch weibliche Wesen tituliert, die ihr Leben auf Messers Schneide an der Seite eines egomanischen Genies fristeten. Kaum beachtet, da nur SEIN WERK zählte, immer drei Schritte im Hintergrund, immer in Unsicherheit, immer außerhalb der „normalen" Bürgergesellschaft, meistens an der Armutsgrenze oder gar in der Hungerzone, tapfer, vielleicht mit einem leicht verhärmten Zug im Gesicht.

Bei Marianne und im zwanzigsten Jahrhundert lag der Fall hinter dem Anschein vollkommen anders. Sie kam jung mit Dieter zusammen. Eine Liebesehe. Sie war Sekretärin, er Autor am Anfang seiner Laufbahn – und seit früher Kindheit von einer chronischen Lungenkrankheit gepeinigt. Bewusst und ohne Gesichtsverlust machte Marianne aus der Berufung, mit diesem Mann zu leben, ihre Profession. Als ich sie kennen lernte, hatte sie den Wirkungskreis längst zu einem hochqualifizierten Dienstleistungsunternehmen ausgebaut. Exakt und exklusiv auf Dieters Bedürfnisse zugeschnitten. Siebentagewoche, Vierundzwanzigstundentag. Es umfasste folgende Aufgaben:

1. Sekretärin. Sie erledigte alle Sekretariatsarbeiten, und ihre Qualität als Schreibkraft kam in großem Stil zum Dauereinsatz. Ihre Finger tippten jedes Wort „ins Reine", das er mit steiler, spitzer Handschrift verfasste. Das meiste schrieb sie nach Korrekturen mehrmals ab. Die Manuskripte für die jeweiligen Verlage oder Redaktionen brachte sie in die richtige Form. Seine gesamte Korrespondenz übertrug sie in die Maschinenschrift, so wie alles Übrige, was seinen breiten Tisch verließ und mit einem Satz auf ihrem Arbeitsplatz landete. Es ist nur folgerichtig, dass sie ihr dankbar seine gesamten Bücher widmete.

2. Pflegerin. Dieters Lungensyndrom mit seinen Schmerzen, seinen bedrohlichen Atemnöten war tausendmal brutaler als ein Außenstehender je erahnen konnte. Er verheimlichte es vor der Umwelt, besonders in der ‚Kulturszene', was mehr als begreiflich ist angesichts der allgemeinen Versessenheit auf die Fetische ‚Power' und ‚Fitness'. In Wirklichkeit tyrannisierte das hoffnungslos-unheilbare, wachsende Leiden gnadenlos jeden einzelnen Tag. Genau dosierte Medikamente, Ruhezeiten, Sauerstoffbehandlung, um nur weniges zu nennen – Marianne steuerte als kompetente Pflegerin das Anwendungs-Programm, auch die Abweichungen für jeden speziellen Anlass. Sie sorgte dafür, dass nichts vergessen, alles auf die Minute eingehalten wurde. Trotzdem musste sie ihn oft genug im Schreckenskampf gegen die Zeit ins Krankenhaus bringen, wenn ihn wieder ein lebensgefährlicher Anfall überwältigte. Die Reise nach Düsseldorf nannte er später in einem Brief „… ein Drehbuch von mehreren Seiten, abenteuerlich, andere fahren mit solchen Vorbereitungen zum Nordpol, für mich bedeutet es die Zusammenraffung aller Kräfte und die Augensprache mit Marianne, die immer dafür sorgen muss, dass ich wieder rechtzeitig in meinem Hotelzimmer bin, wo wir mich dann hinter den Kulissen wieder fit machen müssen für den nächsten Auftritt, allein könnte ich das gar nicht mehr machen."

Für die Sommermonate zogen die beiden zwangsläufig jedes Jahr nach Davos, in stets dasselbe Apartment an der Turbanstraße. Die Davoser Luft tat ihm gut, aber Thomas Manns Zauberberg mit seinen zwölftausend Krankenbetten kann ein trüber Schauplatz sein. Von seinem Schreibtisch aus sah Dieter die Wiese, auf der sich der Maler Ernst Ludwig Kirchner 1938 erschossen hatte. „Uns geht es hier im Moment nicht so besonders, ich sage uns, denn wenn es mir nicht besonders geht, geht es auch Marianne schlecht", schrieb er einmal aus den Bergen. Im Gegensatz zu ihrem Patienten beklagte Marianne sich nie. Sie war, wo auch immer, in ihrem Element, wenn sie ihn betreute.

3. Haushälterin. Sie hatte neben der ganzen Schwerarbeit allein die Last der Haushaltsführung zu tragen. Hielt die Wohnlichkeit in Gang, kochte die Mahlzeiten, die er vertrug, bewirtete die Gäste, alles tadellos und zuverlässig.

4. Lebenspartnerin und Therapeutin. Sie war die verständnisvollste Gefährtin, die man sich denken kann. Eine anspruchsvolle Mission. Eingekerkert im Gelass seines kranken Körpers terrorisierte ihn die höchst komplizierte Forte-Seele. Erbitterung, Traurigkeit, Ängste, Verzweiflungsanfälle ballten sich zur monströsen ständigen Begleiterscheinung.
„Wir leben zwischen meiner allzu großen Sensibilität und den unbarmherzigen Gesetzen einer Krankheit, haben erfahren müssen, dass die meisten Menschen das

nicht akzeptieren, überhaupt nicht verstehen, aggressiv werden, und haben uns deshalb auch immer mehr zurückgezogen", schrieb er mir.
Immer wieder musste Marianne unter einem Vorwand Besuche absagen, private oder berufliche Verabredungen annullieren, Gäste kurzfristig ausladen, wenn sein Zustand zu prekär wurde. Uns meldete sie etwa: „Dieter ist völlig ,von der Rolle'." Oder: „Dieters Nervenkostüm ist so angekratzt, dass ein Treffen unmöglich ist."

Er fühlte sich prinzipiell als Fremder auf dieser turbulenten Welt. In einem Interview sagte er: „… dann muss man sich irgendwie entscheiden, entweder schreibe ich oder ich lebe. Alles andere geht nicht." Dabei

Auf einer weiteren Kunstpostkarte, mit Ernst Ludwig Kirchners „Blick auf Davos" (um 1924), schreibt Forte unter anderem: „Umstehendes Bild firmiert unter Expressionismus. Stimmt nicht. Bei gewissen Lichtverhältnisses sind das Lokalfarben. Es sieht dann wirklich so aus …"
© Kunstpostkarte: Dr. Wolfgang und Ingeborg Henze, Campione d'Italia

marterte ihn manchmal überfallartig ein qualvoller Lebenshunger, eine abgrundtiefe Sehnsucht nach Genüssen und Schönheiten und Reisen und Ausschweifungen und Abenteuern. Da konnte es sogar geschehen, dass er sich gegen Marianne auflehnte, die ja notgedrungen seinen eingeschränkten Alltag verkörperte.

Sie hatte Verständnis dafür, wie für alles. Ertrug seine Ausfälle, beschwichtigte ihn, ließ selbst, obwohl kerngesund, keinen unrealistischen Lebensdrang erkennen, setzte gegen seine Aufwallungen ihre Einsicht in die Notwendigkeit, hielt ihn körperlich und seelisch in der Balance, die allein es ihm erlaubte, zu existieren und sein bedeutendes Werk zu tun, mit dem sie sich unerschütterlich identifizierte.

Eine Szene des Forte-Existenzkampfs erlebte ich aus der Nähe mit, als Dieter 1992 den Basler Literaturpreis bekam. Einerseits freute er sich über die Genugtuung. Andererseits stürzte ihn die Pflicht, bei der Preisverleihung die Dankesrede zu halten, in flammende Panik. Das Stimmorgan konnte versagen! Atemnot konnte ihn lähmen! Die Besorgnis wurde übermächtig, er bat mich, im schlimmsten, aber wirklich nur im allerschlimmsten Fall seinen Text stellvertretend vorzutragen. Es war im Vorfeld ein wochenlanges Hin und Her, das Marianne sicher an den Rand ihrer Kräfte trieb. Wir wussten bis kurz vor der Feier nicht, wie er sich entscheiden würde. Er schrieb mir: „Seilschaft in unwegsamem Gelände. Herzlichen Dank für Deine Bereitschaft. Wenn es nicht geht, habe ich eben noch Dich." – So geschah es. Er saß mit stiller Todesverachtung im Festsaal, flankiert von Marianne und mir – und war zuletzt doch gerührt über die Wirkung seiner ‚Gedanken zu Basel'; ich hatte mich prophylaktisch darauf vorbereitet, sie würdig zu präsentieren.

Dieters Lungensyndrom mit seinen Schmerzen, seinen bedrohlichen Atemnöten war tausendmal brutaler als ein Außenstehender je erahnen konnte.

Hier in Basel hatte er 1970 am Theater der Stadt seinen sensationellen Erstlingserfolg gefeiert mit der Uraufführung von *Martin Luther & Thomas Münzer*, die ihn international berühmt machte. Hier an der Bühne hatte er noch einige Spielzeiten als Hausautor fungiert, hier in der Humanisten- und Chemiestadt war er dann als freier Schriftsteller geblieben. Zuerst muss er, der Fremde, sich schwer getan haben mit der Basler Lebenswelt. Später lernte er sie schätzen. In besagter Dankesrede schrieb er: „Basel, die Stadt auf der Grenze, lebt von der Durchlässigkeit dieser Grenzen, vom gegenseitigen Respekt der Völker, von der Gemeinsamkeit der hier Ansässigen." So konnte er sich in der „Stadt auf der Grenze zwischen drei Staaten" relativ heimisch fühlen, konnte mit der Zeit sogar von seinem „geliebten Basel" sprechen.

Marianne ließ nie das mindeste Heimweh erkennen. Heimat lag für sie haargenau da, wo Dieter war, egal auf welchem Fleck der Erde. So wunderbar eindeutig kann Liebe sein.

Dieter Forte befasste sich auch mit der Ausdrucksform des Totentanzes. Er schrieb seinen eigenen, modernen Basler Totentanz in Gestalt einer dramatischen Dichtung. Er selbst fühlte sich so oft, so grausam oft dem Dahingehen näher als dem Leben, so verloren im dunklen Zwischenreich auf der Trennlinie – die magische, schaurig-elegante Schönheit des Sterbereigens musste ihn faszinieren.

Auf dem alten Totentanzbild wurden die todgeweihten Menschen traditionsgemäß in der sozialen Rangfolge – und jeder von einem frech-fröhlich tanzenden Gerippe zum Stolpergang ins Jenseits genötigt. Zuerst der Papst, dann der Kaiser, bis hin zu den ‚Geringsten'. Der Maler, also der Künstler zeigt sich selbst als den Vorletzten. Zuallerletzt holt ein besonders dreistes Skelett mit fast obszöner Klammerbewegung die ‚Malerin' ab.

Ich dachte immer, Marianne werde nach Dieter sterben, da sein Leben ohne ihre Fürsorge undenkbar war. Es kam etwas anders. Er überlebte sie, wenn auch nicht sehr lang. Und hat sie sogar in ihren letzten Wochen mit sicher übermenschlicher Anstrengung gepflegt.

Wer Marianne Forte kennen lernte, wird sie nicht vergessen. Sie war eine starke Frau, die mit höchster Kompetenz in ihrer Berufung aufging: im Liebesdienst an ihrem Lebensmenschen, der sein großes Werk nicht anders als mit ihrer schrankenlosen Unterstützung zur Welt bringen konnte.

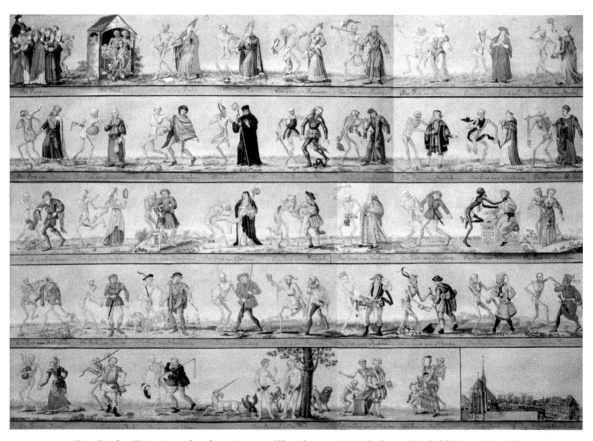

Der Basler Totentanz in einer Aquarellkopie von 1806 (Johann Rudolf Feyerabend). Das Originalfresco aus dem 15. Jahrhundert befand sich an der Innenseite des Laienfriedhofs des Predigerklosters. Es wurde 1805 zerstört. Historisches Museum Basel / Wikimedia

Inventur des Mythenschreibers

Von Lothar Schröder

Lange hatten wir nichts mehr von Dieter Forte gehört. Verschollen schien der 83-jährige Düsseldorfer im fernen Basel, wohin er einst, 1970, gegangen war. Als nämlich sein Theaterstück *Martin Luther & Thomas Münzer oder Die Einführung der Buchhaltung* im hiesigen Schauspielhaus nicht uraufgeführt wurde oder werden durfte und Forte praktisch mit dem Manuskript unterm Arm also nach Basel weiterzog. Und dort wurde es dann ein Welterfolg: von fünfzig Bühnen gespielt, in neun Sprachen übersetzt. Forte blieb in Basel, wurde Hausautor des Theaters als direkter Nachfolger von Friedrich Dürrenmatt. Erst viel später hatte Düsseldorf wieder die Nähe zu ihm gesucht, gab einer Gesamtschule seinen Namen, verlieh ihm die Heine-Ehrengabe. Die Verbitterung bei Dieter Forte aber war spürbar geblieben, der doch mit einer über Jahrhunderte reichenden Saga zweier Familien seiner Heimatstadt nach Harry Heine das vielleicht größte literarische Denkmal gesetzt hat.

Nach vielen und zunehmend stillen Jahren dann 2019 sein Werk *Als der Himmel noch nicht benannt war*. Es ist die Menschheits-Spurensuche in einer Bibliothek, an einem wunderlichen, dabei tatsächlich existierenden Ort: im Haus der „Allgemeinen Lesegesellschaft Basel" von 1787, das mit seinen 75.000 Büchern fast jeden Tag geöffnet hat und gleich neben dem Münster liegt. Genau dort, in diesen verwinkelten Räumen mit Bücherregalen aus dunklem Holz und kleinen Lesenischen hier und da, durfte ich gemeinsam mit der Schauspielerin Claudia Burckhardt einmal einen Vortrag halten – über seine Romane. Auch Dieter Forte war gekommen, hörte zu und gab sich anschließend, wie so oft, zurückhaltend, aber ganz ohne Arg, interessiert, dabei leise und die eigenen Worte in Ruhe bedenkend. Als wir auf dem nach Lesungen üblichen Weg in irgendein Bierhaus auch am Münster vorbeikamen, erwähnte Dieter Forte wie nebenbei, dass dort ja Erasmus von Rotterdam begraben liege. Das wussten alle, die mitgingen. Und eigentlich hatten seine Worte auch keinen richtigen Adressaten. Sie waren in die Nacht hineingesagt, ein vernehmliches Selbstgespräch vielleicht oder eine Selbstvergewisserung, dass Erasmus dort – so nahe – seine letzte Ruhstätte gefunden hat. Es schien in diesem Augenblick gut für Forte gewesen zu sein, dies zu wissen und sich wie eine Art Beschwörung in Erinnerung zu rufen.

Der Humanist Erasmus von Rotterdam (1466-1536) war Fortes Vorbild. Und in seinem Langgedicht über den *schreibenden Erasmus von Rotterdam*, wie ihn Holbein gemalt hat, hat sich Dieter Forte gespiegelt. Die Bildbeschreibung des Humanisten ist ihm zum idealistischen Selbstporträt geworden: mit dem „lächelnden Wahrheitssucher" und „zornigen Emigranten", wie es darin heißt – ein Weltbürger, der isoliert in der Erkenntnis ist, „in der Ohnmacht der

Vernunft, in der Einsamkeit des Schreibenden, den kränklichen Körper schützend". Dieter Forte ist selbst fast ein ganzes Leben krank gewesen, lungenkrank seit jungen Jahren. Auch darüber hat er literarisch Auskunft gegeben, unter anderem in dem düsteren Überlebensroman *Auf der anderen Seite der Welt* von 2004.

Dass sein großes, kleines Buch *Als der Himmel noch nicht benannt war* sein letztes Werk sein sollte, das zu Lebzeiten erschien, konnte damals niemand wissen. Aber man konnte es ahnen, herauslesen aus den Worten und Sätzen, in denen es rumort und es um nicht weniger geht als die 5000 Jahre währende Geschichte der Menschheit, die Erschaffung der Welt und die Erfindung der Sprache. Unglaublich, kaum fassbar.

Forte ist den Menschen auf der Spur in einer Expedition und mit einem Bibliothekar an seiner Seite, der mit ihm durchs Bücherhaus zieht, stets getrieben von der Überzeugung, dass die Menschen, seit es sie gibt, erzählen. Sein letztes Buch geriet ihm zur Bilanz und ist uns Lesern ein Trostbuch – mit der Bibliothek als Sinnbild von Ewigkeit. „Die Bücher herrschen über die Vergangenheit", heißt es. Und „Die Wahrheit ist die Summe aller Widersprüche", die Realität letztlich „eine Glaubenssache". Wir begegnen dort dem Gehilfen mit seinem Bücherkarren und dem Mythenschreiber vergraben hinterm Bücherberg.

Der Verlust der Worte aber ist das Ende. In fünf eingestreuten Kapiteln wird auch vom Besuch einer Sterbenden berichtet, seiner Ehefrau. Ein Haus mit weißen Räumen und weißen Fluren. „Das ist eine Blume. Das ist eine Wiese. Das ist ein Baum. Das ist ein Fluss", memoriert der Erzähler am Bett. So klingt eine Inventur. Es ist auch seine eigene

geworden. Menschheitsgeschichte schmilzt zusammen aufs einzelne, letztlich noch verfügbare Wort. „Er legt das Buch zur Seite, schließt die Augen und bleibt in der Stille", heißt es zum Schluss. Wir sollten Dieter Forte als einen großen Mythenschreiber hinter einem Berg von Büchern erinnernd bewahren – nicht aber, wie ein Künstler ihn gemalt hätte, sondern wie seine eigenen Büchern von ihm erzählen.

Fortes letztes zu Lebzeiten erschienenes Buch. Der Umschlag zeigt eine Abbildung aus Peter Apian, *Astronomicum Caesareum*

Rede zum Gedenken an Dieter Forte,
gehalten am 15. Juni 2019 im Theater Basel

Das Schreiben kostete ihn nicht Kraft, es gab ihm welche

Von Jürgen Hosemann

Am 20. März dieses Jahres habe ich Dieter Forte das letzte Mal besucht, in Basel, im Claraspital. Ich habe ihn an diesem Nachmittag zuversichtlich und, so kam es mir vor, in guter Stimmung angetroffen. Er erzählte von gleich zwei neuen Büchern, die er begonnen hatte: ein sogenanntes Nachtbuch mit Aufzeichnungen und ein Roman. Der Roman, sagte er, spiele in einer kleinen Stadt – gemeint war Basel –, an einem einzigen Tag, an dessen Morgen ein Gewitter aufziehe, was dann am Abend niedergehe. Dazwischen unterminiere eine Frau die Männerwelt der Gesellschaft. Ich hörte ihm gern zu. Er war in seinem Element, den Geschichten. Auf seinem Nachttisch lag „Das Narrenschiff", das berühmte Buch des Basler Professors Sebastian Brant von 1494, das Dieter Forte sein Leben lang als zeitgenössische Literatur gelesen hatte. Ich machte mir einen Kaffee mit der Maschine auf seinem Zimmer, auf der Kapsel stand „Espresso forte". Wir lachten beide. Nichts deutete für mich an diesem Nachmittag darauf hin, dass wir uns nicht mehr wiedersehen würden. Trotz so vieler Jahre im Beruf dachte ich offenbar, ein Autor, der ein Buch schreibt, stirbt nicht, bevor es beendet ist. Ich wollte es so.

Fünfzehn Jahre lang bin ich zu Dieter Forte nach Basel gefahren, das erste Mal am 22. Januar 2004, sicherheitshalber zusammen mit Monika Schoeller, seiner Verlegerin. Zu diesem Antrittsbesuch fuhr ich nicht ohne Anspannung: Der vom damals noch relativ unerfahrenen Lektor zu Besuchende hatte ein hochgerühmtes und nicht unkompliziertes Werk geschaffen und sich gerade mit seinem bisherigen Lektor überworfen. Ich wusste, dass dieser Autor auf die Frage des FAZ-Magazins „Was ist für Sie das größte Unglück?" geantwortet hatte „das Leben", und auf die Frage nach seiner Geistesverfassung: „Wie immer miserabel". Dieser Autor war offenbar das, was in der Fachsprache der Verlage ein „schwieriger" Autor war. Es war dann ganz leicht. In meiner Erinnerung empfingen mich Dieter Forte und seine Frau Marianne mit der größten Freundlichkeit; unsere gemeinsame Herkunft aus dem Rheinland mag dabei geholfen haben.

Meine Besuche in Basel, in der Sommergasse, liefen dann immer gleich ab. Nach einem kleinen Imbiss um 13 Uhr nahmen wir in seinem Wohnzimmer Platz, er im weißen Ledersessel bei den Büchern, ich gegenüber bei den Bildern. Ich erzählte ihm dann von den Entwicklungen im Verlag und auf dem Buchmarkt, ich war ein Bote aus einer Welt, deren Lauf er zwar noch sehr genau verfolgte, die er aber eigentlich nicht mehr betrat.

Er wiederum zeigte mir, was er geschrieben hatte. Es waren Seiten, die er mit seiner kleinen, spitzen Handschrift dicht gefüllt hatte, voller Durchstreichungen, Umstellungen und das Ganze in vier Farben, hier lagen die Entstehung jedes einzelnen Satzes, die Formierung und Fixierung des Gedankens so offen vor mir, wie es im Zeitalter elektronischer Texterfassung kaum mehr möglich ist. Es waren Seiten, die er anschließend diktierte und sich abschreiben ließ, um sie von neuem zu überarbeiten, also an das Gedachte, an das wirklich Gemeinte heranzuschreiben.

Mit der Zeit wurde mir bewusst: Das Schreiben kostete ihn nicht Kraft, es gab ihm welche. Wenn er schrieb, ging es ihm gut. Dann gelang es ihm sogar, die Verzweiflung und die Bitterkeit, die auch in ihm waren, in Stärke umzuwandeln – in Literatur. Aber der alchimistische Umwandlungsvorgang gelang nicht immer. Die Zimmertemperatur betrug übrigens bei jedem meiner Besuche zwischen 24 und 28,3 Grad – er hatte ein Thermometer auf der Fensterbank –, weshalb ich in der Regel drei oder vier Stunden später verschwitzt und gesotten die Sommergasse wieder verließ, im Sommer, Frühjahr, Herbst und Winter.

Es war immer sehr still in dieser Wohnung, und die Stille vertiefte sich noch in den Jahren ohne Marianne Forte. Dieter Forte sah sich als Letzten einer langen Ahnenreihe, die offenbar hier in dieser Wohnung ihr Ende gefunden hatte. Der große Zug der Vorfahren durch ganz Europa, den er in den Romanen seiner „Tetralogie der Erinnerung" beschreibt, war hier zum Stillstand gekommen, der Lebenslärm von Hunderten, von Tausenden Menschen hier verklungen, in seinem Kopf.

"Ich lebe einsiedlerisch mit den Figuren meiner Erinnerung", schrieb Dieter Forte schon 1991 an seinen Verlag. Er hat vielleicht schon immer so viel mit den Toten gesprochen wie mit den Lebenden. Die Schädigung seiner Lunge als Folge der Bombenabwürfe über Düsseldorf hat ihn früh von der Welt getrennt, auf die er von da an wie durch eine Glasscheibe blickte. Sein Leben war wohl eine komplizierte Mischung aus äußerer Zerbrechlichkeit und innerer Stärke, aus äußerlicher Zurückgezogenheit und innerer Anteilnahme. Auch von seinem Wohnzimmer in der Sommergasse blickte er fast ein halbes Jahrhundert durch eine Glasscheibe auf die Welt, auf einen stillen Innenhof, wo – wenn im Winter die Kastanien die Blätter verloren hatten – in den erleuchteten Wohnungen gegenüber das Schattentheater des Lebens spielte.

Vor fast genau einem Jahr, am 18. Juni 2018, habe ich Dieter Forte besucht, um mit ihm den Text von „Als der Himmel noch nicht benannt war" durchzugehen – das Buch, von dem wir nun wissen, dass es sein letztes war. Es ist ein seltsames Buch, einfach und kompliziert zugleich. Wir haben keinen anderen Autor im Verlag, der es so hätte schreiben können oder auch nur wollen. Geschrieben ist es wie aus großer Höhe, als überblicke der Autor nun nicht nur seine eigene Geschichte, sondern gleich die der ganzen Menschheit. Von ihrer Sprachwerdung, von ihrer Menschwerdung ist hier die Rede – und auch vom Verschwinden dessen. Vielleicht muss man tatsächlich das Leben

Auf seinem Nachttisch lag „Das Narrenschiff",
das berühmte Buch des Basler Professors Sebastian Brant von 1494.

schon ein wenig hinter sich gelassen haben, ein wenig losgelassen haben, um so über das Leben zu schreiben.

„Als der Himmel noch nicht benannt war" liest sich, als habe sein Autor alle in seinem Leben geschriebenen Seiten so zusammengestrichen, dass noch genau diese 92 übrig geblieben sind. Auf diesen 92 Buchseiten gibt es kaum so etwas wie eine Handlung oder Figuren, wie wir sie aus naturalistischen Romanen kennen. Aber Dieter Forte selbst ist darin – als ein Lesender, Schreibender, Suchender: als das, was er war. Und auch seine am 3. Mai 2016 verstorbene Frau Marianne ist darin und wird es immer bleiben. Alle seine Bücher sind ihr gewidmet. Keines seiner Bücher hätte ohne sie entstehen können.

Die eigentliche Hauptfigur in diesem Buch aber ist die Sprache. 83 Jahre lang ist Dieter Forte von der Sprache getragen worden – hin zu ihr selbst.

Als ich bei meinem Besuch am 18. Juni 2018 Dieter Forte verließ, nahm ich eines seiner Bücher mit, leihweise. Es war ein großformatiger Atlas voller mittelalterlicher Land- und Himmelskarten. Dieter Forte hat solche Darstellungen sehr geliebt, und ich erinnere mich, dass er den Band eher ungern aus der Hand gab. Im Verlag haben wir mit einem

Detail aus einer dieser Karten den Schutzumschlag für sein Buch gestaltet.

Das Detail stammt aus einer Sternkarte des Renaissance-Gelehrten Peter Apian, Dieter Forte hat diese Sternkarte selbst vorgeschlagen. Ich habe ihm seinen großen Atlas, den er mir damals ausgeliehen hatte, nicht mehr zurückgeben können, und seither beschäftigt mich der Gedanke, dass seine Seele ganz ohne diese Land- und Himmelskarten ihren Weg finden musste. Dieter Forte, in diesen Fragen von großer Nüchternheit, hätte mir diese Sorge vermutlich gern genommen.

Was seiner Seele aber noch auf Erden Frieden verschafft hat, war, dass sein Buch fertig geworden ist. Und wie es geworden ist. Als er den gesetzten und in Buchseiten umbrochenen Text wiedergelesen hatte, schrieb er mir folgende Zeilen. Er schrieb: „Von der ersten Zeile an gewinnt das Buch eine seltsame Macht über einen, die einen weiter zieht in eine Welt der Worte. Ich war ganz glücklich. Es ist das geworden, was ich wollte. Eine indirekte Erzählung, getragen von der Sprache." Was eine indirekte Erzählung ist, ist nicht ganz leicht zu verstehen – auch für mich nicht –, aber „Ich war ganz glücklich" habe ich sofort verstanden. Es hat mich damals selbst glücklich gemacht, und es macht mich glücklich bis heute.

„Es war immer sehr still in dieser Wohnung": Sessel von Dieter Forte. Foto: Jürgen Hosemann

Dankrede von Dieter Forte zur Verleihung
der Heinrich-Heine-Ehrengabe 2003

Es wird immer um Genauigkeit gehen

Als ich die Namen der bisher Geehrten sah, fiel mir eine Gemeinsamkeit auf, die alle beanspruchen durften: ihre geistige Unabhängigkeit. Eine Kontinuität, die man hoch einschätzen muss, denn mit den Ehrungen ist das so eine Sache. Sie geraten schnell ins Gefällige, werden routinemäßig weitergereicht, unauffällig wieder eingestellt. Wer erinnert sich noch an den Immermann-Preis der Stadt Düsseldorf. Literaturpreise wurden mir verweigert, weil die Vertreter der Stadt oder des Landes protestierend den Raum verließen, während die Fachjuroren in ihrer Einmütigkeit zurückblieben. Man sucht dann Kompromisskandidaten, da ist die Auswahl groß. Es gibt immer eine Literatur, die ihre wohlwollende Meinung findet, so beliebig das Werk, so beliebig der Preis. Mir wurde der Basler Literaturpreis verliehen und der Bremer Literaturpreis der Rudolf-Alexander-Schröder-Stiftung, beide wohl untadelig, daher annehmbar, die Ehrengabe der Heinrich-Heine-Gesellschaft schließt da würdig an.

Geistige Unabhängigkeit ist also den Entscheidungen der Heinrich-Heine-Gesellschaft zuzusprechen, die damit nicht nur sich selbst, sondern vor allem den Namensgeber Heinrich Heine ehrt. Er war nie mit den Bequemen und Gefälligen, er war Kritiker seiner Zeit und ihrer Traditionen, aber er war es nie aus politischer Parteinahme, er war es immer als geistig unabhängiger literarischer Schriftsteller.

Denn Literatur entsteht nie – entgegen einem großen und verbreiteten Irrtum – als Parteirede in vorsätzlicher Interessenverbindung. Literatur entsteht im fast spielerischen Umgang mit der Sprache, mit einem Material, das natürlich Material der Zeit ist, in der sich das Leben der Menschen findet, die Realität ihrer Welt, die stillen Gedanken vergessener Geschichten, die verlorenen Worte der Einsamkeit. Wer aufrichtig sein will, muss zugeben, dass es nicht anders geht, Ausweichmanöver werden literarisch bestraft. Ilse Aichinger fasste das im Schlusssatz ihrer Dankesrede zum Österreichischen Staatspreis zusammen: „Es wird immer um Genauigkeit gehen, die gerade im Bereich der Literatur leicht abhanden kommt." Diese literarische Haltung der zutreffenden Genauigkeit in der Sprache hat Heine sein Leben lang verteidigt. In diesem Punkt kannte er kein Pardon. Auf die Frage: Was ist in der Kunst das Höchste?, gab er die Antwort: „Die selbstbewusste Freiheit des Geistes." Ein geistig unabhängiger Kopf in einer geistesengen Gesellschaft, ein Sprachspieler von größter Sensibilität in einer zensurierten, auch durch Sprache geordneten Welt, das muss zu Verletzungen führen, von denen die friedvolle Zufriedenheit nie etwas verspürt. Dass in seiner Gesellschaft alles stets in Ordnung sei, ist des Menschen innigster Glaube, dass seine Sicht der Welt und seine Gesetze Maßstab sind, ist für ihn natürlich und selbstverständlich. Sollte es Unruhe geben durch die Sätze eines literarischen Werkes, ist natürlich der Autor schuld, der auf unverständliche Art etwas sieht, was man selber noch nie gesehen hat. Der Autor verteidigt seine Sprache und damit das eigene Denken gegen Übergriffe und Verbote. Der gegenseitige Ton wird schärfer, die Missverhältnisse größer. Da kann schon ein Liebesgedicht zur Polemik werden. Polemik ist denn auch das häufigste Wort in der Beurteilung der Heineschen Schriften. Es hat mich immer gestört, dass Zensur und gesellschaftlicher Druck bei der Beurteilung Heines zwar pflichtgemäß erwähnt wurden, aber immer nur so als Anhang, nie als begriffene Vorbedingungen seines Schreibens. Wenige können sich anscheinend eine Vorstellung davon machen, wie verstörend, hemmend und in das Schreiben eingreifend der politische Druck zum Gehorsam auf einen Autor einwirken: „Ach! Diese Geisteshenker machen uns selbst zu Verbrechern", schreibt Heine resigniert.

Wenn Literatur genau sein soll, ist sie auch gesellschaftlich von Bedeutung, und darüber treten dann Meinungsverschiedenheiten auf. Eher zur Tradition erzogene Menschen behelfen sich gerne mit dem seltsamen Begriff ‚politische Literatur'. Eher fortschrittlich Orientierte werfen einem vor, mal wieder nur Literatur geschrieben zu haben. Ich kann manche Reaktion Heines, für viele unbegreiflich, sehr gut verstehen. Denn das Szenario ist immer gleich, der Autor erfährt nach der

Uraufführung, nach der Erstsendung, nach Auslieferung seines Buches (heutzutage auch schon vorher, ohne dass einer das Buch kennt), dass er ein Tabu gebrochen hat. Aber erst durch die Behauptung, man habe ein Tabu verletzt, bemerkt nun jeder (auch der, der bisher gar nichts wusste und zu seiner Überraschung plötzlich eine Meinung hat), dass da etwas Unerkanntes war, vorher nicht so ersichtlich, jetzt klar zutage tretend, vor allem für die publizierte Öffentlichkeit. Die Arbeit des Künstlers erweist sich in der Reaktion der Öffentlichkeit als Auflösung einer Konvention, als neue Sicht auf Gewohntes, und ist somit offenbar notwendig gewesen. Das Kunstwerk wird zum Politikum, Sprache, Dramaturgie, Ästhetik sind unerheblich, es geht ausschließlich um die Zensur des Inhalts. „Es ist eine alte Geschichte, doch bleibt sie immer neu; und wem sie just passieret, dem bricht das Herz entzwei." Peinlich nur, wenn eine neue Sicht auf die Welt, die die Großväter mit all ihrer Macht von der Bühne fern hielten, sich in den Schulbüchern der Enkel wiederfindet, als nicht nur neue, sondern auch festzuhaltende Sicht der Welt. Wenn das, was man seinem Stadttheater verbot, um keinen Schaden an seiner Seele zu nehmen, nun an den Universitäten gelehrt wird.

Eine Zensur findet nicht statt, das schreibt sich leicht ins Grundgesetz. Die Theater werden suventioniert, und wenn die Stadtoberen mal einen Wunsch haben, nun ja, das ist eben so. In den öffentlichrechtlichen Anstalten sitzen die Vertreter der gesellschaftlich relevanten Gruppierungen und achten auf ihre Interessen, und alle haben sich daran gewöhnt. Und der Redakteur mit der sinkenden Auflage, den sinkenden Einschaltquoten, dem Hypothekenhaus mit Frau und Kindern, der Freundin, dem Segelboot, dem Ferienhaus, wo er endlich mal aufatmen kann, er schreibt dem Autor: „Sie haben es gut, Sie sind frei." Mir wäre es inzwischen lieber, es gäbe, wie zu Heines Zeiten, eine offizielle Zensurbehörde, da wüssten endlich alle wieder, entlastet von ihrem schlechten Gewissen, woran man sich zu halten hat. Dem großen Tambourmajor sei Dank gibt es aber auch heute noch Verleger wie Heines Campe, bemerkenswerte Menschen, von denen Heine versichern konnte, dass sie keine gewöhnlichen Buchhändler seien, die mit dem Edlen, Schönen, Großen nur Geschäfte machen, sondern dass sie manchmal das Große, Schöne, Edle unter sehr ungünstigen Konjunkturen drucken. Die Verlegerin des S. Fischer Verlages gehört dazu und muss in einem solchen Zusammenhang erwähnt werden.

Zurück zu Heine, damit zurück nach Düsseldorf, das hat mehr miteinander zu tun, als viele denken. Nicht weit von Heines Geburtshaus hörte ich, wie ein älterer Herr im schönsten singenden Rheinisch einen Besserwisser ins Leere laufen ließ mit dem wunderbaren Satz: „Ich hab auf jede Antwort eine Frage." Der junge Heine hat wohl ähnliche Sätze gehört. Nicht nur die berühmt leichte und melodiöse Sprache Heines liegt für den, der hören kann, klar und hell über dem rheinischen Sprachduktus. Auch die rheinische Art, der alles im eigentlichen Sinn fragwürdig ist, wurde zur Heine'schen Haltung. Selbst seine schwärmerischsten Gedichte enden oft in der fragenden, ungewissen Ernüchterung. Das ist die unauflösbare Paradoxie des Rheinländers, der grundsätzlich der Meinung ist, dass man die Dinge der Welt

niemals beim Wort und erst recht nicht ernst nehmen darf, diesen Standpunkt aber ernst nimmt, und über den Zwiespalt zwischen den Prinzipien der großen Weltideen und ihrer schlichten Realität lachen kann. Das ist nicht nur eine Philosophie, entstanden unter vielen Regierungsformen mit wechselnder Moralität, es ist auch eine literarische Tradition, wie man bei dem Literaturwissenschaftler Michail Bachtin nachlesen kann. Die Transposition des Karnevals in die Literatur, um die Welt auf den Kopf zu stellen, eine Gattungstradition der fröhlichen Relativität, der Offenheit und Unabgeschlossenheit, der ironischen Ambivalenz, der spöttischen Parodie, des grotesken Austauschs von oben und unten in der kurzen Weltzeit zwischen Geburt und Tod. Schon in wenigen Zeilen aus dem Buch Le Grand haben Sie diesen Heine, seine aus der Normalität gerückte Perspektive: „Wir kletterten auf das große Kurfürstenpferd und schauten davon herab auf das bunte Marktgewimmel", haben Sie die rasche Veränderung des bisher so Beständigen. „Als ob die Welt neu angestrichen worden, ein neues Wappen hing am Rathause, die Ratsherren hatten neue Gesichter angezogen und sahen sich an auf französisch und sprachen bon jour." Und: „Mir wurde ordentlich schwindlig, ich glaubte schon, die Leute ständen auf den Köpfen, weil sich die Welt herumgedreht." Was von den neuen Ideen zur Beglückung der nun kopfstehenden Welt zu halten ist, das besingt der tolle Alouisius und der besoffene Gumperz, übrig gebliebene Vertreter des aristophanischen Volkschors. Lesen sie es nach.

Die modernen Stammväter dieser Literatur heißen Rabelais und Cervantes. Für Heine war der Don Quichotte ein ganz besonderes Buch. Aber ein Dostojewskij gehört auch dazu, das sei erwähnt, damit wir hier nicht in die falsche Lustigkeit geraten. Denn dieses Lachen kommt aus der tragischen Erkenntnis, dass wir den alten Gewohnheiten, wie Montaigne es formulieren würde, sehr ohnmächtig gegenüberstehen, dass wir nie auf Dauer etwas ändern, der Blick des Räsoneurs ist daher ein verzweifelter Blick, er kann die Handlungen der Menschen nur als Tragikomödie empfinden. Heine ist für mich der einzige deutsche Autor, der in all seinen Werken die Tragikomödie der Welt beschreibt. In einem bewussten Lachen und in der rheinischen Haltung des: Es könnte auch alles anders sein. Eine Erkenntnis, die uns unser Leben halbwegs ertragen lässt. Aber welche Bitte hat zum Schluss der englischen Fragmente der Narr, der seinen Herrscher bei Laune hielt, und in dem sich Heine in seiner Rolle zum deutschen Volk gespiegelt sieht: „Ach! lieber Herr, lasst mich nicht umbringen."

Ich kannte Heine schon als Kind. Das Buch Le Grand war in meinem Kopf, wenn ich durch die Stadt ging. Immer war ich stolz darauf, dass es hier kein Ghetto gab, dass hier früh eine Hugenottenkirche erbaut werden durfte. Dass es hier immer Zuwanderer gab, die diese Stadt mitprägten, angefangen bei den italienischen Kunsthandwerkern der Anna Maria Louisa von Toskana, der Frau Jan Wellems.

Meine väterlichen Vorfahren, florentinische Seidenweber, ins französische Lyon geflohen, kamen in das Herzogtum Berg, weil es hier ein Toleranzedikt gab. Später dann den liberalen Code Napoléon, den auch Heine verteidigte.

So wandert man durch die Zeiten. Mein Bruder liegt in Bayern begraben. Mein Vater in Düsseldorf, meine Mutter nun im Badischen. Meine Großmutter vom polnischen Zweig der Familie in Gelsenkirchen, ihr Mann in Verdun, ihre Eltern irgendwo in Polen. Einige Verwandte ohne Gräber in den Verbrennungsöfen einer anderen Zeit. Wer einmal ins Wandern kommt, kann sich nur noch Europa als Heimat denken. Denn mit der Toleranz ist das so eine Sache, sie verliert sich leicht. Da muss man weiterziehen. Womit wir wieder bei Heine wären.

„Die Stadt Düsseldorf ist sehr schön, und wenn man in der Ferne an sie denkt, und zufällig dort geboren ist …" Sie alle kennen diesen viel zitieren Satz von Heine. Er ist für mich besonders wichtig, denn ich bin auch in Düsseldorf geboren, bin hier aufgewachsen, habe lange hier gelebt, Sprache und Lebensphilosophie dieser Stadt bedeuten mir viel, aber Heimat fand ich wie Heine nur in der Sprache, in der Einsamkeit der illusionslosen Worte, ohne Hoffnung, aber auch ohne Verzweiflung, in der Erkenntnis des Vergeblichen, schreibend auf der Grenze zwischen drei Staaten, hier ein Fremder und da ein Fremder, gespalten wie das Heine-Denkmal des Bert Gerresheim.

Ich wünsche Düsseldorf, der Stadt, die sich dem leidigen Sachverhalt, Heines Geburtsort zu sein, nicht entziehen kann, dass sie sich an ihre alten Toleranzedikte erinnert, an ihre liberale Tradition, die im Grundgesetz weitergeführt wird, dass sie weniger Handy-Stadt und mehr Heine-Stadt sein will. Es ist nachhaltiger, um ein Modewort zu gebrauchen, wenn eine Stadt auf der Seite ihrer Künstler steht, ihnen die Freiheit für ihre Arbeit nicht verweigert, damit sie sich nicht immer wieder anderen Städten zuwenden müssen.

Ein Brief an Monika Schoeller über das Leben, die Bücher, die Bilder, die Musik und den Traum, der das Leben ist

geschrieben von Dieter Forte

I) Dem Traum folgen und nochmals dem Traum folgen und so ununterbrochen bis zum Ende – *Lord Jim*, Joseph Conrad. Das wurde mein Leitmotiv und es bewahrt noch immer seine Kraft.

Mein Leben war lange nur ein Traum, als ich noch nicht wusste, wie ins Leben kommen. In der Mitte meines Lebens erkannte ich langsam und fast nicht begreifend, der Traum war mein Leben geworden. Diese Sätze sind schwer erklärbar und für die meisten Menschen unverständlich.

Im Anfang war nur der Traum. Behindert durch verschiedene Umstände, lebte ich in einer zeitlichen und räumlichen Distanz zur Realität, zur Wirklichkeit, wie die Menschen ihre Welt gerne nennen, um sich wenigstens in Worten zu vergewissern, dass die Welt so ist wie sie ist. Ich war nie außerhalb der menschlichen Sorgen, nicht enthoben dem Leid und der Not, dem Schmerz und der Freude, gleichzeitig aber in einer Welt, die mir unbegrenzt zur Verfügung stand, von allen anderen mit besorgten Mienen nur der Traum genannt, der unberechenbar, nicht anpassbar, geradezu gefährlich das Tor zur Welt verstelle.

II) Versunken in einem Buch: das ist ein schöner Satz.
Versunken in einem Buch heißt, dass die Welt für den Lesenden hinter der Welt des Buches ist. Robinsons einsame Insel inmitten des Meeres, Don Quijote in der sonnenglühenden Mancha, Lederstrumpfs schweigende Wälder mit ihren ersten Siedlern, Lord Jims Tropen mit Menschen auf verlorenen Handelsposten. Und später Balzacs Paris mit seinen entwurzelten Menschen, die in langsam voranschreitenden und doch so unerbittlichen Lebensgeschichten untergehen. Und noch später Faulkners Urwelt, die nach der Legitimation des Menschen fragt. Denn da sind Berge und Wälder und Flüsse und das Meer, da sind Tiere und die ersten Ureinwohner, und es kommen Menschen und kaufen den Ureinwohnern, die nicht wissen was Geld ist, die Natur und die Tiere ab und kaufen sogar Menschen von einem anderen Kontinent, die ihnen als Sklaven helfen sollen, die Natur in ihren Besitz zu überführen und zu vernichten.

Die Welt war hinter den Büchern immer noch da, aber durch die unzähligen Geschichten vom Menschen war sie für mich nur eine von vielen möglichen Welten. Sie war nicht mehr real und nicht so, wie die meisten sie sahen und sehen wollten.

III) Versunken in einem Bild: auch das ist ein schöner Satz.
Oft hatte ich das Gefühl, in ein Bild einzusteigen wie in einen Zug, sich zu entfernen in die unbekannte Welt des Bildes. Nicht nur in Bildern exotischer Welten wie die Gauguins. Oder in Bildern vorgestellter exotischer Welten wie die Rousseaus. Nicht nur in den Veduten Canalettos und anderer, die Venedig so zeigen, dass man tatsächlich darin spazierengehen kann. Oder die der Niederländer mit ihren geputzten Städten und ordentlichen Wohnräumen und dem Licht Vermeers. Nicht nur die Purzelbaumbilder Chagalls, die Klarheit Kandinskys und Klees, die Ekstase van Goghs, die verzauberte Schönheit der Impressionisten mit ihren leuchtenden Landschaften und nächtlichen Vergnügungslokalen. Auch in Bildern, die eine Person darstellen, ein Porträt zeigen, Picassos Figuren, mit ihren immer nur traurigen Augen, so dass man durch ihre Augen mit ihren Gefühlen die Welt betrachtete, die nun doch sehr anders aussah. Und auf ewig das Rätsel Cézanne, der die alte Perspektive auf die Welt aufhob und eine neue Perspektive schuf.

Die Welt war hinten den Bildern immer noch da, aber durch viele Perspektiven und Farben und Formen gesehen war sie für mich nur eine von vielen möglichen Welten. Sie war nicht mehr real und nicht so, wie die meisten sie sahen und sehen wollten.

IV) Versunken in der Musik: dieser Satz darf nicht fehlen.
Die Musik ist naturgegeben immer schön, weil sie das Lied des Menschen ist. Wir haben uns nur an bestimmte Harmonien gewöhnt wie an unsere Religion und lieben diese Gewohnheit. Die Musik ist der Traum aller Menschen, ein rauschhaftes Kontinuum, das alle Ordnungsprinzipien auflöst, ein dionysisches Ineinanderschweben. Daher musste man sie kanalisieren und wohltemperieren in Kontrapunkte, Fugen, Sonatinen und anderes mehr, um sie unter Kontrolle zu haben. Immer noch liebe ich den Jazz der Farbigen, die Klezmermusik der Juden, die singenden Geigen der Fahrenden, in ihren fremdartigen, dissonanten Klängen ist ihre Freiheit aufgehoben. Der gerade verstorbene Yehudi Menuhin schien mir mit seinem wissenden Lächeln und seinem Geigenspiel sehr viel davon zu verstehen.

V) Dies die drei Hauptsätze des bewussten Traumes. Es gibt noch einen artistischen Zusatz. Man kann, mit sehr viel Übung, in einem Bild sitzend in einem Buch lesend Musik hören – und, um es auf die Spitze zu treiben, dabei noch in verschiedenen Zeiten von Bild Buch Musik. Carpentier hat es versucht zu beschreiben, in seinem *Barockkonzert*. Es ist so schwer wie die dreifache Pyramide der Seilläufer auf dem Seil, hoch über den Köpfen der Menschen. Man stürzt irgendwann ab, weil es keinlei Halt mehr gibt, und ist dann doch froh, wenn die Arme eines Menschen einen auffangen. Es ist kompliziert und riskant, weil man durch diese Übung auf die Dauer zu einem reinen Ästheten wird, der dieses

Gefühl wie ein Suchtmittel braucht. So weit sollte man sich von den Menschen nicht entfernen. Am Ende weiß man nicht mal mehr, wie man Wasser kocht.

VI) Das von mir oft benutzte Wort *schön* verwende ich wie Kant es erlaubt. In seiner durchnummerierten Philosophie der Vernunft des Menschen ließ er eine Stelle frei: das subjektive Gefühl der Schönheit vor einem Kunstwerk. Es war nicht einzuordnen. Dieser Notausgang des Menschen aus einem perfekten Gedankengebäude verdeckt meines Erachtens noch zwei weitere für den Menschen lebenswichtige und für den Vernunftphilosophen blinde Stellen: 1. die Liebe, 2. der Traum. Wir sind also immer noch beim Thema.

VII) Aber wie erklären? Ich stelle mir die Existenz Stephen Hawkings so vor: mit dem Kopf im Weltraum, zwischen Galaxien, spielerisch, gedankenreich, in einer ihm vollkommen vertrauten Sternenwelt – und dann steht ein Mensch vor ihm und sagt: „Der Ärmste, immer im Rollstuhl." Hawking wird diesen Menschen nicht verstehen, er wird ihn nicht begreifen, er wird vielleicht, gestört durch diesen Satz, irritiert darüber nachdenken, wo das angesprochene Problem liegt; er wird es nicht erkennen und nach einer Weile des suchenden Umherirrens wieder seine Ruhe finden im Sternenmeer, das dem vor ihm Stehenden und Fragenden vollkommen verschlossen ist.

VIII) Die dümmste Frage von Journalisten und anderen Menschen: „Woher wissen Sie das denn alles?" Sie kennen nur die *exakte* Realität: Autounfall, Freitag 14 Uhr 27, Oststraße Ecke Grünstraße, 2 Verletzte = Stephen Hawkings Rollstuhl. Sie können sich nicht vorstellen, dass ich in der sizilischen Sonne ins Schwitzen komme, in polnischen Sümpfen einsinke, in Genf in Schnallenschuhen durch enge Straßen spaziere, die Webstühle schlagen höre, dass mir die Ohren wehtun, und in dunklen Bergwerken unter der staubigen Luft leide. Ich bin in diesen Welten und ich empfinde dort, ein Amalgam aus Phantasie und Realität, ich erzählte von dieser Welt, zurück bleibt ein Text, unbegreifbar für die Umwelt, unbegreifbar auch für mich.

IX) Ich habe wenig Kontakt zum Ordnungssystem der Welt. Mir fehlen oft Stunde und Tag und mit dem Ablauf von Jahren kann ich gar nichts anfangen. Ich habe Mühe zu begreifen, was ein Jahreswechsel bedeutet, oder warum man einen Geburtstag feiern muss, das ergibt natürlich Ärger mit allen anderen Menschen. Ich stehe hilflos vor dieser durchgezählten Welt, weil ich in anderen Räumen, vor allem aber in anderen Zeiten lebe. Ich war in den letzten neuen Jahren mal in der Nachkriegszeit, mal im Krieg, mal im 19. oder im 18. Jahrhundert, ich war in Posen, in Florenz, ich reise mit Gedankengeschwindigkeit durch mein eigenes Universum. Die jeweilige Jahreszahl, die sich Menschen angewöhnt haben zu zählen, ebenso die Lebensjahre von Menschen sind mir absolut bedeutungslos: ich weiß nicht, warum man das zählen muss. Ich habe deshalb auch Schwierigkeiten im Gespräch, ob nun jemand fünfzehn oder fünfundachtzig ist, ich rede mit ihm als Mensch in seiner gesamten Lebenserfahrung und setze immer voraus, dass er voll über sie verfügt, stelle dann oft enttäuscht fest, dass man sich das realistisch und sparsam fast scheibchenweise einteilt, man ist jung oder alt, beruflich oben oder unten, für mich kaum nachvollziehbar. Mir fehlt bei diesen Menschen die Welt, in der sie doch leben, und die Phantasie dieser Welt. Statt dessen zählen sie die *vermeintliche* Realität.

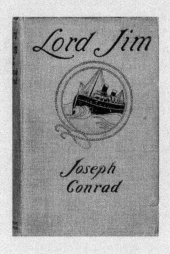

„Ich schlage Lord Jim auf und bin in den Tropen."
Foto: Raptis Rare Books

Fahrenheit 451

Natürlich würde ich mehrere Bücher auswendig lernen, all die Werke, denen man ein Leben lang verfallen ist, „Lord Jim" von Conrad und „Absalom" von Faulkner und „Der Leopard" von Lampedusa und „Krieg und Frieden" von Tolstoi und „Verlorene Illusionen" von Balzac und „Moby Dick" von Melville und „Hundert Jahre Einsamkeit" von Márquez und „Ich klopfe an" von O'Casey und und und – aber wenn ich wirklich nur eines wählen darf, dann wähle ich „November 1918" von Döblin, eines der wenigen deutschen Werke dieses Jahrhunderts, das zu den obengenannten Titeln gehört.

Dieter Forte auf die Frage, welches Buch er im Fall eines allgemeinen Bücherverbots auswendig lernen würde. Aus der Zeitschrift „du", Heft Nr. 10/1994

X) Was ich gelesen in Bildern gesehen und in der Musik gehört habe, ist der wahre und unvergessliche Teil meines Lebens. Darin ist das, was ich sonst noch erlebt habe – und ich habe viel erlebt, mehr als andere wissen oder ahnen – aufgehoben. Das Erlebte ist durch den Traum zum Sinnvollen geworden. So fand ich durch den Traum in die Welt, fern der Ordnung der Realität, die behauptet, die Welt zu sein, während die Welt auf immer das Unbenennbare ist, das Allesumfassende, niemals nur die eine oder andere Realität. Ich lebe im Schreiben und der von mir erschaffenen Welt und sehe mit Staunen: der Traum ist mein Leben geworden.

Liebe Monika Schoeller, schlagen Sie ein Kapitel Ihres Traumes auf, zählen Sie nicht nach dieser gemessenen, gewogenen, eingeteilten Realität, es ist das denkbar künstlichste Gebilde, das Menschen je erschaffen haben, leblos, phantasielos, gedankenlos; folgen Sie mutig dem Traum. Nicht den uns auslöschenden schwärmerischen Träumen. Man muss hellwach sein, um dem Traum, als Kompass unseres Lebens, zu folgen, und man muss notfalls den Traum erfinden, in dem wir uns wiederfinden können.

Nachsatz, unnummeriert, weil der Anfang: Ich schlage *Lord Jim* auf und bin in den Tropen, die Sonne geht unter, Geräusche vom Hafen, malaiische Laute, Stimmen aus einer Bar, Lichter flackern, das Meer schlägt an die Kaimauer, Palmen wiegen sich im Abendwind, ein Mensch liegt in einer Hängematte ...

Basel, Ostern 1999

Der schreibende Erasmus von Rotterdam

Von Dieter Forte

Der schreibende Erasmus von Rotterdam,
gemalt von Holbein in Basel,
im Hause seines Druckers Froben,
nicht weit vom Totentanz,
sehr weit vom Niederrhein.
„Das Licht der Welt",
unabhängig von den Interessen der Welt,
sich an keinen bindend,
die Bibel übersetzend,
Lukian und die Kirchenväter publizierend,
das „Lob der Torheit" und die
„Klage des Friedens".
Gebildet, belesen, Wissen verbreitend,
bissig, satirisch, die Menschen erkennend,
keiner schrieb so intelligent wie er,
so vergnüglich und so böse.
    „Ein Friede ist nie so ungerecht,
dass er nicht dem gerechtesten
Krieg vorzuziehen wäre."
    Lächelnder Wahrheitssucher,
zorniger Emigrant,
Weltbürger und homo pro se,
isoliert in der Erkenntnis,
in der Ohnmacht der Vernunft,
in der Einsamkeit des Schreibenden.
Eingehüllt in einen Pelz,
den kränklichen Körper schützend,
das Honorar in goldenen Ringen angelegt,
die die Unabhängigkeit garantieren,
auch in schlechten Zeiten,
wenn Staat und Kirche,
Herrscher und Bürger
dem Autor mal wieder drohen
und seinen Freund Thomas Morus köpfen.
    „Es ist besser, von Menschen und Dingen
so zu reden, dass wir diese Welt als das
allen gemeinsame Vaterland betrachten."

Die spitze Nase über den Büchern,
die Welt aus den Augenwinkeln betrachtend, spöttisch, ironisch, skeptisch.
Rundum Glaubenskrieg und Streit,
Waffen und Lärm, und in der stillen Stube
der beobachtende Kopf, anachronistisch
schon damals, im Lob der Torheit sich selbst
verspottend, trotzdem Verfasser der Klage
des Friedens, nicht kniend vor einem Altar,
die Hände zum Gebet gefaltet,
aufrecht sitzend vor einem Manuskript,
die Hände zur Arbeit geöffnet,
das Blatt haltend, schreibend,
die Feder in der Hand.
    „Ich möchte ein Weltbürger sein,
allen gemeinsam,
oder lieber noch allen ein Fremder."
    Kein Interieur lenkt ab von der Person,
die Studierstube ist nicht vorhanden,
die Bibliothek im Dunkel verschwunden,
das Schreibpult unsichtbar,
Menschen und Dinge vergessen,
nur der Moment des Schreibens,
das Wort suchend, das Blatt haltend,
die Feder führend, ein Buch als Stütze,
und im Bewusstsein des Schreibens,
den Überblick behaltend,
der nächste Satz, die nächste Seite,
das Ende, der Ablieferungstermin.
    Sein Kopf, seine Hände,
die Schreibfeder, das Blatt Papier,
die Wörter, ein Buch,
lesen, denken, schreiben,
nichts anderes hat Holbein gemalt.

TEXTNACHWEISE

Unsere Titelzeile „Ich schwimme gegen den Strom" ist entnommen dem Gespräch „Alles Vorherige war nur ein Umweg" von Dieter Forte und Volker Hage, Basel 2000, veröffentlicht in Dieter Forte, Schweigen oder sprechen (Hrsg. Volker Hage), S. Fischer Verlag, Frankfurt am Main 2002

Ingrid Bachér, Erzählen, um zu überleben: Grußwort, ursprünglich titellos erschienen im Heine-Jahrbuch 2003, J. B. Metzler, Stuttgart

Dieter Forte, Ich war der Junge am Fenster – eine Collage: Texte entnommen aus Dieter Forte, Schweigen oder sprechen (Hrsg. Volker Hage), 2002, S. 79, S. 25ff.; Vom Verdichten der Welt. Zum Werk von Dieter Forte (Hrsg. Holger Hof), 1998, S. 213; In der Erinnerung. Roman; Auf der anderen Seite der Welt. Roman (alle © S. Fischer Verlag GmbH); Brief von Dieter Forte an Nicola Gries-Suffner und ihre Kollegin Specht, 2009, anlässlich der Aufführung des Stücks „Forte. Mitten im Quartier" an der Dieter-Forte-Gesamtschule, Düsseldorf

Dieter Forte, Ich war eines dieser Kinder – Brief an Dirk Alvermann: Kopie, zur Verfügung gestellt von Dieter Süverkrüp

Dieter Forte, Sprachspiel. Ein Kommunikationstraining, Hörspiel 1980, veröffentlicht in Dieter Forte, Der Schein der Wahrheit. Hör- und Fernsehspiele in einer Auswahl des Autors. © S. Fischer Verlag GmbH, Frankfurt a. M. 2009

Dieter Forte, Nächsten Donnerstag bei „Fatty": Ursprünglich erschienen unter dem Titel „Bei ‚Fatty' – eine Erinnerung" in: Düsseldorfer Hefte, 12/1991

Dieter Forte, Allein unter Menschen: Ursprünglich erschienen in „Die Kö". 54.788 Tage Königsallee in Düsseldorf. Hrsg. von Peter H. Jamin und Jens Prüss, Grupello Verlag, Düsseldorf 2001

Karlheinz Braun, „Alle Währungen sind in DM umgerechnet": Abschnitt (unter dem Titel „Dieter Forte") aus Karlheinz Braun, Herzstücke. Leben mit Autoren, Frankfurt a. M. 2019

Martina Kuoni, Basel, Erasmus und Das Labyrinth der Welt: Überarbeitete Fassung eines Beitrags, der ursprünglich in der Literaturzeitschrift „Sprache im technischen Zeitalter" Nr. 215, Jahrgang 53, Heft 3 (September 2015), erschienen ist

Olaf Cless, Im Haus der verlorenen Geschichten: Ursprünglich erschienen in Düsseldorfer Hefte, 1-2005

Dieter Forte, Sprache ist Kritik. Gespräch mit Olaf Cless für das Düsseldorfer Straßenmagazin fiftyfifty: Ursprünglich erschienen in dessen Märzausgabe 2013

Lothar Schröder, Inventur des Mythenschreibers: Überarbeitete Fassung eines Beitrags, der ursprünglich in der „Rheinischen Post" vom 6. 3. 2019 erschienen ist

Jürgen Hosemann: Das Schreiben kostete ihn nicht Kraft, es gab ihm welche: Ursprünglich erschienen unter dem Titel „Abschied von Dieter Forte" in Hundertvierzehn – Das literarische Online-Magazin des S. Fischer-Verlags, Ausgabe August 2019

Dieter Forte, Es wird immer um Genauigkeit gehen: Neue Rundschau 2/2003, zugleich Heine-Jahrbuch 2003, leicht gekürzt

Dieter Forte, Ein Brief an Monika Schoeller über das Leben (...): Erstveröffentlichung aus dem Nachlass Dieter Forte, Heinrich-Heine-Institut Düsseldorf. Das Typoskript trägt den handschriftlichen Vermerk „Für ein Buch vom S. F. Verlag zum 60. Geburtstag" und die Datierung „März 99". Monika Schoeller leitete lange Jahre den S. Fischer Verlag und rief die S. Fischer-Stiftung ins Leben. Sie starb im Oktober 2019, ein halbes Jahr nach Forte.

Dieter Forte, Der schreibende Erasmus von Rotterdam: Ursprünglich erschienen im Zeit-Magazin, 24. 2. 1989 (Zeitmuseum der 100 Bilder)

Alle anderen Beiträge im Buch erscheinen erstmalig.

Hinweis zu den Bildrechten: Nicht alle Rechteinhaber an den abgedruckten Bildern konnten wir ermitteln. Wir bitten die entsprechenden Personen, sich mit uns in Verbindung zu setzen.

DIE AUTORINNEN UND AUTOREN

INGRID BACHÉR
hat Dieter Fortes
Arbeiten erst spät für
sich entdeckt, aber
dann mit Begeisterung
vor allem die Bücher
der Erinnerung
gelesen. Sie sind
geprägt von den
Erfahrungen des
Krieges, die auch ihre
eigenen sind. 2003
konnte sie ihn zum
Preisträger der Ehren-
gabe der Heinrich-
Heine-Gesellschaft
erklären. Dabei hätte
sie ihn gerne endlich
kennengelernt ,
„den Jungen mit den
blutigen Schuhen",
aber dazu kam
es leider nie.
Foto: privat

**KARL HEINZ
BONNY** ist als
ehemaliger Journalist
und Verlagsmanager
in den letzten Jahren
als Medienberater
und Verleger
unterwegs. Er berät
Medienhäuser als
Aufsichtsrat und
Beirat aus langer
Erfahrung u. a. im
Handelsblatt-Verlag,
Düsseldorf, wie dem
Landwirtschafts-
verlag, Münster. Als
Book on Demand
verlegte er 2018
FREIES THEATER
IM WESTEN über
„Die Bühne" von
Ernest Martin. Jetzt
folgt Dieter Forte.
Ein Lesebuch.
Foto: privat

**DR. KARLHEINZ
BRAUN** war 1969
Mitbegründer des
Verlags der Autoren
in Frankfurt am
Main, in den Dieter
Forte als einer der
ersten Autoren auch
als Gesellschafter
gewählt wurde.
Der Theater- und
Medienverlag ver-
tritt seitdem die
Rechte an seinen
Theaterstücken,
Hörspielen und
Fernsehspielen.
Braun hat den
Autor als Lektor
vor allem der
Theaterstücke
über die Jahr-
zehnte freundschaft-
lich begleitet.
Foto: Alexander Englert

DR. OLAF CLESS
hat Dieter Fortes
Werke in
öffentlichen
Lesungen, meist
gemeinsam mit
Ingrid und Dieter
Süverkrüp, sowie
in Presseartikeln
vorgestellt. Er stand
in Kontakt mit dem
Schriftsteller und
hat ihn mehrfach
in Basel besucht.
Cless schreibt
regelmäßig im
Düsseldorfer
Straßenmagazin
fiftyfifty. Er lebt
derzeit in
Königswinter.
Foto: privat

KLAS EWERT EVERWYN, Autor von Romanen, Hörspielen und Jugendbüchern, lernte Dieter Forte am Literatenstammtisch in *Fatty's Atelier*, einer Düsseldorfer Künstlerkneipe, kennen; sie trafen sich gelegentlich auch in privater Umgebung bei *Paul*. Beide gehörten 1969 zu den Mitbegründern des Verbandes deutscher Schriftsteller (VS) in Köln.
Foto: Ina-Maria von Ettingshausen

VERA FORESTERS Freundeszeit mit dem Ehepaar Forte entstand aus ihrer Mitarbeit bei Inszenierungen von Dramen Dieter Fortes. Als Autorin veröffentlichte sie unter anderem das Buch *Lessing und Moses Mendelssohn, Geschichte einer Freundschaft* und den Roman *Im Jahr der Brandzeichen*. Dieser spielt im Düsseldorf des Jahres 2000 und beschreibt fiktive, jedoch mögliche Schicksalswege junger Betroffener nach zwei realen Bombenattentaten.
Foto: Jan Stephan Hubrich

NICOLA GRIES-SUFFNER stand seit 2005 im Briefkontakt mit Dieter Forte. Als Lehrerin und Kulturbeauftragte der Dieter-Forte-Gesamtschule Düsseldorf kooperiert sie mit dem Heinrich-Heine-Institut. Gries-Suffner inszenierte Theaterstücke mit Literaturkursen über den Namenspatron der Schule. Sie unterrichtet seit 1997 an der Dieter-Forte-Gesamtschule.
Foto: privat

ELKE HEIDENREICH ist Autorin und Kritikerin und seit Jahren Mitglied im Schweizer *Literaturclub*. Sie hat die Bücher von Dieter Forte immer wieder für Funk, Fernsehen, Zeitungen besprochen. Sie stand in den letzten Jahren mit dem Autor in brieflichem Kontakt. Sie hält Forte mit Böll und Koeppen für den wichtigsten deutschen Nachkriegsautor.
Foto: Bettina Flitner

DIE AUTORINNEN UND AUTOREN

DR. JÜRGEN HOSEMANN arbeitet für den S. Fischer Verlag in Frankfurt am Main. Er war fünfzehn Jahre lang Lektor von Dieter Forte. Der von ihm 2007 herausgegebene Band „Es ist schon ein eigenartiges Schreiben ...“ Zum Werk von Dieter Forte gehört weiterhin zu den wichtigsten Materialsammlungen über Forte.
Foto: Marlene Wagner

MARTINA KUONI ist Germanistin und Romanistin und lebt in Basel. Nach 20 Berufsjahren in der Verlagsbranche bietet sie heute unter dem Namen Literaturspur (www.literaturspur.ch) literarische Spaziergänge und Kurzreisen sowie verschiedene Literaturprojekte an. Sie war von 2010 bis 2014 persönliche Mitarbeiterin von Dieter Forte und hat die Arbeit am Buch Das Labyrinth der Welt begleitet.
Foto: Ly Aellen

DR. WOLFGANG NIEHÜSER hat Germanistik, Philosophie und Allgemeine Sprachwissenschaft studiert und arbeitet seit über 30 Jahren als selbstständiger Text- und Kommunikationsberater in Münster. Er schätzt Dieter Forte aufgrund der großen Vielfalt seiner Ausdrucksmöglichkeiten und seiner souveränen Stilsicherheit.
Foto: privat

DR. EVA PFISTER, Düsseldorf, aufgewachsen in der Schweiz, studierte Theaterwissenschaft und Romanistik in Wien und Bologna. Arbeit als Dramaturgin an Theatern in Zürich und Koblenz. Seit 1986 als freie Kulturjournalistin für Print und Rundfunk tätig in den Bereichen Theater- und Literaturkritik, Kulturgeschichte und Zeitfragen.
Foto: Olaf Cless

JENS PRÜSS
war an der Uraufführung von *Das endlose Leben* beteiligt. Forte und er standen über Jahrzehnte in brieflichem Kontakt miteinander. Prüss hat zahlreiche Bücher veröffentlicht. Als Autor war er unter anderem für den *WDR*, *Die Zeit*, die *Süddeutsche Zeitung* und das Satiremagazin *Eulenspiegel* tätig. Lebt in Düsseldorf.
Foto: Edel

DR. ENNO STAHL,
Autor, Kritiker, Organisator, Literaturwissenschaftler. Arbeitet im Rheinischen Literaturarchiv des Heinrich-Heine-Instituts, Düsseldorf, wo er u. a. einen Teil des Vorlasses von Dieter Forte verzeichnete; zudem Verfasser diverser Romane, Prosa- und Essaybände, zuletzt: *Sanierungsgebiete*, Roman; *Diskursdisko. Über Literatur und Gesellschaft*, Essays und *Die Sprache der Neuen Rechten*, Essay (alle 2019).
Foto: Kirsten Adamek

DR. LOTHAR SCHRÖDER leitet die Kulturredaktion der *Rheinischen Post*. Er studierte Germanistik, Philosophie, Geschichte und Politische Wissenschaften und wurde mit einer Arbeit über das Werk des Dichters Albert Vigoleis Thelen promoviert. Zahlreiche Veröffentlichungen als Autor und Herausgeber, darunter auch der Aufsatz „Keine Zeit ohne Geschichte" über Dieter Forte in „Es ist schon ein eigenartiges Schreiben …", hrsg. von Jürgen Hosemann.

DIETER SÜVERKRÜP,
angeblich Liedermacher in Wirklichkeit Maler Radierer Komponist Autor Musikant Chansons Moritaten Jazz Fernsehgeschichten Ausstellungen und allerlei anderes eine undisziplinierte Biographie sagt er immer.
Foto: Gabor Blank

UND ÜBRIGENS ...,

der Impuls zu diesem Buch entstand an der Kaffeebude auf dem Markt am Düsseldorfer Carlsplatz. Im letzten Mai. Dort sprachen wir kurz nach Dieter Fortes Tod erstmals über die Idee.

Wir drei Initiatoren sind in dieser Stadt sogenannte Zugereiste, gelernte Düsseldorfer, vor Jahrzehnten hier gelandet. Nun brachte uns Dieter Forte zusammen. Zwei von uns hatten ihn literarisch und persönlich seit langem gekannt: Olaf Cless und Jens Prüss, Kulturjournalisten alle beide. Der dritte im Bunde bin ich, der Herausgeber und Verleger. Ich gestehe, mir sagte der Name Dieter Forte zunächst nicht viel. Als dann die Vorarbeiten für das Buch längst angelaufen waren, fand ich prompt ein Exemplar von Fortes Trilogie der Erinnerung vom S. Fischer Verlag in meinem eigenen Bücherregal – und las die Romane mit Begeisterung. Dem verlegerischen Impuls konnte es nur gut tun. Wir wollen ja diesen großen Erzähler ehren, wie ihm gebührt.

Das Lesebuch, gemischt aus sachkundigen Beiträgen und originalen Prosatexten, liegt jetzt vor, und vielleicht konnten Sie sich auch schon gründlicher hineinvertiefen. Womöglich nachdenklich geworden, weil da die heillosen Jahrhunderterfahrungen der Vorfahren mit solcher Wucht noch einmal Gestalt gewinnen. Begeistert, weil der mit so vielen Wassern gewaschene Erzähler Forte zu entdecken ist.

Meine Hoffnung ist, dass dieses Buch, nicht zuletzt dank moderner Produktions- und Distributions-Verfahren (Digital-Druck und digitalem Amazon-Vertrieb), rasch eine breitere Leserschaft erreicht. Eine Leserschaft, die, neugierig geworden, dann auch nach Fortes Originalausgaben greift.

Den kenntnisreichen Autorinnen und Autoren dieses Buches danken wir zuerst. Herzlich & demütig. Unter ihnen sind auch einige, die Fortes Generationserfahrung teilen. Wir danken dem Heinrich-Heine-Institut, dessen Archiv-Mitarbeiter uns tatkräftig unterstützten und den Forte-Nachlass öffneten. Fragen aller Art wurden beantwortet, Rätsel gelöst oder wohlfeile Annahmen entkräftet. (Übrigens bleiben auch weiterhin offene Fragen.) Hilfe kam auch aus dem Theater- und dem Stadtmuseum der Landeshauptstadt. Unser Dank gilt allen, die uns bei diesem Projekt auf vielfache Weise unterstützt und ermutigt haben.

Karl Heinz Bonny, Herausgeber

Düsseldorf, im April 2020

FREUNDLICHEN DANK AN:

- Sigrid Arnold, Theatermuseum Düsseldorf
- Günther Beelitz
- Joachim Lux
- Thomas Stroux
- Thomas Bernhardt
- Antje Contius, S. Fischer Stiftung, Berlin
- S. Fischer Verlag GmbH, Frankfurt am Main
- Dr. Christoph Danelzik-Brüggemann, Stadtmuseum Düsseldorf
- Kerstin Früh, Andrea Trudewind und Klaudia Wehofen vom Stadtarchiv Düsseldorf
- Regina Reiters und Vera Scory-Engels, Redaktion Theatermagazin „Die Deutsche Bühne"
- Dr. Enno Stahl und Martin Willems B. A., Heinrich Heine Institut Düsseldorf / Rheinisches Literaturarchiv
- Dr. Jan Hauschild, Dr. Annegret Hansch und Dr. Wolfgang Niehüser fürs Korrekturlesen

und viele andere

IMPRESSUM

Herausgeber / Copyright: Karl Heinz Bonny
Chefredakteur: Dr. Olaf Cless
Autorinnen und Autoren: Siehe Seite 152 ff.
Titelgestaltung unter Verwendung von „Dieter Forte goes Warhol",
Wandbild von Telse Ahrweiler in der Dieter-Forte-Gesamtschule, Düsseldorf
(Original farbig). Foto: Gabor Blank
Foto Umschlagrückseite: Sergej Lepke / Funke Foto Services
April 2020
Herstellung und Verlag: BoD - Books on Demand, Norderstedt
Kontakt: kbonny@gmx.de
© 2020 Düsseldorf
ISBN 978-3-7504-9274-5

Die Landeshauptstadt Düsseldorf trauert um

Dieter Forte

Gebürtig und aufgewachsen in Düsseldorf war
Dieter Forte einer der bedeutendsten zeitgenössischen
Schriftsteller, der sich in vielen seiner Werke mit
historischen Themen auseinandersetzte und es
verstand, daraus Botschaften für die Gegenwart
abzuleiten.

Besonders ans Herz gegangen sind vielen
Düsseldorferinnen und Düsseldorfern seine
autobiographischen Schilderungen über die
Erlebnisse während des 2. Weltkrieges, über
das Schicksal seiner Familie und das Leben in
seinem „Quartier" Oberbilk. Dieses Familien- und
Stadtteilporträt zählt zu den großen Werken der
Düsseldorfer Stadtchronik.

Bis zuletzt blieb Dieter Forte seiner Heimatstadt
verbunden. Heute erinnern sein Nachlass im
Heine-Institut und die nach ihm benannte
Gesamtschule in Eller an diese große Persönlichkeit.

Für sein Wirken wird die Landeshauptstadt
Düsseldorf Herrn Dieter Forte ein ehrendes Andenken
bewahren.

Thomas Geisel
Oberbürgermeister der Landeshauptstadt Düsseldorf

Erschienen in der *Rheinischen Post*, Düsseldorf, am 8. Juni 2019

Hrsg. Karl Heinz Bonny

FREIES THEATER IM WESTEN

Ernest Martins „Die Bühne". Düsseldorf

60er. 70er. 80er.
Wie alles begann

Erschienen im November 2018, 160 Seiten,
ISBN: 978-3-7528-3547-2, 22 €

CPSIA information can be obtained
at www.ICGtesting.com
Printed in the USA
LVHW102051280520
656810LV00001B/20